Katharina Glawischnig (Hg.)

FÜR EINEN MEHR
IST AUCH NOCH PLATZ

Unbegleitete minderjährige Flüchtlinge
in Pflegefamilien

mandelbaum *verlag*

Gefördert von der Stadt Wien Kultur

mandelbaum.at • mandelbaum.de

ISBN 978-3-85476-949-1
© mandelbaum verlag, wien • berlin 2022
alle Rechte vorbehalten

Projektkoordination: KATHRIN WOHLMUTH-KONRAD
Lektorat: SIMON NAGY
Satz: KEVIN MITREGA, Schriftloesung
Umschlag: MICHAEL BAICULESCU
Druck: PRIMERATE, Budapest

Inhaltsverzeichnis

9   Vorwort
Alle Kinder sind gleich an Würde und Rechten geboren!
Andrea Holz-Dahrenstaedt

11   Einleitung
Katharina Glawischnig

Teil 1: Familienbetreuung und -begleitung

15   Allgemeines und Begriffsbestimmungen
Katharina Glawischnig

29   Entwicklungen im Bereich der Aufnahme
von UMF in Familien in Österreich
Katharina Glawischnig

33   Aufnahme eines Kindes und weiterführende
Betreuung und Begleitung
Katharina Glawischnig

105   Erfahrungen von Vertrauenspersonen
Mostafa Nouri, Zakia Salehi

117   Erfahrungen der Wiener Kinder- und Jugendhilfe
im Fachbereich Pflegekinder
Martina Reichl-Roßbacher

125   Pflegeelternsupervision – Erfahrungen aus der Gruppe
Anette Christ-Hohmann

135   Schlussfolgerungen
Katharina Glawischnig

Teil 2: Familiengeschichten

141 Der Mut hat sich gelohnt
Pflegemutter von Fawad

145 Aus zwei mach vier
Pflegemutter von Omar und Rachid

151 Tun, tun, tun ...
Daria

155 Unser Mädel
Pflegemutter von Souzan

159 Vaterfreuden in der Pension
Pflegevater von Besart

164 Sich verständigen, wenn die Sprache fehlt
Jalil

167 Anweisungen von Zuhause
Pflegemutter von Irfan

171 Ich wollte ein neues Leben beginnen
Ghulam

174 Perfekte Übereinstimmung in perfider Bedrohung
Pflegemutter von Ghulam

182 Mutter der unerfüllten Wünsche
Pflegemutter von Parwana

189 Ein weiterer Bruder?
Paul

193 1 Huhn, 3 Küken, 2 Hasen, 1 Mops
Pflegemutter von Zimraan

198 Zwei Kulturen und zwei Religionen
     Karim

202 Steine
     Pflegemutter von Danyal

208 Meine »geliebten« Amtswege
     Arezu

211 Glück nach Unglück
     Pflegemutter von Arezu

217 Auf der Kippe zwischen Vergangenheit und Zukunft
     Pflegemutter von Zafira

221 Familienzusammenführung – ein weiter Weg
     Halima

Danke an alle Familien, die sich entschieden haben einem unbegleiteten minderjährigen geflüchteten Kind ein neues Zuhause zu geben.

Danke an alle geflüchteten Kinder und Jugendlichen, die in eine Familie aufgenommen wurden und sich auf vielfältige Weise in ihrer neuen Heimat eingebracht haben.

Danke an alle MitarbeiterInnen und Honorarkräfte, die zum Gelingen der Familienbetreuung und -begleitung von unbegleiteten minderjährigen Geflüchteten in Pflegefamilien im Rahmen dieses Projekts beigetragen haben, namentlich: Petra Rothner, Zakia Salehi, Mostafa Noori, Mansur Vatsaev, Rahman Mohammad, Margarita Soika, Marion Kremla, Klaus Hofstätter, Deeqa Haibe Omar, Dina Yassin, Ali Mohammadi, Mustafa Amin, Ammar Al Mihyawi, Dirar Alshwikh Alabd, Tamim Nashed.

Danke an alle AutorInnen für die zahlreichen Beiträge dieses Buchs, die damit ehrliche und unverschleierte Einblicke in ihren Familien- und Arbeitsalltag gewähren.

Danke an Brigitte Alizadeh-Gruber und Friederike Hellwig für die vielen unermüdlichen Stunden, die sie mit Korrekturen, Anmerkungen und Kommentaren zu diesem Buch verbracht haben.

Vorwort
Alle Kinder sind gleich an Würde
und Rechten geboren!

ANDREA HOLZ-DAHRENSTAEDT

Kinder- und Jugendanwältin des Landes Salzburg

In keinem anderen Bereich werden die seit über 30 Jahren gelten-
den Kinderrechte der UN-Kinderrechtskonvention derart syste-
matisch missachtet wie bei (unbegleiteten) geflüchteten jungen
Menschen. Das gilt auch für Österreich. Zu dem Trauma der Flucht
mit unvorstellbaren Belastungen und den menschenunwürdigen
Bedingungen an den sogenannten Außengrenzen kommen weitere
massive Hürden, wie die Erfahrung des Nichtankommens aufgrund
der ständigen Angst vor einer Abschiebung, restriktive asyl- und
fremdenrechtliche Bestimmungen, die keinesfalls am Kindeswohl
orientiert sind, sowie ein von Diskriminierungen geprägter Alltag.

Eine wesentliche Schwierigkeit ist die Ungleichbehandlung
von asylsuchenden Kindern und Jugendlichen im Vergleich zu
sonstigen fremdbetreuten jungen Menschen in der Kinder- und
Jugendhilfe. Dies führt dazu, dass aktuell wieder hunderte unbegleitete minderjährige Geflüchtete seit Monaten isoliert und
abgeschottet in Lagern untergebracht sind – ohne Tagesstruktur,
Schulbesuch oder adäquate Betreuung. Auch nach ihrer Übersiedlung in Quartiere der Grundversorgung – wo sie getrennt von
österreichischen Jugendlichen untergebracht werden – sind diese
jungen Menschen bedeutend schlechter gestellt. Bis vor sechs Jahren konnten sie nicht in Pflegefamilien wohnen. In Anbetracht
von Artikel 1 des Bundesverfassungsgesetzes über die Rechte von
Kindern ist eine Differenzierung zwischen Kindern verfassungs-
widrig und widerspricht auch zahlreichen Bestimmungen der
Kinderrechtskonvention, die u. a. vorsehen, dass Kinder, die von

der Familie getrennt sind, Anspruch auf *besonderen* Schutz und Beistand des Staates haben.

Als Beitrag zur Überwindung dieser »Zweiklassengesellschaft« von Kindern und Jugendlichen hat die Kinder- und Jugendanwaltschaft Salzburg 2015 das Pilotprojekt *open.heart – Familien & Patenschaften für unbegleitete minderjährige Geflüchtete* ins Leben gerufen. Mit den Patenschaften wollten wir den Jugendlichen ein Gefühl von Zugehörigkeit und Nähe ermöglichen. Gleichzeitig sollte, im Falle eines gelingenden und wechselseitigen Beziehungs- und Vertrauensaufbaus und des Wunsches beider Seiten, das Aufwachsen in einer Pflegefamilie möglich gemacht werden. Aus den ursprünglich geplanten zehn Patenschaften wurden schlussendlich über zweihundert (!) und aus den geplanten drei Pflegefamilien wurde das Programm der Kinder- und Jugendhilfe *Wohnen in Familien*.

Zusätzlich weiß ich auch aus eigener Erfahrung um die unglaubliche Bereicherung und das potenzielle Glück lebenslanger familienähnlicher Beziehungen, die im Zuge einer solchen Pflegefamilie entstehen können: auf der einen Seite als Pflegemutter eines kurdischen Mädchens und auf der anderen als Tochter eines kriegsvertriebenen ostpreußischen Vaters, der in den Nachkriegsjahren, in Wien gestrandet, liebevoll von einem Ehepaar aufgenommen wurde, von Menschen, die für mich zu »Ruf-Großeltern« wurden.

Pflegefamilien für geflüchtete Kinder waren und sind ein wichtiger Schritt zur Gleichbehandlung der besonders vulnerablen Gruppe geflüchteter Kinder. Viele weitere müssen folgen: von der Tagessatzanhebung über die zügige Bestellung einer gesetzlichen Vertretung, der »Obsorge ab Tag 1«, bis zu einer verpflichtenden Kindeswohlprüfung im gesamten asyl- und fremdenrechtlichen Verfahren. Einen großen Dank an dieser Stelle an die asylkoordination österreich für die über viele Jahre unermüdliche starke Stimme für die Rechte von geflüchteten Kindern und Jugendlichen und insbesondere an Katharina Glawischnig, eine profunde, mutige und engagierte Kämpferin, auch für das vorliegende Buch!

Einleitung

KATHARINA GLAWISCHNIG

Expertin für Kinderflüchtlinge, Leitung Pflegefamilienprojekt

Die Möglichkeit, geflüchtete Kinder in Pflegefamilien aufzunehmen, ist für den deutschsprachigen Raum noch verhältnismäßig neu. Die Ankunft vieler Geflüchteter im Jahr 2015 und die daraus resultierenden, teilweise sehr chaotischen Zustände in diesem Bereich ermöglichten jedoch innovatives Denken einiger AkteurInnen in einem sonst sehr starren System, das von Jahr zu Jahr restriktiver wird. In den Niederlanden hingegen wird die Aufnahme von geflüchteten Minderjährigen in Pflegefamilien bereits seit vielen Jahren praktiziert, wenngleich dort die mit der Aufnahme betrauten Familien dem Herkunftsland des Pflegekindes entsprechen sollen. Wir wählten in Österreich – ebenso wie es in Deutschland und der Schweiz praktiziert wird, wie ich von KollegInnen aus diesen Ländern weiß – einen anderen Weg. Großteils meldeten sich autochthone Familien, die helfen und nicht tatenlos zusehen wollten, wie staatliche AkteurInnen nicht selten in ihrem kinderrechtlichen Auftrag versagten. Das System Pflegefamilie war weitreichend bekannt, doch bis zu diesem Zeitpunkt war noch kaum jemand auf die Idee gekommen, dass geflüchtete Kinder ebenfalls in einer Familie leben wollen könnten. Viel zu oft wurden junge Geflüchtete, meist männlich, als Bedrohung für die öffentliche Sicherheit und Ordnung gesehen. Ihre eigentlichen Bedürfnisse – vom Kindsein über die Hilfe bei der Verselbstständigung bis hin zu ihrem Bestreben, gesehen und wertgeschätzt zu werden – wurden als Luxuswünsche abgetan, schließlich waren sie bereits in Europa und daher »in Sicherheit«.

Als Mitglied des Steering Committee des mittlerweile aufgelassenen *Separated Children in Europe Programme*, eines NGO-Netzwerks von 31 Organisationen aus 28 europäischen Ländern, hatte ich einen guten Einblick in die Praxis anderer Länder, konnte auf diesem Weg Ideen für die Umsetzung des Pflegefamilienmodells für geflüchtete Kinder in Österreich sammeln und an verschiedenen Stellen lobbyieren. Ziel sämtlicher Konzepte, die ab 2015 die strukturierte Aufnahme von unbegleiteten minderjährigen Flüchtlingen in österreichische Familien ermöglichten, war es, einerseits eine finanzielle Gleichstellung mit herkömmlichen Pflegeverhältnissen zu erlangen und andererseits die Betreuung und Begleitung der entstehenden Familienkonstellationen an die speziellen Bedürfnisse anzupassen, um ein Gelingen zu ermöglichen.

Für Kinder und Jugendliche stellt eine Pflegefamilie die vertrauteste Art des Aufwachsens und Wohnens dar. Zusätzlich bietet diese Form der Eins-zu-Eins-Betreuung ein sehr intensives, aber auch flexibles Setting, das die Voraussetzungen für die bestmögliche Entwicklung und Integration schafft. In anderen Strukturen, Wohngruppen oder Wohnheimen müssen sich 10 bis 15 Minderjährige die Aufmerksamkeit eines Betreuers oder einer Betreuerin teilen. Dabei bleibt wenig individuelle Betreuungszeit übrig.

Die Differenzierung bei den Formen der Unterbringung – von Wohngruppen bis hin zur individuellen Betreuung – trägt zu einer Verbesserung der Kindeswohlsituation bei. Ein breiteres Wohn- und Betreuungsspektrum ermöglicht nach einer Bedarfserhebung das individuell beste Format der Unterbringung des einzelnen Kindes, sofern sich ausreichend geeignete Pflegeeltern melden.

Im Begleit- und Betreuungsprozess der Pflegefamilie eines geflüchteten Kindes muss die gesamte Einheit unterstützt werden. Eine Familie, bestehend aus unterschiedlich vielen AkteurInnen, bemüht sich um das Gelingen ihres eigenen kleinen Projekts. Das klingt vielleicht etwas befremdlich, doch genau so haben es viele Familien gesehen; sie wollten es schaffen, eine/n Minderjährige/n auf dem Weg in eine gute Zukunft zu unterstützen. Demgegenüber stand das Pflegekind, das anfangs noch orientierungslos und hin- und hergerissen zwischen den Welten war und neben dem Anleitungsbedürfnis auch einen durchaus großen Drang nach Freiheit und Selbstständigkeit spürte, den es auf der Flucht bereits erlangt hatte. Der Prozess der Begleitung einer Familie war daher zu unterstützen und zu betreuen, die bestmögliche Entwicklung des Pflegekindes war im Auge zu haben, das Wohlergehen etwaiger

Geschwisterkinder zu beobachten, Gefährdungssituationen waren zu erkennen und nicht zu übersehen, wenn die Pflegeeltern sich in ihren Vorsätzen übernahmen.

Die Entwicklung von fremduntergebrachten Kindern und Jugendlichen ist laufend zu dokumentieren, ein wahrer Schatz an Erfahrungen! Genau dieses Wissen greift das vorliegende Buch auf, es widmet sich dem, was in nunmehr sechs Jahren gelernt wurde. Es soll einen Bogen spannen und sowohl einer Familie, die sich für die Aufnahme eines geflüchteten Kindes interessiert, eine Entscheidungshilfe bieten als auch die interessierte Fachkraft mit Wissen bereichern.

Der Großteil meiner Eigenerfahrungen hat sich in Wien zugetragen, als pädagogische Leitung des Vereins KUI[1] durfte ich 72 Minderjährige in 64 Familien kennenlernen und ihre Entwicklung beobachten. Meine MitarbeiterInnen und ich haben das Leben von zahlreichen weiteren Personen verändert – gemeint sind alle jene Familienmitglieder, die die Gesamtheit dieser im gemeinsamen Haushalt lebenden Pflegefamilien ausgemacht haben. Auch wenn sich manche Aspekte des Buchs auf die österreichische Bundeshauptstadt beziehen, so ist beinahe nebensächlich, wo die Familien leben, sofern sie das Herz am richtigen Fleck tragen. Und daher bietet der erste Teil von *Für einen mehr ist auch noch Platz* all jenen Personen Rat, die sich mit der Thematik befassen.

Der zweite Teil des Buchs führt Erfahrungen von Familienmitgliedern zusammen, von Pflegeeltern, Pflegekindern, Geschwistern und Herkunftsfamilien. Die AutorInnen haben ihre eigenen Erfahrungen sehr ehrlich niedergeschrieben und dabei sowohl die Herausforderungen als auch die schönsten Momente und besten Erfahrungen geschildert und geteilt. Die Geschichten ermöglichen es, in die jeweilige individuelle Welt einzutauchen, und berühren jede auf ihre eigene Weise.

1   Genaueres zum Verein KUI – Kinderflüchtlinge unterstützen und integrieren findet sich auf S. 27.

TEIL 1
FAMILIENBETREUUNG UND -BEGLEITUNG

Allgemeines und Begriffsbestimmungen

KATHARINA GLAWISCHNIG

MigrantIn, Flüchtling, AsylwerberIn, subsidiär Schutzberechtigte/r, Aufenthaltsberechtigte/r

Im Flüchtlingsbereich gibt es eine Vielzahl an Begriffen, die Nicht-JuristInnen nicht unbedingt alle verständlich sind. Daher werden in den folgenden Absätzen die wichtigsten Begrifflichkeiten im Zusammenhang mit der Pflegeelternschaft von unbegleiteten minderjährigen Fremden erklärt.

Der allgemeinste Begriff ist Migrant bzw. Migrantin. Dabei handelt es sich um einen Menschen, der sich in einem anderen Land als jenem, dessen Staatsbürgerschaft er besitzt, niederlässt. Es sind AsylwerberInnen daher genauso MigrantInnen wie EU-BürgerInnen oder Personen anderer Staatsangehörigkeit, die im Inland – in unserem Fall in Österreich – leben.

Der Begriff Flüchtling wird im deutschen Sprachgebrauch oft für verschiedenste Personengruppen verwendet, ohne dass die genaue Bedeutung dieses Wortes erfasst wird. Gemeint sind meist MigrantInnen, die illegal nach Österreich gekommen sind. Ob sie in Österreich bleiben dürfen oder nicht, spielt im allgemeinen Sprachgebrauch oft keine Rolle. Aus juristischer Perspektive hat der Begriff jedoch eine sehr klare Bedeutung. In der Genfer Flüchtlingskonvention von 1951, einem internationalen Vertrag, der im Jahr 2021 sein 70-jähriges Jubiläum feierte, wird in Artikel 1 der Begriff definiert. Einer Person kommt die Flüchtlingseigenschaft zu, wenn sie »aus […] begründete[r] Furcht vor Verfolgung wegen ihrer Rasse, Religion, Nationalität, Zugehörigkeit zu einer bestimmten sozialen Gruppe oder wegen ihrer politischen Überzeugung sich außerhalb des Landes befindet, dessen Staatsangehörigkeit sie besitzt, und den Schutz dieses Landes nicht in Anspruch nehmen kann oder wegen dieser Befürchtungen nicht in Anspruch nehmen will.«

Das österreichische Asylgesetz (AsylG) nimmt in § 3 darauf Bezug und normiert, dass jemandem der Status des/der Asylberechtigten zukommt, wenn glaubhaft ist, dass ihm/ihr im Herkunftsstaat Verfolgung im Sinne der Genfer Flüchtlingskonvention droht. Dieser Asylstatus kann somit am Ende des Asylverfahrens stehen, in welchem die Flüchtlingseigenschaft festgestellt wird; man spricht dann von einem/einer Asylberechtigten. Während des laufenden Asylverfahrens bezeichnet man die Betroffenen in Österreich korrekt als AsylwerberInnen, in Deutschland als Asyl*be*werberInnen und in der Schweiz als Schutzsuchende.

Der Asylbegriff ist nicht besonders weit gefasst, sodass durchaus eine größere Anzahl von Menschen keinen Schutz in Österreich erhalten würde. Jemand, der/die sein/ihr Heimatland verlässt, weil in seinem/ihrem Land Krieg herrscht und er/sie nicht zwischen die Fronten geraten möchte, ist nicht notwendigerweise aus politischen oder religiösen Gründen verfolgt oder hat Probleme aufgrund seiner/ihrer »Rasse«, Nationalität oder Zugehörigkeit zu einer sozialen Gruppe.

Bei einem sogenannten Asylantrag bzw. Antrag auf Internationalen Schutz[1] (in der Schweiz Asylgesuch genannt) wird daher bei Ablehnung von Asyl in einem weiteren Schritt geprüft, ob die Person Anspruch auf subsidiären Schutz hat. § 8 AsylG verweist auf Art. 2 und 3 der Europäischen Menschenrechtskonvention (EMRK), es handelt sich dabei um das sogenannte Non-Refoulement-Prinzip, dessen Grundsatz der Nichtzurückweisung bedeutet: Wenn im Heimatland das Recht auf Leben (Art. 2 EMRK) in Gefahr ist oder die Person das Risiko hat, unmenschlicher oder erniedrigender Behandlung oder Strafe ausgesetzt zu sein (Letzteres besser verständlich als Verbot der Folter, Art. 3 EMRK), dann erhält die Person ein befristetes Aufenthaltsrecht, welches auf Antrag verlängert werden kann. Nach Feststellung dieser Eigenschaft spricht man von einem/einer subsidiär Schutzberechtigten.

[1] Jeder Asylantrag, oder wie auch immer es der/die Betroffene formuliert, wird als Antrag auf Internationalen Schutz verstanden. Es werden somit alle Aspekte einer Bedrohung im Heimatland und das daraus resultierende Aufenthaltsrecht in Österreich geprüft. Der/die AntragstellerIn muss hierum nicht gesondert ersuchen.

Sollte auch im zweiten Schritt der Prüfung des Falls negativ entschieden werden, wird als dritte Stufe Art. 8 EMRK geprüft, das Recht auf Privat- und Familienleben. Bei diesem Prüfungsschritt wird eine Abwägung zwischen privaten und staatlichen Interessen vorgenommen. Es wird geprüft, ob die privaten Interessen am Verbleib in Österreich höher wiegen als die staatlichen Interessen an einem geordneten Einwanderungssystem. Erhoben wird der Grad der Integration in Österreich. Grob gesprochen sind Aufenthaltschancen über diesen Prüfungsschritt erst nach ca. fünf Jahren des ununterbrochenen Aufenthalts im österreichischen Bundesgebiet gegeben. Im Fall einer positiven Entscheidung auf dieser Prüfungsebene erhält der/die AntragstellerIn eine Niederlassungsbewilligung.

In einem letzten Prüfungsschritt kann eine Duldung ausgesprochen werden, wenn eine Rückführung in das Heimatland nicht möglich ist.

Die korrekte Bezeichnung eines/einer geflüchteten Migranten/Migrantin ist daher oft vom Einzelfall und dem Fortschritt des Asylverfahrens abhängig.

Während des laufenden Asylverfahrens haben die AntragstellerInnen ein temporäres Aufenthaltsrecht in Österreich. Beim Erhalt von Asyl handelt es sich um ein Aufenthaltsrecht auf Dauer, dessen weiterer Bedarf nach drei Jahren evaluiert wird. Bei jeglichen anderen Aufenthaltsberechtigungen ist das Aufenthaltsrecht anfangs beschränkt und kann zu einem späteren Zeitpunkt in ein Daueraufenthaltsrecht übergehen.

Im Fall einer rechtskräftig – somit nicht mehr anfechtbaren – negativen Entscheidung steht eine Rückführung in das Heimatland im Raum. Es besteht die Möglichkeit einer freiwilligen Rückkehr oder eine zwangsweise Außerlandesbringung in Form einer Abschiebung.

Unbegleitete minderjährige Fremde
Menschen flüchten aus ihren Heimatländern nicht immer im klassischen Familienverband. Oft sind Kinder auch allein auf der Flucht, entweder sind sie allein weggegangen, haben keine Eltern mehr oder ihre Eltern auf der Flucht verloren. Solche

Unter-18-Jährigen bezeichnet man als unbegleitete minderjährige Flüchtlinge oder Fremde, in Österreich und Deutschland als UMF abgekürzt, in der Schweiz als UMA (unbegleitete minderjährige Asylbewerber).

Allerdings kann es sich bei dieser Bezeichnung um UMF mit unterschiedlichem Aufenthaltsrecht handeln: um eine/n AsylwerberIn, eine/n Asylberechtigte/n oder eine/n subsidiär schutzberechtigte/n Fremde/n. Wichtig ist diese Unterscheidung nicht in menschlicher Hinsicht, sondern im Bereich der »sozialen Unterstützungslandschaft«, somit dem Anspruch auf Finanzierung aus diversen »Töpfen«.

Es ist möglich, dass Minderjährige nicht von ihren Eltern, sondern von anderen Familienmitgliedern begleitet werden, etwa von Onkel, Tante, Großeltern oder volljährigen Geschwistern, die formal nicht die Obsorge innehaben. Es gibt auch Fallkonstellationen, bei denen Minderjährige nach Österreich kommen, die bereits in Österreich lebende Familienmitglieder haben. Wenn diese Familienangehörigen willens und in der Lage sind, sich um das Kind zu kümmern, können sie auf dem Weg eines Antrags bei Gericht die Obsorge für den/die Minderjährige/n bekommen.

Leider wurde in den Jahren 2015/16 die Obsorge oft sehr schnell an teilweise überforderte Familienangehörige übertragen bzw. von diesen beantragt. Im Fall der dem Verein KUI bekannten Familien sind bei drei Familien volljährige Geschwister ebenfalls mit in die Pflegefamilie gezogen, in zwei Fällen volljährige Cousins, wobei die Obsorge für die Minderjährigen bei der Kinder- und Jugendhilfe lag und diese die Pflege und Erziehung an die Pflegeeltern auslagerte, was eine – rechtlich und praktisch betrachtet – gute Konstellation war.

Obsorge
Im 3. Hauptstück des Allgemeinen Bürgerlichen Gesetzbuchs (ABGB) über die »Rechte zwischen Eltern und Kindern« ist im 4. Abschnitt die Obsorge normiert. Die Obsorge umfasst drei Bereiche: die Pflege und Erziehung, die Vermögensverwaltung und die gesetzliche Vertretung (§ 158 ABGB). Es handelt sich dabei sowohl um Rechte als auch um Pflichten der Obsorgeberechtigten.

Der Bereich von Pflege und Erziehung beinhaltet zwei Gebiete: Dabei geht es einerseits um das körperliche Wohlergehen durch z. B. Essen, Kleidung, Wärme und Geborgenheit und andererseits um die altersentsprechende Unterstützung und Begleitung. Bedenken muss man hier, dass jugendliche Geflüchtete bereits im Herkunftsland eine Erziehung genossen haben. Ein/e Jugendliche/r ist oft weniger formbar als ein kleineres Kind, zusätzlich befinden sich Jugendliche in einer Ablösungsphase vom Elternhaus, in der ihre Interessen meist schon durch ein starkes Freiheitsbedürfnis geprägt sind. Es kann sich daher bei der Betreuung von Jugendlichen in der Erziehung oft eher um eine Unterstützung in Richtung Selbstständigkeit handeln.

Die gesetzliche Vertretung betrifft Bereiche, bei denen das Kind nicht selbst entscheiden bzw. unterschreiben darf, wie z. B. im Kontakt mit Behörden und Institutionen (Asylbehörden, Polizei, Krankenhaus, Schule, Gericht, Meldeamt etc.). Die gesetzliche Vertretung im Rahmen der Pflege und Erziehung wird stets an Pflegeeltern übertragen. Es handelt sich hier um Alltagsangelegenheiten, zu denen die Pflegeeltern mittels Vertretungsbefugnis ermächtigt werden. Welche Vertretungsaufgaben von den Pflegeeltern und welche von der Kinder- und Jugendhilfe wahrzunehmen sind, kann in den Bundesländern divergieren.

Die Vermögensverwaltung ist bei UMF[2] meist nicht besonders relevant, selten bis gar nicht verfügen sie über höhere Finanzbeträge, die verwaltet werden müssten. Ein gewisses Kapital können sich unbegleitete geflüchtete Minderjährige ansparen, wenn sie eine Lehre machen. Ein Teil des Geldes wird je nach Bundesland durch die Kinder- und Jugendhilfe oder durch die Betreuungseinrichtung angespart und bei Erreichen der Volljährigkeit als Startkapital für eine eigene Wohnung bzw. die Selbstständigkeit übergeben.

In den meisten Familien haben die Eltern die Obsorge für ihre minderjährigen Kinder. Wenn es keine Eltern (im Inland) gibt, wie bei UMF, muss die Obsorge gerichtlich an jemand an-

---

2   Die Abkürzung UMF, wie auf S. 17 eingeführt, wird im Text synonym
      mit anderen Begrifflichkeiten für die Personengruppe verwendet.

deren übertragen werden.[3] Mit der Obsorge wird für gewöhnlich die örtlich zuständige Kinder- und Jugendhilfe betraut.[4] Diese wiederum lagert die Pflege und Erziehung sowie Teile der gesetzlichen Vertretung an Betreuungsstellen bzw. Pflegeeltern aus. Damit ist verbunden, dass die Kinder- und Jugendhilfe ein Aufsichtsrecht ausüben kann bzw. muss. Bei Pflegeeltern finden Hausbesuche statt, in Betreuungsstellen oder Wohngemeinschaften wird ebenfalls kontrolliert. Der mit der Pflege und Erziehung verbundene finanzielle Aufwand wird bei Betreuungsstellen mittels Tagessatz und bei Pflegeeltern mittels Pflegekindergeld ausgeglichen.

Das Asylverfahren

In den folgenden Absätzen wird der Ablauf des Asylverfahrens grob umschrieben, damit unter anderem auch die später besprochenen Betreuungssituationen und Erzählungen von Pflegefamilien verständlich sind.

Nach ihrer Ankunft in Österreich werden all jene Personen erstbefragt, die einen Asylantrag einbringen. Wenn sich herausstellt, dass es sich bei der Person um eine/n UMF handelt, wird diese/r, wenn er/sie über 14 Jahre alt ist, in eine Erstaufnahmestelle gebracht, da lediglich dort RechtsvertreterInnen anwesend sind, die zu diesem frühen Verfahrenszeitpunkt die Vertretung des/der Minderjährigen im sogenannten Zulassungsverfahren übernehmen können. Unter-14-Jährige verbleiben meist in dem Bundesland, in dem sie aufgegriffen wurden, und werden in die Obhut der Kinder- und Jugendhilfe übergeben. Geschwister, die nicht einheitlich über oder unter 14 Jahre alt sind, werden stets in die Erstaufnahmestelle Traiskirchen gebracht. Im Zulassungsverfahren wird bei erwachsenen AsylwerberInnen entschieden, ob Österreich oder ein anderes EU-Land das Asylverfahren zu führen hat.[5] Aufgrund

---

3 Aktuell bestehen politische bzw. gesetzgeberische Bestrebungen, dass die Obsorge ab dem ersten Tag der Kinder- und Jugendhilfe zukommen soll.

4 Je nach örtlich zuständigem Bezirk ist die Kinder- und Jugendhilfe bei der Bezirksverwaltungsbehörde oder im Magistrat angesiedelt; in Wien ist dies die MAG ELF, das früher sogenannte Amt für Jugend und Familie.

5 Der Asylantrag muss durch jenes Land geprüft werden, in dem der/die AsylwerberIn zuerst den europäischen Boden betreten hat oder wo er/sie das erste

einer Ausnahmeregelung werden UMF hingegen nicht in andere EU-Länder zurückgeschickt. Da dies auch zu Missbrauch durch AsylwerberInnen führen kann, werden häufig Altersfeststellungen durchgeführt, ein medizinisch sehr umstrittenes Verfahren. Eine Altersfeststellung ist jedenfalls nur dann zulässig, wenn Zweifel an der Minderjährigkeit bestehen, nicht jedoch, wenn das angegebene Alter angezweifelt wird. Nicht selten finden Alterskorrekturen statt. Das Abwarten bis zum Ergebnis des Altersgutachtens erfolgt für gewöhnlich in einer Erstaufnahmestelle der Bundesbetreuung. Nach entsprechendem Ergebnis im Rahmen der Altersfeststellung wird das Verfahren in Österreich zur inhaltlichen Bearbeitung zugelassen.

In diesem Zusammenhang muss man erwähnen, dass jungen Menschen im Rahmen der »Gerüchteküche« auf der Flucht oft erklärt wird, dass sie sich als jünger ausgeben sollen, da sie dadurch Vorteile hätten. Wenn dies einmal versucht wird, haben die Minderjährigen keine Chance mehr, aus dieser Problematik wieder herauszukommen. Würden sie später angeben älter zu sein, untergräbt dies ihre Gesamtglaubwürdigkeit im Asylverfahren, und ihren Ausführungen zu den Fluchtursachen wird kein oder weniger Glauben geschenkt. Selbstverständlich gibt es auch Minderjährige, die ihr Alter korrekt angeben, und solche, bei denen das »Alter der Knochen« nicht mit ihrem tatsächlichen Alter übereinstimmt. Es gab beispielsweise schon Fälle, bei denen eineiigen Zwillingen ein unterschiedliches Alter attestiert wurde oder ein jüngerer Bruder nach der Altersfeststellung der »ältere Bruder« wurde, obwohl man optisch erkennen konnte, dass er dies nicht war.

Aus der Bildungsperspektive ist es oft nicht so schlecht, wenn der junge Mensch »mehr Zeit« hat, verlorene Bildungszeiten aufzuholen und die Sprache zu erlernen. Auf der anderen Seite sind die Minderjährigen in ihrer sozialen Entwicklung bereits fortgeschritten, wollen sich manchmal weniger vorschreiben lassen oder sind einfach zu »groß« für ihre SchulkollegInnen.

Mal in Erscheinung getreten ist. Dadurch soll sichergestellt werden, dass der Antrag innerhalb der EU nur einmal geprüft wird. Geregelt wird dies durch die sogenannte Dublin-Verordnung.

Nach der Zulassung des Verfahrens erfolgt der Umzug (auch Zuweisung genannt) des/der Minderjährigen in eine Betreuungsstelle der Grundversorgung in den Bundesländern. Im jeweiligen Bundesland wird in der Folge das inhaltliche Verfahren geführt. Dabei wird der/die junge Geflüchtete zu seinen/ihren Fluchtgründen befragt und es wird entschieden, welcher Aufenthaltsstatus dem/der Minderjährigen zukommt. Eine Ladung zum Bundesamt für Fremdenwesen und Asyl (BFA) kann bereits nach beispielsweise zwei Monaten erfolgen oder auch erst nach vielen Monaten, oft dauert es weit über ein Jahr hinaus.

Im Fall der Unzufriedenheit mit der Entscheidung steht dem/der UMF der Rechtsweg zum Bundesverwaltungsgericht (BVwG) offen. Dort wird die Entscheidung überprüft und entweder bestätigt, geändert oder zur neuen Entscheidung an das BFA zurückgeschickt. Nachdem das BVwG inhaltlich entschieden hat, ist die Entscheidung rechtskräftig und somit bindend. Es besteht zwar noch die Möglichkeit von außerordentlichen Rechtsmitteln an die Gerichtshöfe des öffentlichen Rechts (Verfassungs- und Verwaltungsgerichtshof), die Aussichten auf Erfolg sind jedoch verhältnismäßig gering bzw. nur in Einzelfällen gegeben. Für eine solche weitere Überprüfung besteht Anwaltszwang.

Im inhaltlichen Asylverfahren werden unbegleitete minderjährige AsylwerberInnen durch spezialisierte MitarbeiterInnen der Kinder- und Jugendhilfe beraten und vertreten, oder die Kinder- und Jugendhilfe lagert diese Vertretung an eine NGO oder eine/n Anwalt/Anwältin aus.

Je nach Ausgang der Entscheidung besteht für einige wenige UMF in der Folge die Möglichkeit, die Familie nachzuholen. Voraussetzung ist das Vorhandensein von Dokumenten der Eltern, die Möglichkeit, den Antrag bei einer österreichischen Vertretungsbehörde (Botschaft) einzubringen, und eine ausreichende Zeitspanne bis zum Erreichen der Volljährigkeit des Kindes in Österreich. Wenn bis zum Erreichen der Volljährigkeit des/der UMF die Entscheidung über die Familienzusammenführung noch nicht ergangen und/oder die Familie noch nicht eingereist ist, ist die Familienzusammenführung über das Asylrecht nicht mehr möglich. Die grundsätzliche Möglichkeit, dass Eltern einen Antrag auf

Familienzusammenführung mit ihrem in Österreich befindlichen Kind einbringen, besteht nach der Gewährung von Asyl sofort, nach der Gewährung von subsidiärem Schutz erst nach drei Jahren. Die Zusammenführung mit anderen Familienmitgliedern ist nicht möglich, die Eltern dürfen jedoch ihre minderjährigen Kinder (somit die minderjährigen Geschwister des/der UMF) mitnehmen.

Grundversorgung

Die Grundversorgung ist jene Sozialleistung, die AsylwerberInnen zukommt. Dabei handelt es sich weniger um finanzielle Zuwendungen als um Basics, die das Überleben in Österreich sicherstellen sollen: Krankenversicherung, ein Dach über dem Kopf, Essen, Taschengeld, minimale Leistungen für Kleidung und Freizeit sowie Beratungsleistungen.

Art. 7 Grundversorgungsvereinbarung – Art. 15a B-VG[6] – beinhaltet Sonderbestimmungen für unbegleitete minderjährige Flüchtlinge. Insbesondere soll eine jugendgerechte Betreuung der psychischen Festigung und der Schaffung einer Vertrauensbasis dienen. Es gibt hierfür Tagessätze, die für gewöhnlich an NGOs oder andere Trägerorganisationen gezahlt werden, die Betreuungsstellen in Form von Wohngemeinschaften, Wohnheimen oder betreutem Wohnen zur Verfügung stellen. Es sind bei allen Unterbringungsformen die Bestimmungen von Absatz 3 zu erfüllen:

– Eine an die Bedürfnisse von UMF angepasste Tagesstrukturierung (Bildung, Freizeit, Sport, Gruppen- und Einzelaktivitäten, Arbeit im Haushalt),
– die Bearbeitung von Fragen zu Alter, Identität, Herkunft und Aufenthalt der Familienangehörigen,
– die Abklärung der Zukunftsperspektiven in Zusammenwirken mit den Behörden,
– gegebenenfalls die Ermöglichung der Familienzusammenführung,

6   Vereinbarung zwischen dem Bund und den Ländern gemäß Art. 15a B-VG über gemeinsame Maßnahmen zur vorübergehenden Grundversorgung für hilfs- und schutzbedürftige Fremde (Asylwerber, Asylberechtigte, Vertriebene und andere aus rechtlichen oder faktischen Gründen nicht abschiebbare Menschen) in Österreich (Grundversorgungsvereinbarung – Art. 15a B-VG).

– gegebenenfalls die Erarbeitung eines Integrationsplans sowie Maßnahmen zur Durchführung von Schul-, Ausbildungs- und Berufsvorbereitungsaktivitäten unter Nutzung der bestehenden Angebote mit dem Ziel der Selbsterhaltungsfähigkeit.

Das Gesetz sieht eine vierte, die sogenannte individuelle Unterbringung (Abs. 1 Fall 4) vor. Bis zum Jahr 2016 wurde dieser Fall des Gesetzes nie bemüht, dessen Existenz erleichterte jedoch die Implementierung von Pflegeelternsystemen in Österreich, die über die Grundversorgung finanziert werden.

Pflegeeltern und Gasteltern

Ebenso wie die Obsorge sind Pflegeeltern im ABGB (§ 184) definiert; sie »sind Personen, die die Pflege und Erziehung des Kindes ganz oder teilweise besorgen und zu denen eine dem Verhältnis zwischen leiblichen Eltern und Kindern nahe kommende Beziehung besteht oder hergestellt werden soll.« In der gesetzlichen Regelung wird nicht festgelegt, welchen Aufenthaltsstatus oder welche Nationalität ein Kind haben muss. Daher steht bzw. stand 2016 der Pflegeelternschaft für geflüchtete Kinder im laufenden Asylverfahren nichts im Wege.

Im Zusammenhang mit UMF bei Pflegeeltern wurde in manchen Bundesländern der Begriff *Gastfamilien* eingeführt, rechtlich betrachtet handelt es sich jedoch um Pflegefamilien. Der Begriff *Gasteltern* ist in mancher Hinsicht verwirrend und man kann ihm sowohl Positives als auch Negatives abgewinnen. Er wird meist verwendet, wenn ein Kind im Rahmen des Schüleraustauschs aufgenommen wird; die Kinder kommen meist nur für ein Semester oder Schuljahr nach Österreich und kehren dann wieder in ihre Heimat zu ihren Eltern zurück (die Obsorge verbleibt bei den Eltern).

In einigen Bundesländern wurde der Begriff Gasteltern – und somit auch *Gastkind* – im Jahr 2016 nun zusätzlich für UMF-Pflegefamilienverhältnisse geprägt. An der reinen Begrifflichkeit kann man sich stoßen und sagen, dass Minderjährige, die allein geflüchtet sind, nicht wieder in ihre Heimat zurückkehren sollen und werden und dass sich ihre Erwartung darauf richtet, in Österreich zu bleiben und hier ihren Lebensmittelpunkt zu begründen. Andererseits ist der Begriff des Gastes auch etwas sehr Schönes, einem

Gast lässt man viel Aufmerksamkeit und Fürsorge zuteilwerden. Dagegen kann man auch argumentieren, dass ein Gast sich z. B. nicht am Haushalt beteiligen muss, was in einem Familiengefüge jedoch erwartet wird. Im Vorfeld der Einführung der Aufnahme von UMF in Familien wurde auch argumentiert, dass bei mangelnder Differenzierung zum Begriff *Pflegeeltern* die herkömmlichen Pflegefamilien befürchten könnten, mit einem/einer geflüchteten Jugendlichen besetzt zu werden. Im Ergebnis hatte der Begriff keine Auswirkung; jene Eltern, die geflüchtete Kinder und Jugendliche aufnehmen wollten, und jene Minderjährigen, die aufgenommen wurden, haben sich der Begrifflichkeit im jeweiligen Bundesland gefügt und diese wohl im Alltag kaum hinterfragt.

Aufgrund der mangelnden gesetzlichen Grundlage für den Begriff Gastfamilie wird im weiteren Text durchgehend von Pflegekindern, Pflegeeltern (oft auch als Pflegepersonen bezeichnet) bzw. Pflegefamilien gesprochen. Es kann somit zum Beispiel aufgrund des in einzelnen Bundesländern gewählten Terminus eine »Gastfamilie« aus der Perspektive der Finanzierung gemeint sein; sollte die Differenzierung von Bedeutung sein, wird im Text ausdrücklich darauf hingewiesen.

Pflegekindergeld

Das Pflegekindergeld ist eine finanzielle Unterstützung von Pflegeeltern mit dem Ziel, dass Letztere alle Maßnahmen setzen können, die notwendig und geeignet sind, um einem/einer Minderjährigen die nach seiner/ihrer Persönlichkeit erforderliche Erziehung sowie das seinen/ihren Fähigkeiten und Neigungen entsprechende Fortkommen zu sichern. Das Pflegekindergeld soll den monatlichen Bedarf an Nahrung, Bekleidung, Körperpflege, Schulartikeln, anteilige Wohnungs- und Energiekosten sowie den Aufwand für eine altersgemäß gestaltete Freizeit decken.

In den neun Bundesländern gibt es unterschiedliche Vorgaben, in welcher Höhe eine Familie Pflegekindergeld zu erhalten hat. Es beträgt im Jahr 2022 ab € 7 210 jährlich in der Steiermark und bis zu € 14 280 jährlich in Wien. Die Summe wird aufgeteilt auf 12–16 Teilzahlungen. Ein Einkommen des Pflegekindes mindert das Pflegekindergeld nicht.

Zusätzlich zum Pflegekindergeld erhält eine Familie für ein österreichisches oder gleichgestelltes Kind die Familienbeihilfe. (Für UMF-Pflegekinder kann die Familienbeihilfe erst nach Erteilung des Aufenthaltsstatus, dann jedoch rückwirkend ab der Aufnahme in die Familie beantragt werden.) In manchen Fällen ist eine Anstellung als Pflegeeltern möglich.

Das reguläre Pflegekindergeld wird von der Kinder- und Jugendhilfe an die Pflegeeltern ausgezahlt. Bei der Einführung von Pflegefamiliensystemen für geflüchtete Minderjährige sollte eine finanzielle Gleichstellung zu Pflegeeltern von fremduntergebrachten nicht geflüchteten Kindern erfolgen. Wenn sich ein Bundesland dafür entschieden hat, UMF nicht ins reguläre Pflegefamiliensystem aufzunehmen, so erfolgt die Finanzierung über die Grundversorgung. Dabei wird meist der Tagessatz der Grundversorgungsvereinbarung – Art. 15a B-VG – für die individuelle Unterbringung von UMF an eine Trägerorganisation ausbezahlt, die wiederum das Pflegekindergeld an die Eltern zahlt und mit dem restlichen Betrag die Betreuung und Begleitung der Familien organisiert.

Patenschaften für UMF

Im Unterschied zur Pflege- oder Gastelternschaft geht es bei einer Patenschaft darum, mit einem/einer jungen Geflüchteten, meist einem/einer UMF, ehrenamtlich Zeit zu verbringen, ihm/ihr dadurch Einblicke in das Leben einer österreichischen Familie zu ermöglichen und die Integration zu fördern. Die einzige Voraussetzung ist, dass man bereit ist, sich für die Zeit von zumindest einem Jahr einmal pro Woche für das Patenkind Zeit zu nehmen. Von Seiten der Minderjährigen besteht die Voraussetzung, beziehungsfähig und in der Lage zu sein, Termine einzuhalten. Vorreiter in diesem Bereich war das Projekt *connecting people* der asylkoordination österreich;[7] seit 2015 haben sich in den Bundesländern bei anderen Organisationen Ableger dieses Projekts gebildet.

Bei einer Schulung an sechs Abenden werden die zukünftigen ehrenamtlichen PatInnen auf ihre Aufgabe vorbereitet. Aufgrund

---

7   http://connectingpeople.at/

von Interessenslagen werden PatInnen und Jugendliche »gematcht« und ein Kennenlernen, meist in der Betreuungseinrichtung des/der Minderjährigen, vereinbart. Im Anschluss sind die Patenkonstellationen frei in der Gestaltung ihrer Beziehung. Bei Fragen oder Unsicherheiten können sich die PatInnen an ProjektmitarbeiterInnen wenden und erhalten dort Rat, Hilfe oder ein offenes Ohr. Das Projekt *connecting people* hat eine 75-prozentige Erfolgsquote, was bedeutet, dass diese Verbindungen auch über ein Jahr hinaus aktiv bleiben und sich sehr häufig schon Freundschaften fürs Leben ergeben haben.

Ein besonderer Wert für die Minderjährigen besteht unter anderem auch darin, dass diese Begleitung über die Volljährigkeit hinausgeht. Mit dem Erreichen der Volljährigkeit müssen die jungen Menschen aus ihrer Betreuungseinrichtung ausziehen und die Unterstützung bei alltäglichen Lebenslagen fällt fortan weg. Hier haben jene Betroffenen mit PatInnen den Vorteil, eine Person zu kennen, die sie bei Unsicherheiten kontaktieren können, die ihnen bereits zu Zeiten der Minderjährigkeit ein Beziehungsangebot gemacht hat und ein Stück weit WegbegleiterIn war.

Bereits vor dem Jahr 2015, der Einführung von Pflegefamilien für UMF, kam es immer wieder vor, dass PatInnen volljährig gewordene Patenkinder bei sich aufgenommen hatten oder dass Minderjährige Wochenenden bei ihren PatInnen verbrachten. Durch die allgemeine Platznot 2015/16 kam es ab Einführung der Pflege- und Gastfamilienmöglichkeit vermehrt zu Aufnahmen von Patenkindern als Pflegekinder.

Anmerkung: In Vorarlberg werden Pflegefamilien von UMF auch Patenfamilien genannt. Rechtlich betrachtet sind diese Familien ebenso wie Gastfamilien Pflegefamilien im Sinne des ABGB. Bei dieser Begrifflichkeit handelt es sich um eine regionale Entscheidung.

Verein KUI

Im Laufe des Buchs ist immer wieder vom Verein KUI zu lesen. Das Kürzel steht für den Vereinsnamen »Kinderflüchtlinge unterstützen und integrieren«. Der Verein wurde 2015 mit dem Ziel gegründet, das im Buch vorliegende Pflegefamilienprojekt ins Leben zu rufen. Dabei war der Verein sowohl Vertragspartner der Wiener Grundversorgung als auch der Wiener Kinder- und Jugendhilfe, MAG ELF, die das pädagogische Konzept bewilligte.

Der Verein wurde 2016 mit dem Dr.-Alexander-Friedmann-Preis für das im Buch besprochene Pflegefamilienprojekt ausgezeichnet.

2018 stellten wir die Tätigkeiten rund um das Pflegefamilienprojekt ein, da die Asylantragszahlen von unbegleiteten minderjährigen Flüchtlingen abnahmen und die Bereitschaft zur Aufnahme von geflüchteten Kindern in der Bevölkerung nicht mehr die gleiche Intensität hatte, was die Finanzierung des Projektes gefährdete. Die bis dahin noch existierenden »Gastfamilien«, jene, die noch Jugendliche im Rahmen der Grundversorgung betreuten, wechselten in die Familienbetreuung von SOS Kinderdorf. Jene Familien, die unmündige Kinder aufgenommen hatten, verblieben in der Zuständigkeit der MAG ELF.

In den anderen österreichischen Bundesländern gab es vergleichbare Projekte anderer Trägerorganisationen mit abweichenden Begleitkonzepten. Durch die Vernetzung in die Schweiz und nach Deutschland weiß ich, dass dort ebenfalls vergleichbare Projekte ab 2015 initiiert wurden. Die Aufarbeitung »unseres« Projektes kann exemplarisch für andere Institutionen gesehen werden. Die Erfahrungen mögen geringfügig abweichen, da es sich bei jeder Familie um eine individuelle Situation handelt. Die Idee ist jedoch immer die gleiche.[8]

---

8   Informationen und Kontakte zu den verschiedenen Projekten in Österreich finden sich auf der Homepage der asylkoordination österreich unter http:// www.asyl.at/de/

Entwicklungen im Bereich der Aufnahme von UMF in Familien in Österreich

KATHARINA GLAWISCHNIG

Zu volle Flüchtlingslager

Das Jahr 2015 wird vielen Menschen in lebhafter Erinnerung bleiben. Es war das Jahr, in dem eine Vielzahl von Menschen nach Europa kam. Ihre Reise war zwar illegal, es bestand aber eine Zeit lang die Möglichkeit, diesen Weg vor aller Augen und nahezu ungehindert zu beschreiten.

Nachdem ein Lkw mit 71 Leichen im Laderaum auf der Autobahn im Burgenland gefunden worden war, konnten die Regierungen der Länder der Europäischen Union für kurze Zeit ein gewisses Verständnis für das Elend in anderen Teilen der Welt aufbringen. Die Bilder aus dem Bürgerkrieg in Syrien waren erschütternd, in den Medien sah man kleine Kinder, die im Mittelmeer ertrunken waren, und so setzte zunächst eine »Willkommenskultur« ein. Europa – und somit auch Österreich – war auf diese große Anzahl an Menschen nicht vorbereitet, obwohl sich Entwicklungen in Richtung einer größeren Migrationsbewegung bereits ein Jahr zuvor abgezeichnet hatten.

In weiterer Folge waren die Erstaufnahmestellen des Bundes überfüllt, es gab nicht ausreichend Betten und so kam es dazu, dass Menschen auf den Wiesen des Erstaufnahmezentrums in Traiskirchen übernachten mussten. Schlafende Kinder wurden lediglich mit einem Karton vor Regen geschützt, und nur wer Glück hatte, konnte einen Platz in einem der Häuser oder Zelte ergattern bzw. zugewiesen bekommen. Die Bilder glichen einer humanitären Katastrophe.

Angesichts dieser verheerenden Umstände erklärten sich viele Menschen bereit, Geflüchtete temporär oder auch etwas länger bei sich zuhause aufzunehmen. Geflüchtete Familien mit Kindern, aber auch Alleinstehende erhielten mit etwas Glück eine private Herberge. Wer keinen Platz zur Aufnahme hatte, aber Gutes tun wollte, unterstützte anderswo, durch Zeit- oder Geldspenden, Essensausgaben, Sprachlernunterstützung etc.

Wer aber eine/n geflüchtete/n unbegleitete/n Minderjährigen aufnehmen wollte, durfte dies nicht tun. Grund dafür war, dass Erwachsene und Familien im Rahmen der Grundversorgung privat wohnend untergebracht werden durften, dafür gab es seit jeher die entsprechende Rechtsgrundlage. Bei UMF hingegen hatte neben der Grundversorgung auch die örtliche Kinder- und Jugendhilfe ein Wort mitzureden. Das war für beide Seiten eine einigermaßen herausfordernde Situation.

Die meist jugendlichen unbegleiteten Geflüchteten werden in betreuten Wohnstrukturen untergebracht. In diesem Bereich herrscht viel Kritik, da UMF quasi weniger finanziert und somit auch weniger betreut untergebracht werden als Kinder, die in Österreich über die Kinder- und Jugendhilfe fremduntergebracht werden.[1] Solch eine UMF-Grundversorgungseinrichtung aus dem Boden zu stampfen, dauert von der Planung bis zur Eröffnung nicht selten bis zu sechs Monaten. Diese Zeit gab es 2015 nicht, da mehr und mehr unbegleitete Minderjährige nach Österreich kamen. Auch wenn auf Hochtouren gearbeitet wurde, fehlten die Betreuungskapazitäten.

Erste Schritte

Die Aufnahme von geflüchteten Kindern in Pflegefamilien war vor dem Jahr 2015 nicht vorgesehen. Es gab lediglich den Fall einer Frau in Salzburg, die sich, unterstützt durch die Kinder- und Jugendanwaltschaft Salzburg, dafür einsetzte, einen ihr bekannten Jungen als Pflegekind aufnehmen zu können und für diesen Pflegekindergeld zu beziehen.[2]

---

1   Hierzu findet sich viel Kritik von Seiten diverser NGOs, insbesondere der asylkoordination österreich, bei der ich hauptberuflich tätig bin. Weitere Informationen zur Thematik finden sich auch im Kontext der Kampagne *Keine halben Kinder*.

2   Vgl. https://www.derstandard.at/story/2000003985185/erstmals-pflegegeld-fuer-jugendlichen-fluechtling-in-salzburg-genehmigt

2015 »glühten« somit die Telefone bei den verschiedensten Stellen aufgrund unzähliger Anfragen verzweifelter potenzieller GastgeberInnen. Viele landeten bei mir. Als Expertin für unbegleitete minderjährige Fremde bei der asylkoordination österreich kannte ich die Strukturen am besten. Bereits beim ersten Anruf einer Interessentin noch im Jahr 2014 setzte ich mich mit Martina Reichl-Rossbacher, der Leiterin des Referats für Adoptiv- und Pflegekinder (RAP) der Wiener Kinder- und Jugendhilfe, in Verbindung. Wir konnten bei einem ersten Treffen, das noch vor dem »Katastrophensommer« in Traiskirchen stattfand, feststellen, dass es eigentlich keinen vernünftigen Grund gab, die Idee für diese Unterbringungsmöglichkeit nicht weiterzuverfolgen. An der Verwirklichung dieses Vorhabens wurde weitergearbeitet und der Weg dahin innerhalb der MAG ELF, der Wiener Kinder- und Jugendhilfe, geebnet. Ich erarbeitete ein Konzept für eine Zusatzbetreuung jener Familien, die eine/n UMF aufzunehmen bereit waren. Es enthielt ein Betreuungs- und Begleitangebot, das die herkömmliche Pflegekinderaufsicht nicht bieten konnte und welches ab S. 33 beschrieben ist.

Die erste Aufnahme eines syrischen Brüderpaars aus der Erstaufnahmestelle Traiskirchen erfolgte schließlich im August 2015 durch eine Niederösterreicherin, die sprachkundig war und die beiden Burschen – damit sie einen Schlafplatz hatten – bereits vor der Aufnahme jeden Abend abholte und in der Früh wieder ins Lager brachte. Nach einer Eignungsüberprüfung in Form eines Hausbesuchs bei der zukünftigen Pflegemutter durften die Brüder umziehen.

Wenig später zog Wien nach: Zuerst durften ab September 2015 Über-16-Jährige in Wien privat wohnend untergebracht werden, wenige Tage später folgte die Möglichkeit der Aufnahme von unmündigen Geflüchteten, somit Unter-14-Jährigen, im Rahmen der Aufnahme als Pflegekind, vergleichbar mit der Unterbringung von österreichischen fremduntergebrachten Kindern. Das war für den UMF-Bereich ein besonders wichtiger Schritt, da diese Gruppe der UMF seither im Sinne der Versorgung gleichbehandelt wird wie österreichische Kinder.

Auch mündige Geflüchtete, somit Jugendliche über 14 Jahren, äußern den Wunsch, in österreichischen Familien zu leben. Einer explorativen Studie der Bundesjugendvertretung zufolge wurde diese Wohnform jedenfalls von unbegleiteten minderjährigen AsylwerberInnen am zweithäufigsten gewünscht.[3]

Um diesem Bedürfnis Rechnung zu tragen, war es notwendig, die aufnehmenden Eltern nicht schlechter zu stellen als jene, die ein gleichaltriges österreichisches Kind in Pflege betreuen. In allen Bundesländern wurden daher Projekte ins Leben gerufen, bei denen den beteiligten geflüchteten Minderjährigen und den Pflegeeltern eine Struktur geboten wird, die ein Gelingen der Aufnahme ermöglicht und einen finanziellen Rahmen der Gleichstellung schafft.

3   Vgl. https://www.asyl.at/files/180/09-mehr-als-nur-fluechtig-bjv.pdf, S. 5.

Aufnahme eines Kindes und weiterführende Betreuung und Begleitung

KATHARINA GLAWISCHNIG

Private Betreuungspersonen bzw. Pflegeeltern brauchen professionelle Anleitung und einschlägige Schulungen, um alle Aufgaben, die die Aufnahme eines/einer minderjährigen Asylwerbers/Asylwerberin mit sich bringt, erfüllen zu können, da sie – selbst wenn sie einer einschlägigen Berufsgruppe angehören oder bereits über einen längeren Zeitraum (ehrenamtlich) im Asylbereich tätig waren – im seltensten Fall über das gesamte erforderliche Wissen verfügen.

Welche Unterstützung unbegleitete minderjährige Geflüchtete benötigen, damit sie sich bestmöglich in ihrer neuen Heimat entwickeln und entfalten können, war bereits aus früheren Erfahrungen von Betreuungsstellen der Grundversorgung und der Kinder- und Jugendhilfe bekannt. Neben dem Spracherwerb und anderen Bildungsmaßnahmen sind insbesondere interkulturelle Kompetenzen notwendig, um in der österreichischen Gesellschaft bestehen zu können. Auf individueller Ebene müssen Kinder und Jugendliche die Schrecken der Vergangenheit verarbeiten und Resilienzmechanismen aufbauen, sodass sie zukünftig ein eigenständiges und selbstbestimmtes Leben in Österreich führen können. Sie benötigen darüber hinaus Informationen zu diversesten Themen und Angebote, die von dem individuellen Pflegeverhältnis nicht abgedeckt werden können.

Zusätzlich bestehen in einer Pflegefamilie zwischenmenschliche Beziehungen, die mitunter durch Missverständnisse und Konflikte belastet werden; sie können im äußersten Fall sogar zu einem Betreuungsabbruch führen. Die Aufklärung über Unterschiede im kulturellen, sprachlichen, religiösen oder Gender-Bereich kann hier sehr leicht Abhilfe schaffen. Der Bedarf ist sowohl präventiv als auch im akuten Konfliktfall gegeben.

Im folgenden Kapitel werden einerseits das Betreuungs- und Begleitkonzept des Vereins KUI erklärt und andererseits die damit verbundenen Erfahrungen aus der Tätigkeit dargelegt. Jene Familien, die die Betreuung eines geflüchteten Kindes andenken, erfahren über mögliche Herausforderungen. MitarbeiterInnen aus der Familienbegleitung oder anderen Fachkräften und Interessierten bietet das Kapitel einen Einblick in die Erfahrungen, um diese für die eigene Tätigkeit nutzbar zu machen.

Naturgemäß ist man im Rahmen einer Betreuung und Begleitung mit den Bereichen intensiver befasst, in denen man gebraucht wird. KlientInnen mit Problemlagen werden engmaschiger begleitet als jene, bei denen »es rund läuft«. Daraus resultiert, dass die niedergeschriebenen Erfahrungen vermehrt auf die Herausforderungen eingehen als auf die Freuden und Bereicherungen durch die Aufnahme eines neuen Familienmitglieds. Als Ausgleich hierzu finden sich später im Buch die Familiengeschichten.

Wenig Betreuungs- und Begleitungsbedarf

Wir haben das Glück, dass es bei uns immer gut gelaufen ist und wir keine nennenswerten Probleme oder gar Krisen hatten. Woran das liegt, kann ich nicht zu 100 % sagen, wir empfinden uns nämlich nicht als Supereltern. Wir sind jedoch recht selbstkritisch und darauf bedacht, uns stets zu verbessern.

Zusätzlich ist unser Mahdi ein ganz Lieber und er würde sich nie über irgendetwas beschweren. Wir sind in der Hinsicht zusammen gewachsen, er ist zwar nicht der gesprächige Typ, aber er weiß, dass in unserer Familie immer alles gleich gesagt wird, »wenn der Schuh drückt«. Niemand behält Unwohlsein oder Unzufriedenheit lange bei sich, das kommt sofort heraus, daran hat auch Mahdi sich angepasst. Auf diesem Weg kann eine Sache schnell gelöst werden, bevor sie zum Problem wird.

Ein Vorteil, den wir haben, ist, dass unsere Jungs sich gut vertragen. Vom Charakter her sind Mahdi und unser jüngerer leiblicher Sohn ganz verschieden, aber sie mögen sich und dadurch gibt es keine Streitereien. Aktuell ist Mahdi nicht viel zuhause, er macht seine Lehre und spielt viel Fußball. Manchmal würde ich mir wünschen, dass er seine Freunde nach Hause mitbringt, aber so ist er nicht. Er ist in der Hinsicht ein »privater Typ«. Ich ärgere mich nicht darüber, wir haben uns von Anfang an vorgenommen, dass wir ihm so viel Freiraum geben werden, wie er braucht. Da Mahdi älter als unser leiblicher Sohn ist, können wir problemlos für beide Kinder andere Maßstäbe setzen.

Für uns war es stets wichtig, Mahdi jegliche Freiheit in Bezug auf Religion und Kultur zu lassen. Er wollte jedoch nie Kontakt zu anderen Afghanen haben. Die Versuche, ihn mit anderen, ebenfalls nicht-religiösen Afghanen zu befreunden, hat er abgelehnt.

Trotz seiner schweren Vergangenheit hat Mahdi eine gute Gabe, mit Problemen umzugehen. Solang er Fußball spielen kann, ist er glücklich, und das heißt für uns als Familie, dass teilweise sechs Mal pro Woche Fußball am Programm steht, aber das haben wir nun schon jahrelang erfolgreich so gemacht. Um sicherzugehen, dass wir nichts übersehen, habe ich mich mal an eine Therapeutin gewandt, und auch sie meinte, Mahdi sei ein Musterbeispiel für Resilienz. (Pflegemutter von Mahdi)

Auswahl und Schulung

Will eine Familie ein Kind in Pflege aufnehmen, muss sie sich einer Eignungsüberprüfung unterziehen. Geprüft wird neben der Unbescholtenheit und den erforderlichen räumlichen Verhältnissen auch, ob die Erwartungen an eine Aufnahme mit den zu erwartenden Gegebenheiten kompatibel sind. Im Rahmen eines Abklärungsprozesses werden mit potenziellen Pflegekindern und potenziellen Pflegeeltern verschiedene Aspekte besprochen, wie z. B. Alter, Geschlecht, Familienkonstellation, Geschwister, Haustiere, Religion, eigenes Zimmer oder gemeinsames Zimmer mit einem Geschwister, Zeit- und sonstige Ressourcen.

Bevor seitens des Vereins KUI ein Anbahnungsvorschlag gemacht wurde, erhielten die Pflegeeltern eine dreitägige Schulung, bei der einerseits Inhalte zu Themen wie Asylverfahren, Obsorge, Trauma, Islam und Herkunftsländer vermittelt wurden, andererseits eventuelle Betreuungsherausforderungen und Krisenszenarien in Form von Fallbeispielen veranschaulicht wurden.

Die Schulung hatte den Vorteil, dass man Familien näher kennenlernte und einen besseren Eindruck davon bekam, welches Kind mit der jeweiligen Familie am ehesten harmonieren könnte, welche Herausforderungen sie meistern und wo bei ihnen im Konfliktfall eine rote Linie sein könnte.

Die Auswahl der Kinder gestaltete sich hingegen anders. Sie konnten sich mit dem Interesse an der Betreuung in einer Familie selbst melden. Von ihren BetreuerInnen in der Wohngemeinschaft wurde ein Entwicklungsbericht geschickt und nach Möglichkeit ein Kennenlerngespräch mit einer Fachkraft des Vereins KUI vereinbart. Sich kennenzulernen war insofern wichtig, als der/die Minderjährige/n dabei erfuhr, welche seiner/ihrer Vorstellungen umsetzbar sein könnten. Ob er oder sie sich grundsätzlich in einer Familie zurechtfinden würde, konnte letztlich nur von den zuständigen BetreuerInnen beurteilt werden, die täglich mit dem Kind arbeiteten.

Zu Zeiten hoher Asylantragszahlen meldeten sich viel mehr Kinder, die bevorzugt in einer Familie wohnen wollten, als potenzielle Eltern. Das war wenig verwunderlich, waren doch die Zustände, milde ausgedrückt, sehr belastend, weil die Unterbringungsorte oft überfüllt waren. BetreuerInnen waren mit vielen weiteren Minderjährigen befasst und Privatsphäre oft nicht ausreichend gegeben.

Auch wenn sich am Anfang sehr viele Menschen meldeten und eine hohe Hilfsbereitschaft spürbar war, so hatten viele, die als Pflegeeltern in Frage gekommen wären, bis zum Aufbau der Pflegeelternsysteme für geflüchtete Kinder und Jugendliche in den Bundesländern bereits Erwachsene aufgenommen. Das spezifische Anwerben von potenziellen Pflegeeltern war in den darauffolgenden Monaten nicht unbedingt einfach und wurde ab dem allgemeinen Ende der »Willkommenskultur« (das rund um die Vorfälle in der Silvesternacht in Köln 2015 angesetzt wird) erheblich schwieriger. Selbst Familienportraits in wichtigen Zeitungen blieben teilweise ohne Reaktion. Meldeten weniger Pflegeeltern ihre Aufnahmebereitschaft, konnten selbstverständlich auch nicht so viele Kinderflüchtlinge in Familien untergebracht werden, was dazu führte, dass eher jene Kinder eine Chance bekamen, die sich in der Gruppe bereits positiv hervorgetan hatten.

Nachdem die Anzahl der AsylantragstellerInnen wieder abgenommen hatte, befanden sich auch weniger Minderjährige in Betreuungsstellen bzw. Wohngemeinschaften. Wenn nicht gesichert war, dass ein frei werdender Platz nachbesetzt wurde, hatte eine

Unterkunft aus finanzieller Perspektive von sich aus wenig Interesse, KlientInnen in eine andere Betreuungsstruktur abzugeben, insbesondere nicht jene, die sich bereits gut angepasst hatten und die Betreuungsstruktur wenig belasteten oder gar stützend wirkten. Anmerken möchte ich hier, dass dies nicht als Fehler einer Wohngemeinschaft gesehen werden darf, hier den Kindeswunsch – in einer Familie zu leben – nicht unbedingt zu bekräftigen. Dieser Umstand ist vielmehr dem System der Finanzierung eines Platzes über einen Tagessatz geschuldet: Ist der Platz nicht belegt, erfolgt auch keine Finanzierung.

Pflegefamilien

Familien bestehen aus zumindest zwei Personen, die zueinander in Beziehung stehen. Der folgende Abschnitt geht auf die Mitglieder einer Pflegefamilie und die unterschiedlichen Konstellationen sowie die damit verbundenen Erfahrungen ein.

Pflegeeltern

Jene Pflegeeltern, die sich für die Aufnahme eines geflüchteten Kindes interessierten, waren großteils sehr reflektiert und durchwegs gut gebildet, etwas mehr als die Hälfte der Pflegeeltern waren AkademikerInnen. Viele InteressentInnen kamen aus dem pädagogischen Bereich oder aus einem therapeutisch-medizinisch-sozialen Arbeitsumfeld. Andere waren als HelferInnen ehrenamtlich bei der Versorgung der vielen Flüchtlinge 2015 aktiv gewesen, die an Bahnhöfen gestrandet waren, oder hatten in diversen Einrichtungen Deutschkurse veranstaltet oder Nachhilfeeinheiten zur Verfügung gestellt. Die meisten Familien waren gut situiert und die Mehrzahl der Wohnverhältnisse bot ein eigenes Zimmer für das Pflegekind.

Während es in zwei Dritteln der Familien zwei Elternteile gab, war ein Drittel der Pflegeeltern alleinerziehend, diese teilten sich auf in drei alleinerziehende Pflegeväter und 18 alleinerziehende Mütter. Die meisten Familien hatten leibliche Kinder, diese waren manchmal älter, manchmal jünger als das aufgenommene Pflegekind, und etwa jede fünfte Pflegefamilie hatte keine leiblichen Kinder. Dadurch, dass sich manche Eltern für die Aufnahme von zwei

Kindern entschieden, waren lediglich acht von 72 Pflegekindern Einzelkinder in ihren Pflegefamilien.

Jede sechste Familie hatte bereits Vorerfahrung mit der Aufnahme von Kindern, wobei drei Pflegeeltern ein Adoptivkind hatten, vier Eltern bereits Pflegekinder betreuten und eine Pflegemutter viele Jahre zuvor die Pflegeelternausbildung durchlaufen hatte, ohne anschließend ein Pflegekind zu betreuen. Eine Pflegeperson war selbst als Kind adoptiert worden und zwei Familien hatten bereits regelmäßig Jugendliche in Form des Schüleraustauschs bei sich aufgenommen. Jene Familien mit Vorerfahrung nahmen zur Hälfte sogar zwei geflüchtete Minderjährige bei sich auf. Trotz Vorerfahrung waren diese Konstellationen sehr konfliktbehaftet, so dass von diesen zehn Kindern heute lediglich zwei noch in der Pflegefamilie leben.

Allgemein lässt sich aus den Erfahrungen und Auswertungen zu den Pflegeverhältnissen keine Familienkonstellation ausmachen, die besonders geeignet oder ungeeignet für die Aufgabe als Pflegefamilie gewesen wäre. Jedes entstehende Familienverhältnis hatte seine eigenen Dynamiken, die dem Gelingen zuträglich waren oder dazu führten, dass sich die entstandenen Familien wieder voneinander distanzierten oder andere Betreuungssettings gefunden wurden.

Das Alter der Pflegeeltern war ebenfalls weder für die Eignungsüberprüfung noch in der abschließenden Auswertung ein ausschlaggebendes Kriterium. Der geringste Altersunterschied zwischen Pflegekind und Pflegemutter betrug sieben Jahre. In Form einer Wohngemeinschaft und Unterstützung wie unter Geschwistern funktionierte das Familienverhältnis ebenso gut wie eine klassische Familienkonstellation, bei der sich das Pflegekind einem gewöhnlichen Altersabstand von Eltern und Kindern entsprechend in der Familie wiederfand. Es gab auch einige Pflegeeltern, die im Ruhestand waren oder knapp vor der Pensionierung standen, was nach unseren Erfahrungen ebenfalls gut funktionieren konnte.

Einer der wichtigsten Aspekte, die es den Pflegeeltern erleichterten, sich in ihrer Aufgabe zu finden, war jedenfalls die Verfügbarkeit eigener zeitlicher Ressourcen. Die Betreuung von UMF-Pflegekindern war für die aufnehmenden Eltern um ein Vielfaches zeitaufwendiger als die Betreuung von eigenen gleichaltrigen Kindern. Einerseits musste die Tagesstruktur neu geplant werden und andererseits gab es viele andere Themen, die einer Abklärung bedurften. So musste das Asylverfahren beschritten werden, aber auch verschiedenste gesundheitliche Belange mussten abgeklärt werden. Arzttermine betrafen sowohl die Zahngesundheit, diverse körperliche Leiden und psychosomatische Beschwerden als auch psychiatrische Problemstellungen.

> Die Pflegeeltern waren mit Mosi letzte Woche beim Augenarzt, weil er glaubt, er wäre verflucht und würde deshalb manchmal seine Augen rollen. Der Arzt konnte dies nicht bestätigen. (Dokumentation KUI, 2017)

Abgesehen davon, dass die Pflegekinder ihre Eltern gerne bei Arztbesuchen dabeihaben wollten, war es den Eltern auch wichtig, ohne sprachliche Barrieren über eine etwaige Diagnose informiert zu werden. Es wurde teilweise von den Eltern als überfordernd kommuniziert, dass besonders viele Arzttermine anstanden. Das Asylverfahren hingegen ließ meist zu lange auf sich warten. Als besonders belastend wurde die Einschränkung der Urlaubsplanung empfunden. Die Familien waren mit der Erwartung an ihre Aufgabe herangegangen, dass sie etwa ein Jahr lang nicht in gewohnter Form verreisen könnten, wurden jedoch teilweise sehr unrund, wenn es auch im zweiten Sommer noch nicht möglich war, das Land zu verlassen. Natürlich gab es andere Betreuungsmöglichkeiten und keine Familie äußerte das Problem, nicht zu wissen, wo das Pflegekind während des Urlaubs bleiben könnte, vielmehr ging es den Pflegeeltern darum, dass sie als Gesamtfamilie einen Urlaub genießen wollten und das Pflegekind emotional ein voller Bestandteil der Familie war.

> Es ist sehr kontraproduktiv und auch den Pflegeeltern gegenüber unfair, dass es uns nicht möglich ist, unseren Familienalltag weiterzuführen. Über die Aussage »Lasst ihn halt einfach daheim« habe ich mich letztes Mal ziemlich gewundert. Wir sind immer mit unseren Kindern auf Urlaub gefahren und werden das auch so beibehalten, entweder gehört jemand dazu oder nicht. Ein Mittelding gibt es da für mich nicht. (Pflegemutter von Irfan, 2016)

Bei geringen zeitlichen Ressourcen der Pflegeeltern, bedingt durch Beruf und leibliche Kinder sowie den erhöhten Betreuungsaufwand für das Pflegekind, kam es vor, dass sich Pflegeeltern in ihrer Aufgabe übernahmen. Der damit verbundene Stress wirkte sich auch auf das Beziehungsverhältnis aus, weshalb jede/r InteressentIn im Vorfeld einer Aufnahme gut beraten ist, sich mit den eigenen Ressourcen auseinanderzusetzen. Auch im Verlauf des Pflegeverhältnisses ist es bedeutsam, dass die Pflegeeltern ausreichend Zeit für sich selbst einplanen. Wir erlebten Eltern, die meinten, nicht ausreichend Zeit für Supervision und Austausch zu haben, was in der Begleitung der Familie ein Warnzeichen darstellte.

Die meisten Familien waren, wie oben erwähnt, gut situiert. Durch das Pflegeelterngeld, das 2016 zwischen € 700 und € 753 pro Monat in Wien ausmachte,[1] konnten die Aufwendungen für das Pflegekind durch die meisten Familien gut abgedeckt werden. Von weniger gutverdienenden Menschen ohne Bereitschaft zur Aufnahme eines Kindes hörten wir teilweise neidische Kommentare, wie dass man für leibliche österreichische Kinder weniger finanzielle Mittel zur Verfügung hätte als für geflüchtete. Gerade am Anfang waren die Anschaffungskosten für UMF-Pflegekinder sehr hoch, von der Einrichtung für das eigene Zimmer über Kleidung und Schulmaterial war viel zu beschaffen; diese Beträge kamen erst schrittweise »wieder herein«. Mit der Zeit kristallisierten sich weitere finanzielle Notwendigkeiten heraus, wie regelmäßige Nachhilfe oder Therapiekosten; so gesehen hörte sich der Betrag nicht mehr nach »so viel« an. Viele Pflegeeltern entschieden sich unter anderem auch dafür, einen überschüssigen Teil, den sie nicht für Wohnkosten einbehalten wollten, für ihr Pflegekind anzuspa-

> Das Pflegeelterngeld haben wir immer für Faisal angespart, zum Teil hat er Reisen gemacht, was ihm viel bedeutet hat, zum Teil hat er seine Familie unterstützt bzw. das behördliche Verfahren zur Familienzusammenführung finanziert. Das kleine Polster hat er jetzt dringend gebraucht. Als Lehrling allein eine Wohnung für seine nachgekommene Familie anzumieten, war kein leichtes Unterfangen. (Pflegemutter von Faisal)

---

[1]   Der Auszahlungsbetrag war abhängig vom Alter des Pflegekindes, wobei der Verein KUI die im Text angegebenen Beträge auszahlte. Die Kinder- und Jugendhilfe kommt bei der Auszahlung auf den gleichen Jahresbetrag, dieser ist jedoch auf 16 Teilzahlungen aufgeteilt.

ren, wissend, dass ein Auszug aus dem Elternhaus mit erheblichen Kosten verbunden sein kann.

Ein Vorwurf, mit dem sich teilweise alleinstehende Frauen konfrontiert sahen, war die von mancher Seite geäußerte Vermutung einer sexuellen Beziehung. Auch wir wurden in mehreren für uns betreuungsintensiven Familienverhältnissen durch die Kinder- und Jugendhilfe auf diese Bedenken angesprochen. Drei Fälle hatten gemeinsam, dass das Pflegekind anscheinend wenig Liebe um seiner selbst willen von den leiblichen Eltern erfahren hatte. Wir gewannen aus Erzählungen den Eindruck, dass die Betroffenen als Kinder verwahrlost waren, wobei im Heimatland mangels funktionierender Kinder- und Jugendhilfe nicht eingegriffen worden war. Es bestand von Betreuungsseite die Sorge bezüglich eventuell sich entwickelnder Borderline-Persönlichkeitsstörungen von Jugendlichen (teilweise mit dem Verdacht, dass die Kinder älter waren als angegeben), die zu ungünstigen Beziehungsgefügen führte, was wiederum von Außenstehenden als etwaiges Bestehen einer sexuellen Beziehung interpretiert worden war. Wir konnten diese Fälle jedoch abklären, und es hat sich für uns als FamilienbetreuerInnen kein solcher Verdachtsfall erhärtet.

> Bei einem Kurs sei ihr Pflegesohn einmal von einem Kurskollegen auf seine Pflegemutter angesprochen worden. Dieser soll ein sexuelles Verhältnis angedeutet haben. Daraufhin habe der Pflegesohn den anderen geohrfeigt und ihn gefragt, ob er mit seiner Mutter schlafe. (Der Angriff hatte für ihn keine Folgen.) Der Pflegesohn habe mit seiner Pflegemutter über diesen Vorfall gesprochen und er sei fassungslos gewesen und hätte nicht verstanden, wie jemand so etwas denken könne. (Dokumentation KUI, 2017)

Pflegekinder

Von den 72 durch den Verein KUI betreuten Kindern und Jugendlichen in Pflegefamilien waren 18 weiblich und 54 männlich. Davon hatten 58 Minderjährige die afghanische Staatsbürgerschaft, zehn stammten aus Syrien und vier Jugendliche kamen aus Somalia.

Die Altersverteilung war sehr unterschiedlich und reichte von acht Jahren bis knapp vor das Erreichen der Volljährigkeit zum

Zeitpunkt der Aufnahme in die Pflegefamilie.[2] Jede Familie hatte ihre eigene Dynamik, jedoch war erkennbar, dass sich die jüngeren Kinder tendenziell leichter damit taten, sich in die neuen Strukturen der Pflegefamilien einzugliedern. Dies war unter anderem dadurch begründet, dass sie großteils auch während der Flucht weniger Selbstständigkeit erfahren hatten als ihre jugendlichen KameradInnen. Das Alter betreffend bestand sehr viel Unsicherheit, sowohl von Seiten der Pflegeeltern als auch der -kinder. Einerseits wussten manche Kinder ihr genaues Geburtsdatum nicht. Sie wussten, wie alt sie waren, nicht aber den genauen Geburtstag, und gemeinsam mit der Tatsache, dass sich das Jahr in Afghanistan nach einem anderen Kalender richtet, führte dies häufig zu unterschiedlichen Angaben von Seiten der Minderjährigen und der Behörde. Um Missbrauch vorzubeugen, und da die meisten AsylwerberInnen keine oder keine unbedenklichen Urkunden mitführen, kann im Asylverfahren eine Altersfeststellung angeordnet werden. Dabei wird mittels me-

Beim Asylantrag gaben die beiden Schwestern an, 14 und 16 Jahre alt zu sein. Ihnen wurde geraten, an keiner Altersfeststellung teilzunehmen, da sie gegenseitig ihr Alter bezeugen könnten und zusätzlich einen Onkel in Österreich hätten, der dies ebenfalls tun könne. Kurz vor dem Umzug in die Pflegefamilie wurde die jüngere Schwester zum Amt geladen und erhielt ohne Einvernahme und ohne medizinische Altersfeststellung eine neue Verfahrenskarte, laut der sie sechs Monate nach ihrer älteren Schwester geboren wurde. Anschließend wurde bei dem jüngeren Mädchen eine Altersfeststellung durchgeführt, das geschätzte Alter belassen und schließlich die ältere der beiden Schwestern ohne Altersfeststellung um ein halbes Jahr älter gemacht, wohl damit es sich biologisch ausging (Dokumentation KUI, 2016)

---

2   Verteilung des Alters der Pflegekinder zum Zeitpunkt der Aufnahme in die Familie: 2 Kinder waren zum Zeitpunkt der Aufnahme 8 Jahre alt, 4 Kinder waren zum Zeitpunkt der Aufnahme 10 Jahre alt, 2 Kinder waren zum Zeitpunkt der Aufnahme 11 Jahre alt, 7 Kinder waren zum Zeitpunkt der Aufnahme 12 Jahre alt, 5 Kinder waren zum Zeitpunkt der Aufnahme 13 Jahre alt, 9 Jugendliche waren zum Zeitpunkt der Aufnahme 14 Jahre alt, 16 Jugendliche waren zum Zeitpunkt der Aufnahme 15 Jahre alt, 15 Jugendlich waren zum Zeitpunkt der Aufnahme 16 Jahre alt, 13 Jugendliche waren zum Zeitpunkt der Aufnahme 17 Jahre alt.

dizinischer Verfahren (Röntgen der Handwurzelknochen, Röntgen der Zähne, Computertomographie des Schlüsselbeins und eine Körperbeschau, für die sich die Betroffenen nackt ausziehen müssen) das Alter der AsylwerberInnen bestimmt. Auf den Entwicklungsstand oder eine soziale Reife der AntragstellerInnen wird in Österreich keine Rücksicht genommen. Es gab somit Minderjährige mit verschiedenen Aliasdaten. Fragte beispielsweise der/die DolmetscherIn bei der Erstbefragung, wie alt der/die Minderjährige sei, so wurde meistens der 01. 01. als Geburtsdatum angenommen. Eine Frage nach dem Geburtsdatum wurde selbst dann oft nicht gestellt, wenn betroffene UMF es gewusst hätten. Anderen wurde durch wohlmeinende Menschen (andere AsylwerberInnen, Schlepper etc.) angeraten, sich als jünger auszugeben. Hintergrund dieser Praxis ist unter anderem, dass auf diesem Weg noch länger die Schule besucht werden kann. Aus dieser Perspektive ist der Ansatz auch durchaus verständlich, da der Spracherwerb Zeit in Anspruch nimmt und durch die Flucht ohnedies Bildungszeiten verloren gehen. Bei besonders jungen Kindern erlebten wir auch, dass diese durch DolmetscherInnen noch jünger gemacht wurden, obwohl sie bei der ersten Befragung ihr richtiges Alter angegeben hatten. Die Altersveränderungen haben allgemein betrachtet den Nachteil, dass jemand, der einmal etwas Falsches angibt, auch später im Asylverfahren nicht mehr glaubwürdig erscheint. Wenn sich in der Betreuung herausstellte, dass die Altersangaben eines Kindes nicht der Realität entsprachen, bewegte man sich auf einem schmalen Grat, entweder das Alter zu korrigieren und dafür die Unglaubwürdigkeit zu riskieren, oder damit zu leben, dass das Kind fortan mit unrichtigen Daten durchs Leben gehen würde.

In Bezug auf das Geschlecht des Pflegekindes bestanden von Seiten der meisten potenziellen Pflegeeltern vorab Vorstellungen, wer in die Familie passen könnte. Es wünschten sich mehrere Familien die Aufnahme eines Mädchens, da sie selbst Mädchen als leibliche Kinder hatten und daher erwarteten, dass die gleichgeschlechtliche Aufnahme von Vorteil wäre. Angesichts der Tatsache, dass es mehr männliche unbegleitete Minderjährige gibt, die allein flüchten, konnten wir diesen Familien nicht immer wie gewünscht Mädchen vermitteln. Dieser Umstand war insofern bedauerlich, als zwar die Ressource »interessierte Familie« vorhanden gewesen wäre, aber wegen dieser Präferenz einige Familien kein Pflegekind erhalten konnten.

Retrospektiv betrachtet gestaltete sich die Betreuung von männlichen Jugendlichen teilweise einfacher. Einerseits hatten wir aufgrund bestimmter Gegebenheiten Mädchen auch als Geschwisterpaare vermittelt, was nicht immer ideale Wendungen nahm, und andererseits waren die Mädchen oft psychisch massiver belastet oder weniger resilient. Lediglich für fünf von 17 Mädchen stellte die Pflegefamilie eine dauerhafte Betreuungslösung bis zur Volljährigkeit dar, ein minderjähriges Mädchen konnte im Anschluss an die Familienzusammenführung zu ihrer leiblichen Familie ziehen. Im Vergleich dazu war die familiäre Unterbringung für 35 von 58 Burschen eine dauerhafte Unterbringungsform (wenngleich von diesen 35 fünf Minderjährige nach mehreren Jahren Betreuung in der Familie vor Erreichen der Volljährigkeit in eine andere Betreuungsstruktur wechselten.)

Zum Zeitpunkt des Verfassens dieses Buchs leben noch fünf nach wie vor Minderjährige bei Pflegefamilien. Etwa die Hälfte der ehemaligen Pflegekinder, die bis zur Volljährigkeit betreut wurden, sind bereits aus den Familien ausgezogen und haben sich selbstständig gemacht. Die anderen leben noch bei den Pflegeeltern, so wie auch autochthone Kinder meist nach Erreichen der Volljährigkeit noch bei den Eltern wohnen bleiben, bis sie ihr eigenes Geld verdienen und sich ein eigenständiges Leben finanzieren können.

Pflegegeschwister
Wie oben erwähnt, sahen sich Pflegekinder und leibliche Kinder der Pflegeeltern mit neuen Geschwistern konfrontiert. In 59 Familien gab es Geschwister, wovon 56 Mal die Pflegegeschwister im gemeinsamen Haushalt lebten. Lediglich in fünf Familien lebte kein weiteres Kind. Bei den 101 Geschwisterkindern in den jeweiligen Familien handelte es sich in 37 Fällen um jüngere Geschwisterkinder als das Pflegekind, 30 Mal um ältere Geschwister und dreimal um etwa gleich alte Geschwisterkinder. In elf Familien befand sich das Pflegekind vom Alter her zwischen jüngeren und älteren Geschwistern.

Zumindest ab einem entscheidungsfähigen Alter waren die meisten Geschwisterkinder in die Überlegungen, einen unbegleiteten Kinderflüchtling aufzunehmen, eingebunden. Die Beziehungen zu ihnen gestalteten sich sehr individuell, je nach Alter und Geschlecht. Nach der anfänglichen Neugierde auf den oder die Neue/n kam für die Geschwister mit der Zeit auch die Erkenntnis, dass die neuen Familienmitglieder doch eine ganz andere Sozialisation und oft sehr prägende Erlebnisse mitbrachten, was die Geschwister in sozialen Kontakten vorsichtig bis misstrauisch werden ließ und natürlich Rückwirkungen hatte. Den Geschwisterkindern wurde teilweise einiges an Toleranz und Nachsicht abverlangt. In anderen Fällen fügten sich die Pflegekinder sehr harmonisch in das Gesamtfamiliengefüge ein.

Auch wenn das Betreuungskonzept es vorgesehen hätte, so bestand kaum Bedarf von Seiten der Familienbetreuung, sich mit den Geschwisterkindern zu befassen. Die Pflegeeltern hatten die Situation meist sehr gut im Griff und konnten bei Konflikten zwischen den Kindern vermitteln.

Fünf Pflegefamilien entschieden sich, Geschwisterpaare aufzunehmen, und in vier Familien waren andere UMF-Pflegekinder gleichzeitig Pflegegeschwister. In drei Familien wurden volljährige Geschwister mit aufgenommen und in einer Familie ein volljähriger Cousin. Diese Konstellationen entwickelten sich sehr unter-

> Mein jüngster Sohn hat Reza als Bruder akzeptiert, aber meine älteren Kinder haben bis heute keinen Draht zu ihm und umgekehrt auch. (Pflegemutter von Reza)

> Meine kleine Schwester liebt Abdul über alles. Jeden Tag fragt sie nach ihm, spielt mit ihm und jetzt bringt sie ihm sogar schon Klavier bei. Ihre Freundinnen kennen ihn natürlich auch schon alle. Ich bin ganz ehrlich, Abdul kennt wahrscheinlich schon mehr Freundinnen von ihr als ich es tue. (Roman, Pflegebruder von Abdul, 2017)

> Unsere Tochter, neun Jahre jünger als Ahmed, war am Anfang etwas eifersüchtig. Sie hat dann aber verstanden, dass es doch etwas anderes ist, und ab diesem Moment hat sie ihn sehr geliebt. Ahmed war immer sehr rücksichtsvoll ihr gegenüber, als er noch bei uns gewohnt hat. Heute hat er seine eigene Wohnung, manchmal holt er unsere Tochter von der Schule ab, sie fühlt sich dann bei ihm sehr wohl. (Pflegemutter von Ahmed)

schiedlich. Gerade bei Geschwistern im Jugendalter entstanden Dynamiken, denen sich einige Pflegeeltern nicht gewachsen fühlten, während bei jüngeren Kindern mehr Spielraum zur Einflussnahme bestand. Auf der anderen Seite hatte die Aufnahme mehrerer Kinder den Vorteil, dass sie sich gegenseitig als Ressource hatten, sie teilten Erlebnisse und eine gemeinsame Sprache, was den Kindern gerade in der Anfangsphase sehr half. Besonders für AlleinerzieherInnen war es jedoch schwierig, wenn es keine gefühlte Möglichkeit der Einflussnahme auf die Kinder gab, beginnend damit, dass nicht verstanden wurde, was die beiden Kinder miteinander sprachen, und sich Pflegeeltern ausgeschlossen fühlen konnten. Bei der Aufnahme von Geschwistern mit großem Altersunterschied waren die älteren Geschwister für gewöhnlich eine Betreuungsunterstützung für die jüngeren Geschwister, für die sie bereits während der Flucht Verantwortung übernommen hatten. Angesichts der doch geringen Zahl an Fällen – und da diese Familienkonstellationen höchst unterschiedliche Voraussetzungen hatten und auch verschieden verliefen – kann keine fundierte Beurteilung getroffen werden, ob zur Aufnahme von mehreren Pflegekindern geraten werden kann oder eher nicht. Vor der Anbahnung der Aufnahme von Geschwisterkindern, auch wenn diese ein noch so enges Verhältnis zueinander zu haben scheinen, ist es notwendig, eine besonders intensive Abklärung bezüglich ihrer zwischenmenschlichen Dynamik durchzuführen. Ich gehe mit nun etwas mehr Erfahrung als zu Beginn des Pflegefamilienprojekts davon aus, dass die Unterbringung der Schwesternpaare, die wir als FamilienbetreuerInnen begleiteten, in getrennten Familien mehr Chancen für dauerhafte Betreuungslösungen für die Kinder geboten hätte. Jedenfalls bedeutet für potenzielle Pflegeeltern die Aufnahme von mehreren Pflegekindern, dass sie auch doppelt so viel Zeit zur Verfügung haben müssen, um diese Betreuungsaufgabe zu bewältigen.

Exkurs: Adoptionswünsche
In einigen Familien entstand angesichts der innigen Beziehung zueinander der Wunsch, das Pflegekind zu adoptieren. Diesem Vorhaben waren rechtliche Hindernisse gesetzt; einerseits hätte es dafür einer Vielzahl an Dokumenten bedurft, die nicht zu be-

schaffen gewesen wären, und andererseits hätte eine Adoption keinen nennenswerten Vorteil gebracht. Die meisten Adoptions-wünsche sind aus dem Gedanken entstanden, dass dieser Schritt den Aufenthalt des Pflegekindes sichern könnte, was in Österreich jedoch für jene mündigen Minderjährigen nicht der Fall ist, die eine negative Entscheidung aufgrund ihres mangelnden Fluchtgrunds fürchten. Das unerträgliche Warten auf den Ausgang des Asylver-fahrens hatte dazu geführt, dass über Alternativen nachgedacht wurde. In diesen Fällen mussten wir zu Optimismus in Bezug auf das Asylverfahren raten. Auch in sozialer Hinsicht betonten wir, dass ein Pflegeverhältnis den Vorteil bietet, dass die Beteiligten im Konfliktfall wieder auseinandergehen können. Ebenso wäre der fi-nanzielle Unterstützungsaspekt im Fall einer Adoption nicht mehr gegeben, wenngleich dies den betroffenen Familien unbedeutend erschienen wäre. Zum Zeitpunkt der Erstellung des vorliegenden Buchs befasst sich eine Familie trotz gesicherten Aufenthaltsrechts und Volljährigkeit des Pflegekindes weiter mit der Möglichkeit der Adoption. Vielleicht ergibt sich in den kommenden Jahren hier ein Präzedenzfall.

Kennenlernen

Beim Kennenlernen gab es im Vergleich zur klassischen An-bahnung im Pflegekinderbereich durchaus Unterschiede. Im Rah-men unseres Projekts konnten wir drei Formen des Kennenlernens erleben. Gerade im Bereich von ehrenamtlichen Tätigkeiten lernten sich in den Jahren 2015 und 2016 sehr viele Familien und Jugend-liche selbstständig kennen. Nach einer gewissen Zeit der Bekannt-schaft/Freundschaft entstanden der Wunsch und der Wille, künftig zusammenzuleben.

Bei Patenschaften handelt es sich um eine organisierte freund-schaftliche Integrationsbegleitung (siehe dazu S. 26f.). Nach einer Schulung kommt es bei einer Patenschaft zu einem Kennenlernen infolge eines Vorschlags von Seiten der Patenschaftsorganisation. Im Anschluss daran können sich ganz unterschiedliche Unter-stützungssituationen ergeben, von gemeinsamen Ausflügen bis hin zu Lernbegleitung. Ein durchaus wichtiger Aspekt ist die Be-gleitung des jungen Menschen über das Erwachsenwerden hinaus, wenn die Wohngemeinschaft den/die Minderjährige/n in die Volljährigkeit und somit aus der Wohnstruktur entlässt. Gerade in diesem Zusammenhang stellte sich immer wieder die Überlegung eines Umzugs, sofern »die Chemie stimmte«, sich also beide Seiten gut verstanden, und räumliche Ressourcen ausreichend zur Verfügung standen.

Bei der Vermittlung im Rahmen der Pflegeelternschaft wurde potenziellen Pflegeeltern und Pflegekindern im Zuge des Abklärungsprozesses ein Anbahnungsvorschlag gemacht. Fand dieser Vorschlag die Zustimmung aller Beteiligten, wurde der Kennenlernprozess durch eine/n MitarbeiterIn und eine/n DolmetscherIn unterstützt und bis zum Umzug begleitet.

Bei der Verteilung der Kennenlernsituationen haben sich folgende Zahlen ergeben: 41 Minderjährige und potenzielle Eltern wurden einander entweder durch den Verein KUI oder die Kinder- und Jugendhilfe vorgestellt, 25 Jugendliche sind aufgrund von Privatkontakten zu ihren Pflegefamilien gekommen, sie hatten meist eine längere Kennenlernphase, bevor sie einzogen. Bei sechs UMF bestand vor der Aufnahme in die Familie ein Patenschaftsverhältnis, welches schließlich in eine Pflegeelternschaft umgewandelt wurde. Das erste Kennenlernen erfolgte bei geflüchteten Kindern und Jugendlichen, die sich in einer Betreuungsstelle bzw. Wohngemeinschaft des Landes Wien befanden, bevorzugt an diesem Ort im Beisein des/der BezugsbetreuerIn des potenziellen Pflegekindes und der in die Vermittlung involvierten MitarbeiterInnen. Nach dem ersten Treffen wurden alle einzeln über ihre Eindrücke befragt, gemeinsam wurde die weitere Anbahnung geplant. Es gab gemeinsame Folgetreffen, sei es im Beisein von FachmitarbeiterIn und DolmetscherIn oder ohne ihre Begleitung. Dazu boten insbesondere gemeinsame Ausflüge und Besuche der Kinder oder

> Über unsere Beziehung würde ich sagen, dass sie langsam und über einen langen Zeitraum entstand. Ich kannte und begleitete Reza bereits zwei Jahre, bevor er bei mir einzog. Im Heimleben hatte ich alle seine Höhen und Tiefen mitbekommen. Ich sage immer, wir haben einander gezähmt, wie der Kleine Prinz und der Fuchs. Und das ist, glaube ich, das Geheimnis, warum unsere Beziehung so innig und standhaft geworden ist. (Pflegemutter von Reza)

Jugendlichen bei den potenziellen Pflegeeltern zuhause eine gute Gelegenheit.

Die Klärung, wie sich das gemeinsame Leben gestalten könnte, war Teil der Anbahnung und sollte den Beteiligten helfen, sich auf die neue Situation vorzubereiten. Die zuständige Fachkraft informierte die Familie über notwendige Schritte und Perspektiven.

Wenn von allen Beteiligten nach mehrmaligen Zusammenkünften der Wunsch geäußert wurde, künftig zusammenzuleben, veranlasste die Fachkraft die Abwicklung der notwendigen bürokratischen Prozesse für den Umzug[3] und das Pflegekind wurde von den Pflegeeltern aufgenommen.

Im Rahmen der Aufnahme unterfertigen die Pflegeeltern einen Betreuungsvertrag, der einerseits die Begleitungsmodalitäten für die Pflegefamilie regelt und andererseits die Abwicklung des Pflegekindergeldes beinhaltet.

Nach wie vor fehlt in Österreich auf Bundesebene, wo die Minderjährigen erstuntergebracht werden, wenn sie in Österreich ankommen, ein Mechanismus für die effektive und professionelle Vermittlung von UMF zu Pflegeeltern. Eine solche Vermittlung war zum Zeitpunkt des Verfassens dieses Textes nicht angedacht. Zu der Zeit der humanitären Katastrophe in der Bundesbetreuung im Jahr 2016 hatten wir uns durchaus auch um diese Form der Vermittlung bemüht. Die erste Kontaktaufnahme mit potenziellen minderjährigen InteressentInnen erfolgte teilweise auf offener Straße, durch Mundpropaganda oder durch ehrenamtliche HelferInnen. Auf diesem Weg war es uns 2016 möglich, insbesondere Geschwister aus dem Erstaufnahmezentrum in Traiskirchen zu holen. Unser in diesem Zusammenhang größter Erfolg war, ein beinahe volljähriges Mädchen und ihren zwölfjährigen Bruder, die bereits sieben Monate auf die Unterbringung in einem anderen Quartier warteten, in eine Familie zu vermitteln. Für diese Alters- und Geschlechtskonstellation gab es zum damaligen Zeitpunkt keine adäquate gemeinsame Betreuungsstruktur in Österreich.

---

3   Hinsichtlich der Grundversorgung handelt es sich um das Ersuchen um Zuweisung des/der Minderjährige/n und die Information der Kinder- und Jugendhilfe.

Betreuungskonzept

MitarbeiterInnen

Um eine Pflegefamilie möglichst gut begleiten zu können, bedarf es eines durchaus großen Ausmaßes an Fachwissen. Eine einzige Person ist nicht in der Lage, alle Bedürfnisse abzudecken, weshalb ein ganzes Betreuungsnetz vonnöten ist. Von Seiten der Kinder- und Jugendhilfe wird wie bei allen fremduntergebrachten Kindern die Obsorge bei Gericht beantragt und in der Folge ausgeübt.

Die Rechtsvertretung im Asylverfahren wird in Österreich in den verschiedenen Bezirken unterschiedlich ausgeübt bzw. geregelt: Manche Kinder- und Jugendhilfeträger setzen spezialisierte interne RechtsvertreterInnen ein, andere lagern die Rechtsvertretung an NGOs oder Anwälte aus. Für Minderjährige ist in jedem Fall eine Ansprechperson vorgesehen, oft jedoch erst ab dem Zeitpunkt der Ladung zur Einvernahme im Asylverfahren. Nicht nur die Minderjährigen erleben im Laufe des Asylverfahrens Gefühle der Verunsicherung, auch die Pflegeeltern sind davon betroffen. Es ist besonders wichtig, die oft sehr lange Zeit des Wartens im Asylverfahren trotzdem informiert zu verbringen.

Die von der Kinder- und Jugendhilfe an den Verein KUI ausgelagerte Betreuung konnte hier den Familien stets zur Seite stehen und darüber hinaus andere wichtige Aspekte abdecken und mit Fachwissen unterstützen. Das Personal von KUI umfasste Fachkräfte ebenso wie muttersprachliche Vertrauenspersonen. Als Fachkräfte kamen Personen mit psychologischer, sozialarbeiterischer oder pädagogischer Kompetenz in Frage. Es zeigte sich, dass Vorwissen im Flüchtlingsbereich unerlässlich war. Eine praktische Einarbeitung in diese doch sehr umfangreiche Materie hätte trotz intensiver Schulungen zu lange gedauert.

Zu den Aufgaben des Fachpersonals zählten die Gesprächsführung mit potenziellen Pflegeeltern, die Begleitung der Elternschulungen, die Begleitung des Vermittlungsprozesses, die Betreuung und Begleitung der Pflegefamilien im Sinne des Betreuungsplans, die Dokumentation und der Kontakt zur Kinder- und Jugendhilfe sowie zur Grundversorgung.

Ziel war, den Mitarbeitenden nur so viele Fälle zuzuteilen,

dass sie die Belastung nicht als Überforderung empfanden und die Arbeitsfreude erhalten blieb. Konzeptionell wurde eine Fachkraft mit durchschnittlich 25 Familien betraut, ein Ausmaß, das sich als zu hoch erwies. Bei einer Vollzeitanstellung lag das bewältigbare Limit bei 20 Familien und selbst diese Anzahl hätte niedriger sein sollen, um noch ausreichend Zeit für Psychohygiene, umfassende Dokumentation und Kommunikation mit der jeweiligen Vertrauensperson zu lassen. Eine höhere Fallbelastung wäre lediglich dann denkbar gewesen, wenn es sich um Familien gehandelt hätte, die seit längerer Zeit gemeinsam lebten und deren Zusammenleben konfliktarm verlief. Bei jenen Familien, die ein jüngeres Kind aufgenommen hatten und schon länger bestanden, wurde deutlich, dass sich der Begleitungsaufwand nach der Phase des Ankommens deutlich verringerte. Die Aufnahme eines pubertierenden Jugendlichen barg hingegen höheres Konfliktpotenzial und es ergaben sich mehr Reibungsflächen, die es von außen zu bearbeiten galt.

Bei den beschäftigten Vertrauenspersonen handelte es sich um muttersprachliches Personal, bevorzugt aus den Herkunftsländern der Pflegekinder. Es wurde als sogenanntes Hilfspersonal angestellt oder stand auf Honorarbasis unter Vertrag, wobei den Personen hier eine besondere Aufgabe und Eigenverantwortung zuteilwurde. Zu ihren Aufgaben zählten Dolmetschleistungen, Aufklärung über interkulturelle Unterschiede gegenüber Pflegeeltern, Pflegekindern und Fachpersonal, Unterstützung des Fachpersonals bei Konfliktvermittlungen innerhalb der Familien und bei Workshops mit den Pflegekindern, die Rolle als Ansprechstelle für Pflegekinder, solange sie die deutsche Sprache noch nicht ausreichend beherrschten, sowie die Begleitung von Freizeitaktivitäten. Die Vertrauenspersonen sollten für die Pflegekinder auch Vorbildwirkung haben, als Role Model wahrgenommen werden können. Ein wichtiges Kriterium war die Bereitschaft, sich kritisch mit dem eigenen Herkunftssystem (Herkunftsland, Familie, Kultur, Religion etc.) auseinanderzusetzen sowie kulturelle und religiöse Aspekte des täglichen Lebens im Heimatland hier in Österreich in einer Form zu leben, die nicht zu Konflikten führt.

Der Großteil der betreuten Pflegekinder kam aus Afghanistan und war männlich; wir begleiteten jedoch auch einige afghanische

Mädchen. Ebenso wurden sowohl männliche als auch weibliche Minderjährige aus Syrien und Somalia in Pflegefamilien untergebracht, für die wir sprachkundige Vertrauenspersonen einsetzten.

Betreuungsinstrumente

Für Österreich kann man sagen, dass die Betreuungssituation in den neun Bundesländern jeweils etwas unterschiedlich ausgestaltet ist. Das liegt daran, dass in den Bundesländern eine, in Wien hingegen zwei Organisationen damit beauftragt wurden, die Betreuung und Begleitung von Familien durchzuführen. In Wien gibt es bei der Vermittlung von Minderjährigen eine zusätzliche Unterscheidung zwischen mündigen und unmündigen Geflüchteten.

Für die Begleitung der Pflegefamilien ist einerseits die mit der Obsorge betraute Person der Kinder- und Jugendhilfe zuständig. Andererseits gibt es für UMF und deren Pflegefamilien weitere Unterstützung aufgrund ihrer spezifischen Situation.

Allgemein betrachtet werden stets nur Pflegefamilienverhältnisse angebahnt, bei denen davon auszugehen ist, dass das Kind von seiner Pflegefamilie liebevoll aufgenommen wird und die Bereiche Pflege und Erziehung von den Pflegeeltern nach bestem Wissen und Gewissen ausgeübt werden. Jegliche Begleitung hat den Anspruch, die Pflegeeltern bei deren Aufgabe zu unterstützen, diese jedoch nicht zu ersetzen.

Exemplarisch wird im Folgenden die Betreuung und Begleitung durch den Verein KUI beschrieben,[4] um einen Eindruck zu vermitteln, wie eine gelungene Betreuung aussehen kann. Der Verein KUI begleitete von 2015 bis 2018 Familien, die 8- bis

---

4   In Wien werden unmündige Kinder, somit Kinder unter 14 Jahren, über das Referat für Adoptiv- und Pflegekinder (RAP) vermittelt. Die Minderjährigen kommen für gewöhnlich aus Wohngemeinschaften der Kinder- und Jugendhilfe. Für die Vermittlung und Begleitung von mündigen UMF wurden zwei Konzepte durch die Wiener Grundversorgung und die Kinder- und Jugendhilfe bewilligt. Ein Konzept stammte vom Verein KUI, das zweite von SOS Kinderdorf. Der Verein KUI hat mit Anfang 2018 seine verbleibenden Klienten auf das SOS Kinderdorf übertragen, da die Anzahl zu begleitender Pflegefamilien im Sinken begriffen war.

18-jährigen Pflegekindern ein Zuhause gaben. Durch regelmäßige Kontakte zur Pflegefamilie im Gesamten und separate Kontakte zu den Pflegekindern und zu den Pflegeeltern wurde bei KUI sichergestellt, dass sich das Familienverhältnis entsprechend jenem von leiblichen Eltern und ihren Kindern entwickelte. Auf dem Weg intensiver Gespräche wurde überprüft, dass gegenseitige Erwartungen und Bedürfnisse übereinstimmten, im Zweifelsfall wurde konfliktlösend eingegriffen. Bei Sprachbarrieren konnten DolmetscherInnen besonders in den Anfangsmonaten eine reibungsfreie Kommunikation für wichtige Bereiche des Lebens herstellen. Jede Pflegefamilie wurde möglichst kontinuierlich durch dieselbe Person begleitet. Bei KUI erhielt jedes Pflegekind eine muttersprachliche Vertrauensperson, an die es sich bei Unsicherheiten, Konflikten oder Beschwerden wenden konnte, ein Betreuungsinstrument, das gut angenommen wurde und auch regelmäßig von allen Seiten Zuspruch erhielt.

Allgemeine Erfahrungswerte zeigen, dass Kinderflüchtlinge in der Regel nach drei Monaten in Österreich bereits den Großteil der Kommunikation rund um sie herum verstehen können. Nach rund sechs Monaten sind sie in der Lage, sich in den wichtigsten alltäglichen Lebensbereichen zu verständigen, und benötigen lediglich in besonderen Lebenslagen oder bei spezifischen Themen Unterstützung durch DolmetscherInnen.

Folgende Betreuungs- und Begleitinstrumente haben sich bewährt:

- Hausbesuche: Hausbesuche waren regelmäßig vorgesehen, damit man sich ein Bild vom Funktionieren der Aufnahmesituation machen konnte. Die Wahrscheinlichkeit, sämtliche Familienmitglieder, etwa beide Elternteile und alle Geschwisterkinder, anzutreffen, war bei einem Hausbesuch höher, als wenn man eine Familie in Büroräumlichkeiten bat. Weiters hatte das den Vorteil, dass sich die Beteiligten in ihrer eigenen Wohnung meist natürlicher verhielten; Körpersprache und Reaktionen waren tendenziell authentischer und ließen somit besser auf die Gesamtsituation schließen.
- Beratungsgespräche für Pflegekinder: Immer wieder gab es Minderjährige, die für sich selbst ein Beratungsgespräch ver-

einbarten. Speziell im Konflikt- oder Problemfall suchten sie den Kontakt, um ihre Situation zu verbessern. In jenem Moment, in dem aus ihrer Perspektive »alles passte«, war die Bereitschaft, zu einem Gespräch zu kommen, vergleichsweise geringer, schließlich gibt es für junge Menschen viele andere interessante Möglichkeiten, die Freizeit zu verbringen. Aus diesem Grund war es am einfachsten, das Gespräch mit etwas Positivem zu verbinden. Wir nützten hierfür die Termine, an denen die Pflegekinder einmal im Monat ins Büro kommen mussten, um das Taschengeld in Höhe von € 40 abzuholen und den Erhalt mit persönlicher Unterschrift zu bestätigen. Dadurch konnten zwei Aspekte gleichzeitig abgedeckt werden, Unterschrift und Gespräch.

– Das Geld motivierte ausreichend, um diese Termine einzuhalten. Wurde ein Termin versäumt, wurde lediglich ein neuer Termin vereinbart. Pro Termin wurden zumindest 30 Minuten eingeplant, damit ausreichend Zeit für das Gespräch blieb. Häufig waren es nette Unterhaltungen, man besprach Neuigkeiten, Dinge, über die er oder sie sich Gedanken machte, oder es wurden Fragen beantwortet. Die häufigsten Gesprächsthemen waren das Asylverfahren und die erhoffte Familienzusammenführung. Andere Themen wurden je nach individuellem Betreuungsplan bzw. Bedürfnissen der Familie angesprochen. Besonders oft wurde das Thema Trauma und Therapiemöglichkeiten aufgegriffen und dem/der Jugendlichen der Auftrag mitgegeben, sich Gedanken darüber zu machen, um auf diesem Weg die eigene Situation zu verbessern.

– Beratungsgespräche für Pflegeeltern: Gespräche mit Eltern fanden großteils telefonisch statt. Mindestvorgabe war ein monatliches Telefonat, das unterschiedlich lang ausfallen konnte. Gemeinsam mit dem Taschengeldgespräch des jeweiligen Pflegekindes ergab dieses Begleitinstrument ein recht gutes Bild über das Funktionieren des Beziehungsgefüges innerhalb der Pflegefamilie.

– Beratungsgespräche für Geschwisterkinder: Der Bedarf für solche Gespräche hat sich nicht ergeben, trotzdem war es wichtig, diese Form der Beratung anzubieten bzw. auch klar zu kommunizieren, dass Geschwisterkinder oder sonstige Personen des Familiengefüges die Möglichkeit haben, als Teil des Systems Rat und Hilfe zu holen. Geschwisterkonflikte gab es durchaus, jedoch wurden diese bei allen durch uns betreuten Familien intern gelöst und bedurften keiner Bearbeitung von außen.

– Informationsgespräche für leibliche Eltern oder andere Familienangehörige von Pflegekindern: Die meisten leiblichen Eltern wurden in die Entscheidung, ob ihr Kind in eine Pflegefamilie kommen sollte, nicht einbezogen. Meist wurden sie jedoch von ihren Kindern darüber informiert und dieses Vorhaben wurde positiv aufgenommen. Die Eltern bestärkten ihre Kinder dabei, sich ordentlich zu verhalten und sich um ein gutes Auskommen zu bemühen. Rund um das Asylverfahren und den Wunsch nach einer Familienzusammenführung zeigte sich häufig die Notwendigkeit, die Eltern auf direktem Weg zu informieren, um den Pflegekindern den Druck der Kommunikation zu nehmen. Die Fragen der Eltern zu beantworten, wie es nach einer Einvernahme weitergehen würde, erlegte den Kindern eine immense Last auf. Teils war es notwendig, mehr Details zum Fluchtgrund zu erfragen, damit die Einvernahme auch jenen Gehalt bekam, der zu einer positiven Entscheidung führen konnte. Manchmal war es wichtig, die Eltern als Unterstützung bei der Erziehung mit ins Boot zu holen. Gerade wenn Minderjährige gröbere Vergehen begingen, war es hilfreich, wenn auch die leiblichen Eltern informiert wurden und auf das positive Verhalten ihrer Kinder hinwirken konnten.

Nach mehreren Vorfällen haben wir gesagt, es geht so nicht mehr weiter. Wir waren da sehr konsequent in unserem gemeinsamen Auftreten. Omar muss wohl auch mit seiner Familie darüber gesprochen haben. Jedenfalls hat ihm sein Vater gesagt, dass er die Situation mit uns in Ordnung bringen muss, andernfalls dürfe er den Namen seines Vaters nicht mehr tragen. Das hat gewirkt, er hat daraufhin eine 180-Grad-Wendung gemacht und ist ein anderer Mensch geworden. (Pflegemutter von Omar)

– Austauschgruppen, Workshops und Freizeitangebote für Pflegekinder: Ähnlich wie bei Gesprächen mit Pflegekindern brauchte es für die Teilnahme an einer Austauschgruppe einen Motivator. Daher wurde dieses Betreuungsinstrument stets mit Freizeitaktivitäten verknüpft. Das Freizeitangebot richtete sich sowohl an mehrere Personen als auch an einzelne Minderjährige. Manche kannten sich im Vorfeld der Aufnahme in eine Pflegefamilie bereits untereinander, andere hatten zwar FreundInnen in Wohngemeinschaften oder anderswo, hatten primär jedoch keinen Kontakt zu anderen UMF, die in Pflegefamilien untergebracht waren. Im Kontext eines Kinobesuchs oder eines Treffens zum Bowling konnten Gespräche angeregt und Kontakte zwischen den Minderjährigen geschaffen werden. Naturgemäß wurden jene Aktivitäten am besten angenommen, die Jugendliche grundsätzlich gerne machen. Neben Kinobesuchen, Bowling oder Billard fanden auch kulturspezifische Aktivitäten wie gemeinsames Iftar im Ramadan oder Henna-Malen bei den Mädchen regen Zuspruch. Wir gingen mit den Kindern auch ins Parlament, in diverse Museen oder zu einer Modenschau.

– Workshops wurden gelegentlich zu speziellen Themen angeboten. Insbesondere zum Thema Sexualpädagogik war dies sowohl den FamilienbetreuerInnen als auch den Pflegeeltern ein wichtiges Anliegen. Gerade bei den Jüngeren bestand auch großes Interesse an einem Workshop mit der Polizei, wofür uns ein Präventionsbeamter besuchte. Andere Themen konnten sehr gut individuell oder in Kleingruppen besprochen werden und fanden oft Platz bei den Taschengeldgesprächen oder individuellen Aktivitäten eines Mitarbeiters oder einer Mitarbeiterin mit einem Pflegekind.

– Austauschgruppen und Fortbildung für Pflegeeltern: Austauschgruppen für Pflegeeltern waren eine sehr sinnvolle und notwendige Einrichtung. Rückblickend betrachtet war die Zeit bei den Treffen, die im Abstand von einem Monat stattfanden, oft zu kurz und wurde daher sehr intensiv genutzt. Das Interesse am gegenseitigen Austausch war jedes Mal dementsprechend groß. Neben allgemeinen Fragen und Antworten, die für mehrere Personen von Interesse waren, bot dieses Setting Raum für Erfahrungsaustausch und für das Erzählen individueller Geschichten. Für viele Eltern war das Zuhören bei der Schilderung von anderen Pflegefamilien auch in gewissem Sinn erleichternd, wenn sie dabei etwa feststellen konnten, dass es bei ihnen in manchen Bereichen weniger schwierig war oder sie andere Probleme hatten. Fachkräfte, die in der Familienbetreuung tätig waren, nahmen in den Austauschgruppen einen moderierenden Part ein und es konnten auch externe Personen und Vortragende (z. B. zum Thema Trauma oder Extremismus) zu Fortbildungszwecken hinzugeholt werden.

– Für jene Familien, die aufgrund des Alters des Kindes in das Kinder- und Jugendhilfesystem in Wien fielen, gab es statt der Austauschgruppen des Vereins KUI die Pflegeelternsupervision beim Institut für Erziehungshilfe. (Nähere Informationen hierzu auf S. 125ff.)

– Freizeitaktivitäten für Pflegefamilien: Bei Picknicks, Weihnachtsfeiern, Wanderungen, Familienbowling, Punschtrinken oder Eislaufen konnten die Pflegefamilien miteinander noch mehr in Kontakt kommen und sich in entspannter Atmosphäre austauschen. Minigolf erwies sich als besonders gelungene Aktivität, da durch den ständigen Ortswechsel auf der Minigolfbahn sehr viele Personen miteinander ins Gespräch kamen und sich die Unterhaltung zwanglos rund um das Spielgeschehen entfaltete.

Teilnahme am Betreuungskonzept

Auch wenn wir uns die Teilnahme am Betreuungskonzept vertraglich durch die Pflegeeltern absichern ließen, so bestanden nie Zweifel daran, dass die Pflegefamilien an ihrer Begleitung interessiert waren. Freiwillige Angebote wurden gerne angenommen und als besonders bereichernd goutiert.

Je nach Familie divergierte der Betreuungs- und Begleitungsbedarf und konnte konzeptionell einfach angepasst werden. Neben der kontinuierlichen Präsenz stellte die qualitativ hochwertige Information im Asylbereich den höchsten Begleitungsbedarf dar. Bildungsberatung, die Unterstützung in administrativen Angelegenheiten und die Krisenintervention wurden gleich häufig in Familien benötigt und waren der arbeitsintensivste Bereich. Die Bearbeitung von traumatischen Ereignissen und die daraus resultierenden psychischen Belastungen machten einen weiteren besonders zeitintensiven Tätigkeitsbereich aus. Die MitarbeiterInnen fungierten weiters als PartnerInnen in der Erziehung und halfen, Fehlverhalten zu korrigieren. Dabei boten Vertrauenspersonen ein einzigartiges Angebot für Pflegekinder, im Rahmen dessen sie unbeschwert über ihre Sorgen und Freuden sprechen konnten.

Weitere Unterstützungsleistungen

Abgesehen von der Begleitung im Rahmen der Kinder- und Jugendhilfe und von Seiten des Vereins KUI waren auch andere Einrichtungen für die Pflegefamilien sehr hilfreich. Besondere Bedeutung hatte bei UMF-Pflegekindern, wie bei allen anderen Minderjährigen, die Tagesstruktur, wodurch der Schule meist ein hoher Stellenwert zukam. In diesem Zusammenhang erwies sich externe Lernbegleitung als sehr hilfreich. Im Gesundheitsbereich waren der Bereich Psychotherapie und Psychiatrie sowie diverse Organisationen wichtig, die ebenfalls mit Kinderflüchtlingen befasst sind.

Der allerwichtigste Aspekt war jedoch das funktionierende sonstige Umfeld der Pflegefamilie, hier sowohl der Kinder als auch der Eltern. Kinder, die neben der Schule ausreichend durch Freizeitangebote oder FreundInnen beschäftigt waren, konnten in der Familienstruktur einfacher betreut werden als jene, die nichts mit ihrer Zeit anzufangen wussten. Das Umfeld der Pflegeeltern war ebenso eine wichtige Ressource. Sowohl beim Spracherwerb als auch bei der Freizeitgestaltung und der Betreuung leiblicher Kinder boten externe AkteurInnen sehr wertvolle Unterstützung und halfen, einer Überforderung der Pflegeeltern vorzubeugen.

Die leibliche Familie des Kindes konnte mitunter ebenfalls sehr unterstützend, in manchen Fällen jedoch auch belastend auf das Gesamtgefüge wirken.

Leibliche Familie

Die Beziehung zur leiblichen Familie eines Pflegekindes spielte eine große Rolle, für alle Beteiligten in der Pflegefamilie und auch für uns in der Familienbegleitung. Für gewöhnlich waren die leiblichen Eltern die engsten Bezugspersonen und wurden schmerzlich vermisst, wobei die geflüchteten Kinder und Jugendlichen mehr von ihren Müttern als von ihren Vätern erzählten. Teilweise arbeiteten die Väter an einem anderen Ort als dem, an dem die Familie lebte, oder waren für das Kind nicht gleich emotional besetzt wie die Mutter. Bei 13 Minderjährigen waren die Väter vor der Flucht verstorben oder manche auch entführt worden, wodurch von deren Tod auszugehen war. Vielfach waren die Minderjährigen in großer Sorge um ihre Eltern, die sich im Heimatland oder in einem anderen Land aufhielten und in prekären Verhältnissen lebten. Häufig hatten die Pflegekinder zusätzlich Bedenken bezüglich ihrer Geschwister, da diese teilweise ihre ehemalige Verantwortung im Heimatland übernehmen mussten. Oft war nicht sicher, ob sie die Möglichkeit eines Schulbesuchs hatten, oder sie mussten arbeiten und zum Familienunterhalt beitragen.

> Ich habe meiner Mutter natürlich erzählt, dass ich in einer Pflegefamilie lebe. Sie sagt mir immer wieder, dass ich meinen beiden Pflegeeltern stets dankbar sein soll. Sie selbst könnte sich nicht vorstellen, jemand anderen in die Familie aufzunehmen, da sie dieser Person nie trauen würde. (Ghulam)

Wenn Familienangehörige erkrankten oder andere belastende Situationen ertragen mussten, litten die Pflegekinder mit. Da sie nicht oder nur punktuell im Videochat sehen konnten, wie es ihren Familienmitgliedern ging, waren viele Minderjährige unruhig, und ihre Gedanken drehten sich im Kreis. Psychische Krisen bis hin zu Zusammenbrüchen waren die Folge.

Eine Minderjährige wuchs bei einer Tante auf, da ihre Eltern verstorben waren. Eine andere Minderjährige wurde auf der Flucht zur Vollwaise. Ein Geschwisterpaar wurde, während es in der Pflegefamilie lebte, durch einen Unfall der leiblichen Mutter in der Heimat ebenfalls elternlos. 16 weitere Kinder waren Halbwaisen, zwei davon verloren einen Elternteil, als sie schon in Österreich lebten. Dass der Tod ein allgegenwärtiger Begleiter von minderjährigen Flüchtlingen sein kann, mussten drei Kinder auch durch den Verlust von Geschwistern erfahren, so wie manch andere durch den Tod anderer nahestehender Verwandten.

Die Sehnsucht nach der eigenen Familie war regelmäßig vom Wunsch begleitet, diese ebenfalls nach Österreich zu holen.

Ich möchte einfach nur, dass meine Familie hier in Österreich ist. Sie können auch mehrere Stunden weit weg wohnen, Hauptsache sie sind in Sicherheit. (Parwana, 2017)

Nur einigen wenigen war bewusst, dass dies eventuell nicht möglich sein würde. Lediglich drei bis vier Minderjährige äußerten, dass sie keinen Familiennachzug wünschten.

Wunsch und Auftrag zur Familienzusammenführung

Von 72 betreuten minderjährigen Geflüchteten wurden 15 Kinder ausdrücklich mit dem Auftrag nach Europa geschickt, ihre Familien nachzuholen. Etwa zur Hälfte waren dies syrische Kinder, die ihre Familien aus dem Kriegsgebiet holen sollten, die andere Hälfte waren hauptsächlich junge afghanische Kinder. 16 weitere Kinder und Jugendliche äußerten im Rahmen der Betreuung den intensiven Wunsch, ihre Familien nachzuholen, und baten die Pflegeeltern und MitarbeiterInnen des Vereins KUI um Unterstützung bei der Familienzusammenführung. Eine Familie trat nach ihrem Kind die Reise nach Österreich an und kam schließlich drei Monate später an, als das Kind bereits bei Pflegeeltern wohnte, wobei es in der Folge sehr schnell zu seinen leiblichen Eltern zog. Es gab den Fall einer Familie, wo zwei Kinder mit ihren Eltern gemeinsam aufgebrochen waren und an der Grenze zwischen dem Iran und der Türkei von ihnen getrennt wurden. Die Mutter eines anderen Pflegekindes wurde an dieser Grenze erschossen und in einem anderen Fall wurde ein Kind bis nach Wien vom Vater begleitet, der dann jedoch aus unerklärlichen Gründen verschwand.

Von den Hoffenden konnten innerhalb von fünf Jahren (2016–2021) elf Kinder ihre Familien in Österreich wiedersehen, drei davon in den letzten beiden Monaten vor Fertigstellung dieses Buchs. Vier weitere Minderjährige wurden während des laufenden Familienzusammenführungsverfahrens volljährig, wodurch eine Einreise der Familie nicht mehr möglich war; sie hatten bis zu ihrem *nicht* ersehnten 18. Geburtstag auf ein Wunder gehofft. Bei drei Kindern konnten die Eltern den Antrag auf Familienzusammenführung mangels Personaldokumenten, die sie nicht beschaffen konnten, nicht einbringen, obwohl ein Rechtsanspruch auf Familienzusammenführung in Österreich bestanden hätte. Sechs Kinder warten aktuell auf die Entscheidung im Familienzusammenführungsverfahren oder sind im Begriff, ein solches zu beantragen, eine positive Entscheidung erscheint angesichts ihres jungen Alters innerhalb des nächsten Jahres realistisch.

Kontakt des Pflegekindes mit den leiblichen Eltern

68 Pflegekinder hatten mehr oder weniger regelmäßigen Kontakt zu einem ihrer Elternteile oder anderen nahen Bezugspersonen im Heimatland. Die Kontaktintensität reichte von mehrmals täglich zu einem Kontakt alle paar Monate. Häufig ging es jenen Kindern psychisch besser, die weniger Kontakt mit der Heimat pflegten, da sie dadurch weniger hin- und hergerissen waren. Jedoch ist zu betonen, dass eine Kontaktbeschränkung von Seiten der Pflegeeltern absolut kontraproduktiv gewesen wäre. Speziell in der Zeit des Ankommens in der Pflegefamilie – und der somit sehr sensiblen Phase des Vertrauensaufbaus – hätte eine solche Regel die neu entstehenden Beziehungen stark beeinträchtigen können. Viele junge Geflüchtete machten die Erlaubnis, mit ihren leiblichen Familien regelmäßigen Kontakt pflegen zu dürfen, zur Grundvoraussetzung, um in eine Pflegefamilie zu ziehen. Einige Pflegeeltern berichteten jedoch, dass der regelmäßige Kontakt zwischen Pflegekind und dessen leiblichen Eltern ihre eigene Beziehung zum Kind beeinträchtigte. Sie hatten das Gefühl, dass diese gegen sie intervenierten und den Kindern falsche Inhalte in den Kopf setzten. Besonders belastend wurde es für das Pflegefamiliengefüge,

> Mahdi hört seine Mutter nur selten. Aktuell kann er sie nicht anrufen, wahrscheinlich haben die Taliban wieder mal den Sendemasten umgeschossen, das kam bereits öfter vor. Aktuell ist Winter, es wird zumindest bis zum Frühling dauern, bis der Mast repariert wird. (Pflegemutter von Mahdi, 2017)

> Wie eine afghanische Familie funktioniert, erkläre ich am liebsten so: Die Kinder unterschreiben bereits im Mutterleib einen Vertrag, dass sie immer für ihre Familie da sein und ihren Platz im System einnehmen werden, rein dafür, dass sie geboren werden. Diese Vertragspflicht wird immerzu eingefordert, egal wie nahe oder fern das Kind gerade ist. Es kommen ständige Forderungen, denen Emran glaubt, sich fügen zu müssen. Er

befindet sich in einem ständigen moralischen Konflikt, beispielsweise ist er nicht religiös, soll aber für die Mutter beten. Dass er Geld schicken soll, wird selbstverständlich immer betont, schließlich ist es als Sohn bzw. Kind seine Pflicht, zum Familienleben in einem Land ohne Absicherungen beizutragen. Bedingungslose Liebe wie bei uns gibt es nicht, das hat er das erste Mal hier erlebt. (Pflegemutter von Emran)

wenn die leibliche Familie um Geld ersuchte. Manche Eltern erklärten den Kindern nur, dass sie Geld benötigten, in anderen Familien erkrankte jemand. Es bestand hier mitunter der Verdacht, dass diese Krankheiten nur fingiert waren, um das Kind davon zu überzeugen, Geld zu schicken oder die Pflegefamilien darum zu bitten. Eine Mutter verschickte kontextlos Leichenbilder an ihr Kind. In solchen Fällen griffen wir von der Betreuungsseite sehr schnell durch eine Kontaktaufnahme mit den leiblichen Eltern ein.

Familienkontakt zu leiblichen Eltern im Rahmen der Betreuung

Die Arbeit mit der Herkunftsfamilie wurde zunehmend zu einem wichtigen Aspekt in der Familienbegleitung. Es stellte sich als sehr beziehungsfördernd und konfliktpräventiv für alle Beteiligten heraus, die leiblichen Eltern in die Erziehung miteinzubinden. Aus der Notwendigkeit heraus begannen wir, gemeinsam mit einzelnen Kindern, über Telefonkontakt den leiblichen Eltern diverse Inhalte näherzubringen, und so wurde die Einbeziehung der Eltern schließlich zu einem Betreuungsinstrument. Vielfach waren die leiblichen Eltern sehr erleichtert, dass sie mit einer sprachkundigen Person telefonieren konnten, die ihrem Kind nahestand. Es war ersichtlich, dass es ihnen ebenfalls ein Anliegen war, zu wissen, wie es ihren Kin-

Sonia telefonierte im Anschluss an unser Gespräch mit ihren Eltern. Sie sagten, Sonia solle das tun, was wir als geeignet vorschlagen würden. (Dokumentation KUI, 2016)

Erstes Telefonat mit Irfans Vater: Zuerst war die Verbindung schlecht, dann stellten wir uns vor und erklärten, dass wir beschlossen hätten, die Eltern nun zu informieren, wie es ihrem Kind in Österreich gehe. Wir sagten, dass Irfan bereits gut Deutsch spreche, in der Schule fleißig sei und voraussichtlich noch sieben Jahre in die Schule gehen werde. Der Vater erkundigte sich nach dem

dern ging. Sie waren dankbar, klare und verständliche Informationen zu bekommen und zu wissen, wie sich die Lebenssituation des Kindes voraussichtlich weiter entwickeln würde.

Nach solchen Telefonaten merkten die Pflegeeltern, dass ihr Pflegekind entspannter war, da es zumindest für eine gewisse Zeit nicht mehr den Druck von seinen Eltern bekam.

Den Kontakt zu den leiblichen Eltern konnten wir nur mit Zustimmung der Kinder aufbauen und wir führten Telefonate ausschließlich in ihrem Beisein, meist über ihr Handy. Je nach Alter des Kindes hatten wir bessere oder geringere Einwirkungsmöglichkeiten, was die Notwendigkeit einer Kontaktaufnahme betraf. Oft nützten wir dazu Hausbesuche, da auf diese Weise alle Beteiligten versammelt waren. So konnten wir bei knapp einem Viertel der Kinder mit den leiblichen Eltern Gespräche führen, bei einem Geschwisterpaar erfolgte sogar ein Treffen von einem Mitarbeiter des Vereins KUI mit der leiblichen Mutter in Kabul, im Anschluss an den Urlaub des besagten Kollegen. Etwa zehn weitere Kinder wurden von uns darauf angesprochen, dass wir gemeinsame Telefonkonferenzen begrüßen würden, was diese jedoch ablehnten. Bei den anderen Pflegekindern erwies sich ein direkter Kontakt nicht als dringend notwendig oder ergab sich aufgrund einer kurzen Betreuungsdauer nicht. Wenn wir den Informationsaustausch nicht als notwendig er-

Asylverfahren bzw. wie wahrscheinlich es war, dass Irfan einen Aufenthaltsstatus bekommen werde. Er bedankte sich mehrmals bei den Pflegeeltern für ihr Engagement. Die Pflegemutter bat den Vater bzw. die Eltern, dass sie Irfan am Telefon ebenfalls motivieren, in der Schule fleißig zu sein und sich ordentlich zu benehmen. Es wäre oft nicht einfach, bei viel Stress fokussiert zu bleiben und sich immer wieder anzustrengen. (Dokumentation KUI, 2017)

Die Pflegemutter und Irfan haben in der Zwischenzeit einmal mit einer sprachkundigen Freundin der Pflegemutter mit den leiblichen Eltern telefoniert. Seit dem Erstkontakt mit dem Vater hat sich die Situation sehr verbessert. Irfan erzählt zwar nach wie vor nur zögerlich von der Familie, aber die Pflegemutter und Irfan haben letztens ein Paket zu den Eltern geschickt. Sonst hatten sie zu klein gewordenes Gewand an andere Kinder weitergegeben, nun hat Irfan erstmals gefragt, ob es vielleicht seine Brüder im Iran haben könnten. (Dokumentation KUI, 2017)

achteten, dann lag dies für gewöhnlich daran, dass der/die Minder-jährige eine positive Beziehung zu Familienmitgliedern pflegte, die das Kind und die Pflegefamilie nicht belastete.

Mir ist ganz wichtig, dass Mortaza und Mansur die Schule besuchen. Die beiden müssen aber bitte besonders gut auf dem Schulweg aufpassen. Man kann so schnell einen Unfall haben. (Leibliche Mutter von Mortaza und Mansur beim ersten gedolmetschten Telefonat, 2016)

Die Vertrauensperson merkte nach dem Gespräch an, dass der Vater sehr nett und höflich gewirkt hätte. Als Irfan nachher das Telefon in der Hand hatte, war der Vater im Tonfall anders und wirkte streng. Er hatte wohl verstanden, dass sein Sohn nicht immer das tat, was von ihm ver-langt wurde. (Dokumentation KUI, 2017)

Würde ich das Pflegefami-lienprojekt neu konzipieren, wür-de ich diesen Betreuungsaspekt früher einbringen. Eine Verpflich-tung zu Elterngesprächen halte ich nicht für zielführend, doch würde das Einbeziehen der leibli-chen Eltern bereits im Vermitt-lungsprozess den Vorteil erwirken, dass im Konfliktfall leichter auf diese zurückgegriffen werden kann. Besonders zu begrüßen wä-re ein regelmäßiger Kontakt zu den leiblichen Eltern, ähnlich wie bei den Fallverlaufskonferenzen im Rahmen der Fremdunterbrin-gung durch die Kinder- und Jugendhilfe. Das gilt sowohl für die Unterbringung bei Pflegeeltern als auch für die Unterbringung in Betreuungseinrichtungen, bei denen der Elternkontakt oft eher die Ausnahme als die Regel ist.

Kontakt zu Angehörigen in Österreich

Mehr als die Hälfte der durch den Verein KUI betreuten Minderjährigen hatte Angehörige in Österreich. Teilweise waren sie gemeinsam geflüchtet, teilweise waren die Familienangehörigen bereits aufenthaltsverfestigt, weshalb die Kinder auch Österreich als Zielland wählten. Immerhin hatte ein Drittel der Pflegekinder Geschwister im Inland. Davon waren zehn Kinder Geschwister-paare, die in Familien untergebracht waren (vier gemeinsam in einer Familie, ein Brüderpaar in getrennten Familien). In drei weiteren Familien wurden volljährige Geschwister gemeinsam mit einem Pflegekind aufgenommen. 15 Kinder hatten andere Familien-angehörige: Zehn Kinder hatten meist ältere Cousins, in sechs Fällen gab es Onkel und Tanten (teilweise mit Familie) und zwei Kinder hatten Großeltern in Österreich. Ein Pflegekind war mit seiner österreichischen Freundin und dem gemeinsamen Kind zu den Eltern der Freundin gezogen, die die Pflegeelternfunktion annahmen.

Durch die Familienzusammenführung bekamen im Lauf der Zeit auch andere Kinder Familienangehörige in Österreich, wobei von den elf Kindern, die in den Genuss einer Familienzusammenführung kamen, bereits sechs Kinder vorher nicht ganz »alleine« in Österreich gewesen waren.

Die meisten Familienangehörigen, die ebenfalls in Österreich lebten, erleichterten den Minderjährigen den Aufenthalt in Österreich. Durch die Vertrautheit mit ihnen, das geteilte Leid und die Möglichkeit, gemeinsame Gewohnheiten und Traditionen zu leben, waren die Pflegekinder zumindest zeitweise psychisch stabiler, speziell jene, für die damit ein geringerer Verantwortungsgrad einherging. Auch wenn die jüngeren Geschwister wie ihre älteren Geschwister durch Traumata teils stark belastet waren, so war trotzdem der Familienkontakt ins Heimatland weniger bedrückend als für jene, die sich ganz allein in Österreich aufhielten. Die Gespräche mit den leiblichen Eltern, die fragten, wann sie endlich nachkommen könnten, wurden von den älteren in Österreich lebenden Geschwistern übernommen, ebenso die Telefonate, in denen die Eltern um Geld baten. Dadurch war die Kind-Eltern-Beziehung der jeweils jüngeren Geschwister weniger belastet.

Neben den Vorteilen der familiären Vertrautheit boten Angehörige in Österreich auch eine gewisse Freizeitgestaltungsmöglichkeit. Die Pflegekinder verbrachten traditionelle und religiöse Feste bei oder mit ihren Angehörigen und waren durch gemeinsame Treffen und Besuche einfach auch beschäftigt, was wiederum den Pflegefamilien etwas Entlastung einräumte und die Betreuung in Ferienzeiten in manchen Fällen vereinfachte.

Für die Pflegefamilien gestaltete sich der Kontakt zu den im Nahbereich lebenden Familienangehörigen ihrer Pflegekinder sehr unterschiedlich. Bei manchen waren die Familienangehörigen ebenfalls an die Pflegefamilie angeschlossen, andere lebten nebeneinander her. Sehr deutlich war, dass sich das Bemühen der Pflegeeltern um einen guten Kontakt mit den in Österreich lebenden Familienangehörigen durchgehend positiv auf die Familienbeziehung zwischen Pflegeeltern und -kind auswirkte und sich die Familienverhältnisse positiver entwickelten als in den Fällen, wo der Kontakt nicht von Seiten der Pflegeeltern bewusst forciert wurde.

Im Rahmen der Betreuung und Begleitung hatten auch unsere MitarbeiterInnen Kontakt zu Angehörigen. Teilweise begleiteten die Verwandten die Pflegekinder zu unseren projekteigenen Familienaktivitäten oder wurden zu manchen Terminen von den Pflegekindern mitgenommen. In den allermeisten Fällen ergab sich kein Kompetenzproblem zwischen den Pflegeeltern, den Angehörigen und der Familienbetreuung. Lediglich in einem Fall hatte ein Onkel das Gefühl, sich aufgrund von regelmäßigen Pflegefamilienkrisen vermehrt involvieren zu müssen, was von Pflegeelternseite nicht goutiert wurde. Im Vergleich wurde der Kontakt zu Angehörigen in Österreich von den restlichen Pflegefamilien fast durchgehend als Ressource und Erleichterung gesehen und hatte – im Gegensatz zum Kontakt zu manchen leiblichen Eltern in deren Heimatland – keinen negativen Beigeschmack.

Im Asylverfahren wurden die Anträge von Geschwistern meist gemeinsam behandelt, auch wenn diese nicht im selben Haushalt wohnten. Andere Familienangehörige erhielten separate Asylverfahren.

Asylverfahren

Das Asylverfahren ist durchwegs ein sehr belastender Aspekt im Leben von Geflüchteten. Angesichts der Unsicherheit, ob man wird bleiben dürfen, wissen die Betroffenen oft nicht, wem sie glauben sollen. Sie klammern sich an jene Informationen, die für sie am günstigsten und ihrer Situation am besten gerecht zu werden scheinen. Es gibt viele Gerüchte und Informationen von anderen AsylwerberInnen, die etwas gehört haben, das angeblich funktioniert hat, oder etwas, was man am besten sagen soll, damit die Familie nachkommen kann. AsylwerberInnen werden wahrlich mit Informationen überhäuft. Was von den Gerüchten wahr oder falsch war, erfahren sie oft erst am Ende ihres eigenen Asylverfahrens.

Besonders problematisch ist die lange Verfahrensdauer, da für die Betroffenen gänzlich unersichtlich ist, wann sie zu einer Einvernahme geladen werden, wann sie eine Entscheidung bekommen und wie ihr weiteres Leben ausschauen kann. Die häufigste Antwort, die sie bekommen, ist, dass sie warten müssen. Sie werden dadurch in eine passive Haltung gedrängt, die besonders negative Auswirkungen auf ihre Psyche hat. Die Vergangenheit kann nicht aufgearbeitet werden, solange die Zukunft noch nicht begonnen hat. Mit dieser Situation sehen sich all jene Personen konfrontiert, die mit Geflüchteten arbeiten.

Das Asylverfahren mit all seinen Konsequenzen ist ein ständiger Begleiter in den Pflegefamilien. Neben den von uns betreuten Minderjährigen waren auch die Pflegeeltern und -geschwister sehr verunsichert. Von Seiten der Kinder- und Jugendhilfe wurde erst beim Einlangen einer Ladung zur Einvernahme im Verfahren zu einem Informations- und Vorbereitungsgespräch geladen. Für die betreuten Kinder und Jugend-

Die Einvernahme verlief gut, sie dauerte vier Stunden. In dieser Zeit sprach Malik fast ausschließlich Deutsch. Der Dolmetscher sagte ihm im Anschluss, dass er, wenn er übersetzt hätte, ein paar Dinge geändert hätte, damit es besser ausschaue. Malik ist überzeugt, dass die Wahrheit besser ist, und schockiert, dass ihm der Dolmetscher so direkt gesagt hat, dass er an Maliks Stelle etwas verdreht hätte. (Anmerkung: Malik erhielt Asyl.) (Dokumentation KUI, 2017)

Mosi war es heute wichtig, sein Problem mit dem Asylverfahren zu besprechen. Er wartet seit eineinhalb Jahren auf das Ergebnis seiner Beschwerde. Sein Bruder wird bald 18 Jahre alt und dürfte ab diesem Zeitpunkt bei einer Familienzusammenführung nicht mehr mitkommen. Zwei Freunde von Mosi haben in zweiter Instanz Asyl bekommen und ein Freund nicht. Er möchte einfach wissen, wie es ausgeht, das Warten bringt ihn sehr durcheinander. Manchmal kann er sich nicht konzentrieren, wenn er so intensiv darüber nachdenken muss. (Dokumentation KUI, 2017)

lichen hätte das bedeutet, Monate oder gar Jahre hindurch keine konkrete Information zu erhalten, womit in ihrem Verfahren zu rechnen wäre. Aus diesem Grund war die Aufklärung über Abläufe im Asylverfahren und zugehöriger Begrifflichkeiten ein fester Bestandteil unseres Betreuungskonzeptes und des ersten Hausbesuchs in der Familie. Beim ersten Hausbesuch saßen daher meist alle bei Tisch und mit der Vertrauensperson, die alles übersetzte, wurden Schritt für Schritt die Verfahrensabläufe durchgegangen. Fragen wurden geklärt, aber noch nicht nach den Fluchthintergründen gefragt, außer es war einem Pflegekind ein großes Anliegen, darüber zu sprechen. Auf diesem Weg konnten wir Vertrauen zwischen uns und dem Pflegekind aufbauen, da wir keine Gerüchte verbreiteten, sondern fundierte Informationen bereitstellten. Für die meisten Kinder war es sehr wichtig zu erfragen, ob und wie eine Familienzusammenführung durchgeführt werden könnte.

Sobald das Pflegekind danach verlangte oder wenn es schon etwa vier bis sechs Monate in der Familie lebte, boten wir an, die Einvernahmesituation, die es später am Amt erleben würde, zu simulieren. Auf der Grundlage unserer Vertrauensbasis wurde dieses Angebot für gewöhnlich dankend angenommen. Wir machten die Kinder auf Punkte aufmerksam, die für uns an ihrer Fluchtgeschichte unklar waren, da dies bei der Einvernahme im Amt für die Entscheidenden ebenfalls so sein würde. Die Kinder bekamen den Auftrag, sich bei ihren leiblichen Eltern genau über diverse Abläufe zu erkundigen, die sie später dort zu schildern hatten. In einigen Fällen kamen wir auch überein, dass wir gemeinsam die Eltern kontaktieren würden, um offene Fragen zu klären. Von einem Jugendlichen hörten wir beispielsweise, dass er keine Verwandten hätte. Das klang sehr unglaubwürdig, da afghanische Familien doch für gewöhnlich sehr groß sind. Im Gespräch mit dem Vater erfuhr der Junge, dass es väterlicherseits doch zwei Onkel gegeben hatte, wobei einer wegen Drogenkonsums von der Familie verstoßen worden und der andere an einer Behinderung verstorben war. Auch mütterlicherseits dürfte es in der Verwandtschaft noch Kinder gegeben haben, die jedoch kurz nach der Geburt verstorben waren. Dem Jugendlichen wäre es zu unangenehm gewesen, allein beim Vater nachzufragen, da solche Fragen als unhöflich erachtet werden. Andererseits verstand er aber die Notwendigkeit, vor Gericht antworten zu können. Durch die Nachfrage als Betreuungsteam bekamen wir ehrliche Antworten von den Eltern, sie wussten, es ging um die Zukunft ihres Kindes. Das nahm den

Malik hat durch die räumliche Trennung von der leiblichen Familie nun mehr erfahren, als er früher wusste. Damals wurde wenig gesprochen, wohl auch, um die Kinder zu schützen. (Dokumentation KUI, 2017)

Minderjährigen eine große Last von den Schultern, da sie einerseits tiefere Einblicke in ihre eigenen Familien erhielten und sich andererseits besser auf die eigentliche Einvernahme vorbereitet fühlten. Teilweise »spielten« wir die Einvernahme mehrmals durch, bis sich das Kind sicher war, die »Prüfung« beim Amt zu bestehen. Beispielsweise hatte ich einen Klienten, der bei Nervosität ständig grinste und lachte. Das kam angesichts der Fluchtgeschichte bzw. der Schilderungen rund um sein Verlassen der Heimat nicht gut an. Es war uns daher ein Anliegen, ihn »seriöser« wirken zu lassen. Wenngleich ihm bewusst war, wie ungünstig sein Verhalten war, so brauchte er einige Einheiten, bis er in der Lage war, sich adäquat zu verhalten, indem er seine Nervosität unter Kontrolle bekam.

Da bei einer Ablehnung von Asyl oder subsidiärem Schutz ein sogenanntes humanitäres Bleiberecht denkbar ist, konnten wir die Pflegekinder stets animieren, alle Angebote und Chancen zu ergreifen, um sich durch gute Bildung, Freizeitaktivitäten und Kontakte zur autochthonen Bevölkerung hervorzutun.

Um die Wartezeit zu verkürzen und auch, damit nicht im letzten Moment besonders viel zu beschaffen war, bekamen die Pflegefamilien von uns den Auftrag, sich um diverse Integrationsnachweise zu bemühen. Alle Beteiligten aktiv sein zu lassen, verfolgte mitunter den Zweck, dass sie angesichts der langen Verfahrensdauer nicht in depressive Verstimmung verfielen. Die Pflegefamilie sollte Briefe von FreundInnen, Familie und Bekannten sammeln, die die positive Entwicklung des/der Minderjährigen bestätigten und den Integrationsfortschritt dokumentierten. Gerade den Pflegeeltern half es, Aufgaben auf einer To-do-Liste abhaken zu können, wenngleich auch viele mit der Zeit unruhig wurden, weil ihr Kind noch keine Einvernahme bzw. Entscheidung erhalten hatte. Vielfach bestand der Wunsch zu reisen und niemand wollte dabei gerne sein Pflegekind zuhause lassen. Oft standen Klassenreisen in der Schule an, an denen sich die Pflegekinder gerne beteiligt hätten, doch nicht selten warteten sie viele Monate bis Jahre. Manche Kinder und Familien hatten Glück, sie konnten das Asylverfahren bereits nach einem Jahr hinter sich lassen, andere mussten bis zu fünf Jahre lang in Unsicherheit leben, bevor sie schließlich eine endgültige Entscheidung bekamen, die ihnen den Verbleib in Österreich sicherte.

In 67 Fällen ließ sich nun nachträglich der (endgültige) Ausgang des Asylverfahrens eruieren. Die Hälfte (33) der ehemaligen Pflegekinder erhielt subsidiären Schutz, ein Drittel erhielt Asyl (24), sieben Minderjährige erhielten eine Aufenthaltsbewilligung in Form einer Rot-Weiß-Rot-Karte Plus und in zwei Fällen wurde rechtskräftig negativ durch das Bundesverwaltungsgericht entschieden. In einem weiteren Fall wurde das Verfahren nach der ersten negativen Entscheidung eingestellt, da sich der Minderjährige dem Verfahren entzogen hatte und nach Frankreich gegangen war. Ein Junge ging nach dem rechtskräftigen Abschluss des Verfahrens ebenfalls (illegal) nach Frankreich und erhielt dort ein Aufenthaltsrecht. Der zweite junge Mann, dessen Verfahren rechtskräftig und damit endgültig entschieden wurde, musste aufgrund seiner rechtskräftig negativen Entscheidung in seine Heimat zurückkehren.

Zehn Pflegefamilien – die Minderjährigen, die Pflegeeltern und die -geschwister – erlebten aufgrund einer anfänglich negativen Entscheidung in erster Instanz enormen Leidensdruck: Monate bis Jahre der Unsicherheit folgten, bis sieben von ihnen doch noch durch das Bundesverwaltungsgericht Asyl, subsidiären Schutz oder ein Aufenthaltsrecht erhielten. Meine Bewunderung gilt allen Betroffenen für ihren Einsatz, zu einer Verbesserung der Situation zu gelangen, und dafür, dass sie standhaft daran geglaubt haben, dass alles gut werde, was sich bei den meisten bewahrheitet hat. In insgesamt 31 Fällen, somit nicht ganz der Hälfte, wurde eine Beschwerde gegen die Entscheidung des Bundesamts für Fremdenwesen und Asyl eingebracht, davon erhielten 14 ehemalige Pflegekinder einen besseren Aufenthaltsstatus durch das nachprüfende Bundesverwaltungsgericht zugesprochen. Umgerechnet bedeutete dies, dass, bezogen auf unsere KlientInnen, jede fünfte Entscheidung des Bundesamtes für Fremdenwesen und Asyl unrichtig war.

Das ständige Damoklesschwert im Nacken führte bei etlichen geflüchteten Jugendlichen auch zu Traumatisierungen. Das Asylverfahren, insbesondere die lange Verfahrensdauer, löste bei den Betroffenen häufig Depressionen aus. Manche mussten Medikamente einnehmen, um diese Situation zu ertragen, andere suchten Hilfe in einer Psychotherapie. Ein Viertel unserer KlientInnen hatte mit einer besonders langen Verfahrensdauer zu kämpfen, bei vielen erreichte ihre Resilienzfähigkeit eine Grenze, an der krankheitswertige Gesundheitsbelastungen entstanden. Von jenen 18 Minderjährigen, für die das Asylverfahren zu einem Trauma führte, mussten 15 länger als die gesetzlich vorgesehene Frist von eineinhalb Jahren auf ihre Entscheidung warten. Drei syrische Kinder hatten kranke Eltern, die dringend einer Behandlung bedurften, im Heimatland oder einem anderen Fluchtland. Schon die Wartezeit von einem Dreivierteljahr bedeutete für diese Minderjährigen eine Überschreitung ihrer Belastungsgrenze. Die Macht, auf das (Über)Leben der leiblichen Eltern einzuwirken, lag in den Händen des österreichischen Amtes. (Anmerkung: Die betroffenen Familien konnten schließlich nach Österreich kommen und die notwendige Behandlung hat stattgefunden.)

> Waris hat sehr großes Heimweh und momentan fürchte ich, sie bereut ihre Flucht. Sie hat sich alles ganz anders vorgestellt, wobei sie eigentlich nicht weiß, wie und was sie sich eigentlich vorgestellt hat, sie wollte einfach nur weg. (Pflegemutter von Waris, 2016)

Auch das offensichtliche Hinauszögern von Familienzusammenführungsverfahren wirkte auf Betroffene traumatisierend. Dauerte ein Verfahren zu lange und ein/e UMF oder ein Geschwisterkind wurde inzwischen volljährig, durfte entweder die Gesamtfamilie nicht mehr nachkommen oder das Geschwisterkind musste im Heimatland zurückgelassen werden – allesamt nicht wiedergutzumachende psychische Belastungen.

Ein kritikwürdiger Umstand, der nicht nur Pflegekinder, sondern unbegleitete minderjährige Flüchtlinge allgemein betrifft, ist, dass teilweise mit einer Entscheidung oder einer Einvernahme so lange zugewartet wird, bis die Volljährigkeit eintritt. Auch diese Situation mussten Pflegefamilien erfahren, was einen erhöhten Stress für die Gesamtfamilie bedeutete.

Pädagogische und psychologische Themenfelder

Nach dem Umzug des Kindes wurde gemeinsam mit der Pflegefamilie ein Betreuungsplan erarbeitet. Dieser Betreuungsplan wurde jeweils individuell konzipiert und berücksichtigte folgende Aspekte:

- Alter des Pflegekindes
- Entwicklungsstand des Pflegekindes
- Schulische Vorbildung des Pflegekindes und Ausbildungsperspektiven
- Sprachkompetenzen des Pflegekindes
- Zeitliche Ressourcen der Pflegefamilie
- Grad der Selbstständigkeit des Pflegekindes
- Perspektiven und Ziele

Bildung und Beruf
Die Pflegekinder kamen mit sehr unterschiedlichen Bildungsvoraussetzungen in Österreich an. Einige hatten bis kurz vor ihrer Flucht die Schule besucht und waren nicht so weit vom Bildungsniveau autochthoner Gleichaltriger entfernt, andere kannten mit unserem Schulleben vergleichbare Bildungseinrichtungen nicht. Manche hatten für eine gewisse Zeit die Koranschule besucht und auf diesem Weg Lesen und Schreiben erlernt, ihnen fehlte jedoch ein großer Teil der Basisbildung. Trotz der großen Herausforderung haben es auch diese Minderjährigen geschafft, sich zu orientieren, genauso wie jene, die als AnalphabetInnen ankamen und heute abgeschlossene Lehrausbildungen vorweisen können. In dieser Hinsicht muss man das Bildungsangebot der Stadt Wien positiv hervorheben, das von 2015 bis 2019 ein spezielles Jugendcollege mit modulartigem Aufbau für Über-Fünfzehnjährige bereitstellte und auch anderorts in diversen Organisationen für jeden Bildungsstand das passende Angebot offeriert.

Abdi lernt extrem langsam, nimmt Lerntechniken nur wenig an, es fehlt sehr viel Basis, Mathematik, Grammatik in seiner Muttersprache, Basiswissen in allen Nebenfächern.

Er kämpft vielleicht auch mit dem Gegensatz zwischen dem, was er im Religionsunterricht gelernt hat, z. B. dass alle Menschen ursprünglich Arabisch sprachen und alle anderen Sprachen später kamen, und dem, was wissenschaftlich bewiesen ist (Sprachen entstanden überall auf der Welt, es gab keine alleinige Ursprungssprache).

Die entsprechende Bildungsberatung je nach Alter und Vorbildung war ein wesentlicher Teil der Betreuung durch den Verein KUI. Die individuelle Beratung war besonders notwendig, wenn die Minderjährigen nicht mehr schulpflichtig waren und durch den geringen Bildungsstand die Aufnahme in eine Schule nicht in Frage kam. Vor oder neben der Schule besuchten viele Minderjährige einen Deutschkurs und es stand viel Lernen zuhause auf dem Tagesprogramm.

Die Deutschkenntnisse der Kinder und Jugendlichen waren zu dem Zeitpunkt, als sie in die Pflegefamilien zogen, auf sehr unterschiedlichen Niveaus. Manche hielten sich erst wenige Wochen in Österreich auf, während andere bereits seit mehreren Monaten bis Jahren in Österreich lebten, die Schule besuchten und entsprechende Deutschkenntnisse hatten. Durch die tägliche Sprachpraxis in den Familien konnten die

Er ist bemüht, hat aber wirklich keine Ahnung, was und wie viel zu tun ist, damit er die Matura machen kann. Er dachte, zwei Monate Nachhilfe in Mathematik reichen, dabei kann er das kleine Einmaleins nur schlecht. Wir halten es aber für unklug, ihm das zu sagen. Erstens, weil wir uns vielleicht irren. (Hoffentlich!) Zweitens, weil es sicher demotivierend ist und er sich auf das Studium eingeschossen hat und keinen anderen Berufsweg für sich sieht. Ich habe einmal mit ihm darüber gesprochen, dass er doch eine kurze Ausbildung machen könnte, damit er sich sein Studium anschließend besser finanzieren kann. Dem gegenüber war er eher aufgeschlossen, das ist vielleicht ein möglicher Ansatz. (Pflegemutter von Abdi, 2017)

meisten Pflegekinder nach drei Monaten so gut Deutsch, dass sie sich im Familienalltag verständigen konnten. Nach ca. einem halben Jahr war es ihnen möglich, dem Unterricht in der Schule so weit zu folgen, dass ein Mitlernen in einzelnen Gegenständen realistisch war. Zum Bildungswerdegang aller KlientInnen lässt sich feststellen, dass kaum ein Stein auf dem anderen geblieben ist. Manche wechselten öfter die Schule oder probierten andere Kurse, um den für sie richtigen Bildungsweg zu finden. Die häufig etwas überzogenen Vorstellungen der Pflegekinder davon, was sie erreichen wollten – fast alle wollten studieren –, wurden irgendwann über Bord geworfen. Die Pflegeeltern waren für die Kinder in diesem Bereich besonders wegweisend. Sie sahen oft im Sprach- und Bildungsbereich die beste Möglichkeit, ihren Pflegekindern Unterstützung anbieten zu können. Viel Zeit investierten Pflegeeltern dementsprechend, ihren Kindern das Lernen grundlegend beizubringen. In einigen Familien kristallisierte sich heraus, dass es sinnvoll im Sinne der Beziehung war,

Ich bin durchaus recht blauäugig in die Pflegeelternschaft hineingegangen, aber Ahmed hat es uns auch sehr einfach gemacht, er ist ein sehr anpassungsfähiger Junge. Auch wenn er aus einer bildungsfernen Familie gekommen ist, hat er es geschafft, nun im letzten Lehrjahr ein »Sehr gut« in Deutsch zu bekommen. Allein hätten wir das gar nicht stemmen können. Ahmed hat daher sehr viel externe Nachhilfe bekommen. Er war so motiviert, die Schule zu schaffen und auch zu lernen, so dass diese Form des Lernens die beste Lösung für uns war. (Pflegemutter von Ahmed)

das Lernen in Form von Nachhilfe auszulagern. Das verschaffte zum einen eine bessere zeitliche Balance für berufstätige Eltern und beugte ihrer Überforderung vor. Zum anderen war es tagesstrukturierend für die Minderjährigen.

Eine Evaluation nach sechs Jahren hat ergeben, dass all jene, deren Lebensweg nachverfolgbar war, einen Bildungs- und anschließenden Beschäftigungsweg gefunden haben. Viele Jugendliche absolvierten oder absolvieren eine Lehre. Um die Minderjährigen und ihre Vielfalt vor den Vorhang zu holen, sollen ihre Leistung und Leistungsbereitschaft im Bildungsbereich exemplarisch dargestellt werden: Fünf Pflegekinder absolvier(t)en eine Lehre im Handel, vier als Frisöre, drei als technische Zeichnerinnen, drei lernen im IT-Bereich, zwei werden Köche, zwei lernen Elektro- und Gebäudetechniker und jeweils eine Person absolviert/e die Lehre zum Kfz-Techniker, Maler, Raumausstatter, Glaser, Optiker, Pharmazeutisch-kaufmännischen Assistenten, Bürokaufmann, Hotel- und Gastgewerbeassistent und im Bereich Hoch- und Tiefbau. Dabei sind die nun volljährigen Pflegekinder in diversesten kleinen und großen Unternehmen wie Rewe, Spar, Ikea, ÖBB, Anker, bei bekannten Hotels sowie Frisören tätig.

Sowohl jene Pflegekinder, die ihre Lehre erfolgreich abgeschlossen haben, als auch jene, die ihren Bildungsweg ohne Abschluss beschritten haben, befinden sich in Beschäftigungsverhältnissen. Zum Zeitpunkt des Verfassens dieses Buchs war lediglich ein ehemaliges Pflegekind, das noch in regelmäßigem Kontakt zu seiner (ehemaligen) Pflegefamilie steht, arbeitssuchend.

Jene Kinder, die besonders jung in Österreich ankamen und in Pflegefamilien untergebracht wurden, besuchen aktuell noch die Schule oder absolvieren zum Teil neben ihrer Berufstätigkeit die Abendschule.

Exkurs: Umgang mit Geld

Jedes vierte Pflegekind äußerte im Rahmen der Familien-begleitung sehr intensive Arbeitswünsche. Viele hatten vor ihrer Ankunft in Österreich, entweder im Heimatland oder auf der Reise, gearbeitet. Sie wollten ihr eigenes Geld verdienen und niemandem zur Last fallen. Ebenso war es ihnen ein Anliegen, ihre leibliche Familie finanziell zu unterstützen. Aus der Erfahrung, die die Jugendlichen mit eigenem Geld gemacht hatten, ergaben sich sehr unterschiedliche Herangehensweisen an den Umgang mit ihren finanziellen Ressourcen. Während manche extrem sparsam waren und ihr gesamtes Taschengeld zu ihren leiblichen Eltern schickten, hatten andere wenig Gespür für sich aufbrauchende finanzielle Ressourcen. Das führte teilweise zu Konflikten in den Pflege-familien. Die betroffenen Pflegeeltern hatten den Eindruck, dass die Minderjährigen jeglichen Luxus haben wollten und beispiels-weise in kürzester Zeit eine umfangreichere Garderobe besaßen als die Pflegeeltern selbst. Auch das Handy und andere technische Geräte als Statussymbol waren häufige Diskussionspunkte.

In der Familienbegleitung wurden wir immer wieder mit der Frage konfrontiert, was zu tun wäre, wenn die leibliche Familie Geld benötigen würde. Wir rieten regelmäßig davon ab, Geld zu schicken, da dies ein Fass ohne Boden werden konnte. In Einzelfällen erschien die Unter-stützung zwar gerechtfertigt, doch erlebten wir unter anderem, dass beinahe »regelmäßig« Familienmitglieder schwer krank wur-den. Wenn die Kinder, insbesondere jüngere Pflegekinder, kein Geld schicken konnten, war die Krankheit in kürzester Zeit kein Thema mehr. Dies ließ vermuten, dass die Situation nicht so dra-matisch war, wie sie von den Pflegekindern wahrgenommen wurde, oder die leiblichen Familien andere Wege zur Finanzierung von Behandlungskosten gefunden hatten. Es soll keiner Familie eine Lüge unterstellt werden, der Bedarf an finanziellen Mitteln ist in

> Besart wollte ein neues Handy haben, da sein altes Handy kaputt wurde. Der Pflegevater bot ihm an, ein Handy um rund € 200 zu kaufen, aber Besart lehnte ab. Er bestand auf ein Handy um € 700. Als er nicht bekam, was er wollte, verließ er gegen Mittag ohne Verabschiedung die Wohnung und kam bis zum Abend nicht zurück. (Dokumentation KUI, 2016)

den Heimatländern definitiv gegeben, doch war es trotzdem im Fall von Geldbitten ratsam, Vorsicht walten zu lassen.

Freizeitgestaltung

Neben der Bildung und dem gemeinsamen Familienleben ist es für junge Menschen wichtig, ihre Freizeit erfüllend gestalten zu können. Gerade für geflüchtete Minderjährige ist dies zusätzlich bedeutsam, da sie in das ihnen in Österreich zustehende Freizeitangebot erst hineinwachsen müssen. Nach der Ankunft ist das Leben meist noch sehr strukturlos. Durch das Kennenlernen erster FreundInnen wird es einfacher, die verfügbare Zeit zu verbringen. Bereits kurze Zeit nach der Ankunft kehrt Langeweile ein, da zwar Neues bis zu einem gewissen Grad schön sein kann, doch die alte vertraute Vergangenheit vermisst wird. Neben der psychischen Belastung durch Erlebtes überkommt AsylwerberInnen sehr schnell die Realität des scheinbar unendlichen Wartens. Tag um Tag vergeht, in dem die Ungewissheit das Leben schwer macht und man im Umfeld kaum wahrgenommen wird. Diese Gefühle führen nicht selten zu Antriebslosigkeit. Genau

> Wenn seine Pflegemutter nicht da ist, wird Merdad leicht langweilig und dann kommt er ins Grübeln. Es ist eine große Umstellung für ihn, da er in Afghanistan mit 18 Personen in der Familie gelebt hat. Hier ist im Vergleich jeder so für sich. Freunde hat er bereits gefunden, aber er sieht sie nicht so regelmäßig. (Dokumentation KUI, 2016)

hierbei kommt eine strukturierte Freizeitgestaltung ins Spiel. Diese hat sich sehr positiv auf die Gesamtsituation der Pflegekinder ausgewirkt. Viele Jugendliche waren sportlich aktiv, einige spielten Fußball oder betrieben Kampfsport, musizierten oder betätigten sich auf künstlerischer Ebene. Für das Problem, nicht zu wissen, was man machen könnte, gepaart mit Antriebslosigkeit, musste teilweise mit »Zwangsbeglückung« Abhilfe geschaffen werden. Dabei war das Angebot von Individualsportmöglichkeiten weniger hilfreich als die Strukturvorgabe durch Trainingstage und -uhrzeiten, an die man sich durch einen Kurs oder eine Vereinsmitgliedschaft zu halten hatte. Ab einem gewissen Alter kam das Fitnesscenter als Individualsport hinzu, ein Phänomen, das wir von autochthonen Jugendlichen ebenfalls kennen.

Jene Minderjährigen, deren Freizeitgestaltung hauptsächlich aus dem Treffen von FreundInnen bestand, stellten sich als weniger resilient heraus. Gerade in der Anfangszeit waren Pflegeeltern daher sehr gefordert, die Tagesstruktur ihrer neuen Kinder zu organisieren, um möglichst wenig Zeit zum Nachdenken zu lassen.

Die Existenz von Verwandten in der Nähe des Wohnortes der Pflegefamilie hatte im Kontext der Freizeitgestaltung den Vorteil, dass die Minderjährigen dorthin auf Besuch gehen oder selbst Besuch empfangen konnten und hier meist schöne gemeinsame Erlebnisse zur Stimmungsaufhellung beitragen konnten.

Das Kennenlernen von FreundInnen war teilweise eine größere Herausforderung. Es gab zwar KlassenkollegInnen, doch hing es an der Kontaktfreudigkeit der einzelnen Beteiligten, ob sich daraus Verbindungen ergaben, die in die Freizeit reichten, oder eben auch nicht. Oft wurden andere Geflüchtete zu den engsten Freunden. Es waren meist ebenfalls Minderjährige, die sich in einer ähnlichen Situation befanden und die die Pflegekinder in Wohngemeinschaften oder dem Erstaufnahmezentrum kennengelernt hatten, die über Jahre hinweg WegbegleiterInnen für die unbegleiteten minderjährigen Geflüchteten wurden. Einige Pflegeeltern hätten sich mehr autochthone Peers für ihr Pflegekind gewünscht, um den Spracherwerb und die Integration zu erleichtern. Man muss sich jedoch stets vor Augen führen, dass Geflüchtete ihre Vergangenheit nicht vollkommen hinter sich lassen können, wollen und auch nicht sollen. Die ebenfalls geflüchteten Peers sind Gegenwart, bilden eine Verbindung zur Vergangenheit und gehen einen vergleichbaren Weg in die Zukunft. Auch wenn Pflegefamilien andere Vorstellungen in Bezug auf Freundschaften hatten, so konnten wir ihnen den psychologischen Wert der vielleicht weniger integrativ wirkenden Beziehungen zu Peers durchaus verdeutlichen.

> Die Kinder in meiner Klasse sind soweit nett, ich war auch schon mal mit ihnen im Park. Aber ich weiß nicht, was ich mit ihnen reden soll. Wenn ich von mir und meinen Problemen erzählen würde, könnten sie mich nicht verstehen. Mein Leben kann nur jemand verstehen, der sowas selbst erlebt hat. (Parwana, 2016)

Religiosität

All unsere KlientInnen, abgesehen von einem, sind in muslimischen Familien aufgewachsen. Bei der Vermittlung in Familien war es den meisten Kindern ein Anliegen, das Thema Religion und ihre Ausübung im Vorfeld anzusprechen. Es war ihnen wichtig, dass sie zukünftig beten und gelegentlich die Moschee besuchen dürften. Vielen Eltern war im Vorfeld der Anbahnung wichtig, dass das zukünftige Kind eine moderate Einstellung zur Religion verfolgte. Ein Teil der Pflegeeltern bezeichnete sich selbst als religiös und hatte daher ein gutes Verständnis für die Glaubenspraxis, die sie selbst als hilfreich bezeichneten. Die meisten Kinder und Jugendlichen waren tatsächlich nicht besonders religiös, wenn man sie mit manch anderen Geflüchteten verglich. Trotzdem war das regelmäßige Beten teilweise für die Familien befremdend. Speziell die vorgegebenen Gebetszeiten, die den Alltag sehr strukturierten, hatten einen gewissen Einfluss auf das Familienleben. Da die meisten Pflegeeltern christlich sozialisiert waren, kannten sie die strengere Alltagsroutine für ein Gespräch mit Gott/Allah nicht. Alljährlich war der Fastenmonat Ramadan eine herausfordernde Zeit für einige Familien. Manche Kinder und Jugendlichen waren fest entschlossen zu fasten und von morgens bis abends nicht zu essen und zu trinken, was in der Zeit unserer Projekttätigkeit ausgerechnet in die Sommermonate fiel. Andere Pflegekinder wussten von vornherein, dass sie nur an einzelnen besonders wichtigen Tagen fasten würden, da sie vor dem Schulschluss viele Prüfungen zu absolvieren hatten. Auch wenn viele Pflegeeltern vorschlugen, doch zumindest zu trinken, gab es für die Jugendlichen an den betreffenden Tagen nur ein »Ganz oder gar nicht«-Fasten. Die veränderte Essens- und Wach-Schlafroutine im Ramadan wurde von den nicht fastenden Familienmitgliedern als herausfordernd beschrieben und es waren alle Pflegefamilien froh, wenn wieder Alltag nach dem Ramadan einkehrte.

Seine Vertrauensperson berichtet, dass Mosi sich im Koran nicht auskennt. Er redet nach und weiß eigentlich nicht viel, er kennt nicht mal die einfachsten Verse, betet aber regelmäßig. (Dokumentation KUI, 2017)

Besonders für jüngere Kinder, aber auch manche Jugendliche, waren religiöse Handlungen weniger dadurch bedingt, dass sie

78

im Glauben an den Koran handelten, sondern weil sie für sie eine gewisse Tradition darstellten oder weil ihnen diese Pflicht durch die leiblichen Eltern auferlegt wurde. Den Koran oder einzelne Suren (Kapitel) hatten die wenigsten Minderjährigen gelesen.

Von den betreuten Mädchen zogen lediglich fünf Pflegekinder mit einem Kopftuch als Bekleidungsstück ein. Die anderen hatten schon davor entschieden es abzunehmen und waren daher besonders froh, in einer Pflegefamilie zu leben, da sie auf diesem Weg weniger mit Landsleuten zu tun hatten, die sie auf das Fehlen des Kopftuchs ansprechen würden. Jene Mädchen, deren Familien später nach Österreich nachkamen, entschieden sich ab diesem Zeitpunkt wieder für das Kopftuch. Dabei waren jedoch weniger die leiblichen Familien die treibende Kraft als die jungen Frauen selbst.

Die meisten Minderjährigen übten die Religion in ihren Pflegefamilien immer weniger aus. Generell hatten die von uns betreuten Minderjährigen eine moderate religiöse Einstellung und ihr Verhältnis zum Islam äußerte sich hauptsächlich darin, dass sie kein Schweinefleisch aßen und keinen bis kaum Alkohol konsumierten.

Relevant war in der Betreuung der Unterschied zwischen religiösem Wissen und jenen Aspekten, die wir in Europa als Basisbildung bezeichnen. Es sorgte beispielsweise für Erstaunen, dass die Welt nicht durch Gott geschaffen wurde. Wie Adam und Eva und die Dinosaurier, die kein Mensch je lebend gesehen hatte, zusammengingen, stieß einige Nachdenkprozesse an. Für manche Kinder führten diese Erfahrungen auch zu einer Abkehr von der Religion.

> Die Pflegemutter erzählt, dass Merdad etwa alle zwei Monate mit seiner leiblichen Mutter telefoniert. Er denkt schlicht nicht daran, seine leibliche Familie anzurufen, gelegentlich erinnert ihn die Pflegemutter. Bei den Gesprächen erkundigt sich die leibliche Mutter, ob er betet, und bittet ihn, sich zu bessern. Merdad sagt ihr zu, dass er es versuchen werde, betet dann einmal alle zwei Monate und lässt es wieder. Die Pflegemutter berichtet, dass er nach dem Beten noch lieber und höflicher ist als sonst. (Dokumentation KUI, 2017)

Dass religiöse Themen in den Pflegefamilien erneut in den Vordergrund rückten, war häufig dann der Fall, wenn sich scheinbar unüberwindbare Probleme auftaten, wie negative Entscheidungen im Asylverfahren oder besonders lange Wartezeiten, bis das Bundesamt für Fremdenwesen und Asyl tätig wurde. Hier sorgten die bekannte Sprache, Rituale, Kultur und insbesondere die Religion für ein Gefühl von Entspannung und Sicherheit.

Pubertät

Die Pubertät als Zeit des Umbruchs zieht sich über mehrere Jahre, sie ist neben den vielen körperlichen Entwicklungen eine Zeit des intensiven Gefühlschaos. Es entstehen neue Verknüpfungen im Gehirn und Hormone nehmen zunehmend mehr Einfluss auf Körper und Psyche. Beim Erwachsenwerden geht es darum, Veränderungen zu verarbeiten, bislang ungewohnte Emotionen und Gedanken zu entdecken und mit ihnen umgehen zu lernen. In diese Entwicklungsphase gehören Sinnkrisen, Unsicherheiten, Ängste, das Gefühl des Alleingelassenseins, der Einsamkeit und des Sich-Unverstanden-Fühlens. Die Veränderungen können sich in Stimmungsschwankungen, Leistungsabfall, geändertem Verhalten und/oder erhöhter Müdigkeit zeigen. Manche Pubertierende leiden unter Essstörungen, tätigen unterschiedliche selbstzerstörerische Handlungen oder haben Suizidgedanken. Gleichzeitig besteht ein erhöhtes Bedürfnis nach Zugehörigkeit und Anerkennung.

Wenn Waris nicht gerade in der Dusche ist oder mit uns isst (was auch nicht selbstverständlich ist), verbringt sie die ganze Zeit in ihrem Zimmer und möchte auch nicht herauskommen. Wir haben versucht, sie einzubinden, abends mit ihr Filme zu sehen, ins Kino zu gehen, in den Zoo, aber sie sagt immer und zu allem nein. Die Kinder haben mittlerweile das Gefühl, dass Waris ohnehin kein Interesse an ihnen hat. Auch darüber habe ich mit ihr erst gestern wieder gesprochen, und dann hat sie immerhin ihre Aufgaben bei uns im Wohnzimmer gemacht. (Pflegemutter von Waris, 2016)

Abgesehen vom Rucksack der Vergangenheit durchlebten die meisten geflüchteten unbegleiteten Minderjährigen einen wichtigen Teil der Pubertät in der Pflegefamilie. Die Jugendlichen befanden sich einerseits in einem Ablösungsprozess vom leiblichen Elternhaus und andererseits bekamen sie neue Eltern. Ein nicht ganz einfach zu bewältigender psychischer Ablauf, wenn man ihn vor dem Hintergrund der physischen und psychischen Entwicklungen betrachtet.

In dieser Hinsicht muss man sich fragen, wie viel an Pflege und Erziehung ein/e Jugendliche/r noch braucht bzw. wie viel noch möglich ist. Jugendliche wollen jedenfalls »raus«, sie sehen den Schutz der Familie als Begrenzung. Von den Pflegeeltern war ein außerordentliches Feingefühl gefragt, einerseits das Kind zu unterstützen und doch nicht zu intensiv präsent zu sein. In der Begleitung ergaben sich mehrfach Fragen nach Nähe- und Distanzbedürfnissen der beteiligten Familienmitglieder. Manche Jugendlichen fühlten sich in ihrem neuen familiären Umfeld eingeengt. Das bedeutete nicht, dass sie nicht in der Familie leben wollten, sie sehnten sich nur nach mehr Unabhängigkeit.

Wir haben unsere Ansprüche von »Wir sind eine Familie« zu »Wir leben zusammen« runtergeschraubt, darunter kann man nicht gehen. (Pflegevater von Mosi, 2017)

Manche Jugendlichen veranlasste das, den Wunsch zu äußern, wieder in eine Wohngemeinschaft zu ziehen, um geringeren Vorgaben und Anforderungen ausgesetzt zu sein. Das Gelingen einer Familiensituation war vielfach davon abhängig, ob die beteiligten Familienmitglieder in der Lage waren, auf die Bedürfnisse des/der Anderen einzugehen und dem/der Jugendlichen Freiräume zuzugestehen. Manchmal reflektierten wir darüber, dass die Begrenzungen im Herkunftsland, etwa in Afghanistan, anders ausgefallen wären, dass es dort nicht die gleichen Freiräume gegeben hätte. Aber auch wenn ein Leben und die Pubertät im Heimatland mit großer Wahrscheinlichkeit ganz anders abgelaufen wäre, orientierten sich die Pflegekinder sehr stark am Hier und Jetzt und somit an den österreichischen Möglichkeiten. Die Umbau-

Die Pflegemutter empfindet die Beziehung als zu distanziert, Amrullah hingegen ist es zu viel, er wünscht sich mehr Distanz. Sie beschreibt ihn als respektlos und unhöflich und hat das Gefühl, ihm nur noch im Weg zu sein, er hingegen wolle nur noch in Ruhe gelassen werden. Falls Amrullah ausziehen möchte, wäre es für die Pflegemutter persönlich kein großes Problem, sie würde sich jedoch um seine Zukunft Sorgen machen. Amrullah hingegen wirkt gestresst und müde. Er äußert, dass es ihm lieber wäre, wenn sich niemand mehr um ihn kümmert, er könne das selbst und möchte auch für sich selbst verantwortlich sein. (Dokumentation KUI, 2016)

Die Pubertät dürfte nun gerne langsam mal vorbei sein. Es reißt Emran wahnsinnig hin und her, zwischen mir bzw. uns und seiner Familie, Österreich und Afghanistan, er scheint hier einen doppelt harten Prozess durchzumachen und springt ständig vom einen zum anderen, wo er sich verbunden fühlt oder auch ständig ungerecht behandelt sieht. Dabei merkt er gar nicht, wie gut er es erwischt hat. Leider lernt Emran nicht aus guten Ratschlägen, sondern muss alles selbst durchleben, bevor es sich verfestigt. Die ständigen Interventionen seiner Mutter, die ihm immer wieder neue Ideen in den Kopf setzen, sind manchmal sehr mühsam. Eigentlich möchte ich nicht, dass er auszieht, aber ich glaube, es ist als Lernprozess ganz wichtig für ihn, nun mal auf eigenen Beinen zu stehen. (Pflegemutter von Emran)

Wir lebten von Anfang an eine Wohngemeinschaft. Es war teilweise herausfordernd, Arash und Matin dazu zu bewegen, sich zu uns zu gesellen. Speziell wenn meine Freundin zu Besuch war, sind sie immer in ihrem Zimmer geblieben. Das sonstige Familienleben funktionierte sehr gut, wir hatten wenig Konflikte miteinander. Der damals 15-jährige Arash brauchte deutlich mehr Unterstützung von mir als Matin, der seine Pubertät bereits hinter sich gelassen hatte und gefestigt war. (Pflegevater von Arash)

prozesse im Gehirn nahmen die tagtäglichen Erlebnisse auf und integrierten sie in den eigenen Entwicklungsprozess. Durch den Kontakt zur leiblichen Familie bzw. zum Heimatland wurden die Jugendlichen meist wieder von einer anderen Lebensrealität eingeholt. Teilweise plagte sie das schlechte Gewissen, nicht entsprechend den Vorgaben der leiblichen Eltern, den Regeln der Religion und Kultur leben zu können. Das Hin- und Hergerissen-Sein war tendenziell intensiver bei jenen Jugendlichen, die in täglichem Kontakt mit ihren Familienangehörigen standen. Sie erlebten wohl ein doppeltes Wechselbad der Gefühle.

Es war ratsam, sich als Pflegeeltern von dem Gedanken, den/die unbegleitete/n Minderjährige/n erziehen zu müssen, zu distanzieren. Vielmehr handelte es sich um eine Begleitung der Jugendlichen auf ihrem Weg, um einen Beistand bei Bedarf. Die Pflegekinder wussten die Präsenz und die Verfügbarkeit ihrer Ersatzeltern sehr zu schätzen. Das Zusammenleben funktionierte besonders bei den Familien gut, die ihre Aufgabe mehr im Bereich des Bereitstellens von Möglichkeiten sahen und weniger Ansprüche an die Minderjährigen stellten. Selbstverständlich ist das auch für (Pflege)Eltern kein einfacher Prozess. In der Familienbegleitung wurden unsere Vertrauenspersonen hier zu wertvollen Ressourcen. Sie konnten die Abläufe und pubertären Aspekte auch unter dem kulturellen Aspekt betrachten. Als Brückenbauer zwischen Vergangenheit und Gegenwart und als Role Models zeigten die Vertrauenspersonen den Minderjährigen den richtigen Weg zwischen den Welten. Durch ihr eigenes junges Alter konnten Vertrauenspersonen einerseits noch als Peers angesehen werden und ein Zugehörigkeitsgefühl vermitteln und andererseits die Autorität älterer »Geschwister« ausüben, die in den Familiengefügen der Herkunftsländer meist eine andere Familienrolle innehaben, als es Geschwister hierzulande tun.

Wie oben angesprochen, ist nicht nur die Ablösung ein wichtiger pubertärer Prozess, auch der Aufbau neuer Bindungen passiert intensiver als gewöhnlich. Einige stark belastete Jugendliche, die aufgrund ihrer Vergangenheit mit Ängsten, Depressionen, Einschlafschwierigkeiten und Antriebslosigkeit zu kämpfen hatten, zeigten ein besonderes Bedürfnis nach Nähe zu ihren Pflegemüttern. Auch andere Jugend-

Es scheint die Herangehensweise »Wir sind der Boss und du tust, was wir sagen« bei Mosi besser zu funktionieren. Er schafft es mittlerweile, jeden Tag zur Schule zu gehen. Wir besprachen die kulturellen und lebensgeschichtlichen Hintergründe davon und warum es Mosi manchmal so schwer zu fallen scheint, Dinge, die mit ihm diskutiert werden, zu verstehen. Wir sprechen auch darüber, was Hierarchie und Autorität in Somalia bedeuten und dass Empathie und Perspektivenwechsel etwas ist, das man sich nicht leisten kann, wenn es das eigene Überleben gefährden würde. (Dokumentation KUI, 2017)

Merdad hat mehrmals den Wunsch geäußert, nach Afghanistan zurückzukehren. Er fühlt sich in Österreich einsam und hat keine Freunde. Es sei ihm bewusst, dass er in Afghanistan wahrscheinlich sterben wird, aber er sagt, das sei ihm egal. Die Pflegemutter berichtet, dass Merdad außergewöhnlich an ihr hängt, sie kaum eine freie Minute hat, er fast jede Nacht bei ihnen im Bett schlafen möchte. Aus dem Haus möchte er nicht gehen, stattdessen ist er ständig bei ihr und sieht ihr z. B. bei der Verrichtung von Haushaltstätigkeiten zu. (Dokumentation KUI, 2016)

Merdad hält es mittlerweile aus, auch mal allein zu sein, wenn seine Pflegemutter länger arbeitet. Er lenkt sich ab und beschäftigt sich. Er schläft nun alleine. Auf die Frage, wie er das geschafft habe, meint er, er habe versucht, das Gefühl von Verlassenheit auszuhalten, und sich dann daran gewöhnt. Er habe auch seine Einstellung verändert und akzeptiert, dass es nicht so wie in Afghanistan ist. Merdad weiß, dass alle arbeiten oder zur Schule gehen und man am Wochenende vermehrt Zeit miteinander verbringt. Er konnte mittlerweile auch akzeptieren, dass seine Pflegemutter manchmal Zeit für sich braucht und ihn deswegen nicht weniger mag. (Dokumentation KUI, 2017)

liche, deren psychische Situation besser ausgestaltet war, schwankten in ihrem Nähe- und Distanzbedürfnis. So gab es in den Familien stets unterschiedlich gute Phasen – von Zeiten, in denen »alles passte«, über normale Wochen bis hin zu den »Roller-Coaster-Wochen«, in denen alles Kopf stand. Gegenseitiges Verständnis für die Situation der jeweils anderen Familienmitglieder zu generieren, war ein wichtiger Bestandteil der Familienbegleitung. Dass dieser Aspekt der Familienbetreuung richtig war, zeigt sich darin, wie viele Familien einen guten gemeinsamen Weg gefunden haben und heute gefestigte Gemeinschaften sind.

Trauma, Therapie und psychiatrische Aspekte

Krieg im Heimatland, verstorbene oder ermordete Eltern, vermisste Familienangehörige, psychisch belastete oder physisch erkrankte Eltern, selbst Opfer von Körperverletzungen geworden zu sein, Missbrauchserfahrungen, drohende Zwangsverheiratung, Vernachlässigung im Kindesalter, gewaltbetonte Erziehung, Kinderarbeit, Abschiebungen aus einem anderen Fluchtland, Inhaftierung auf der Flucht, in defektem Boot auf dem Meer getrieben, Trennung von Familienangehörigen auf der Flucht …

Diese Liste von Erfahrungen, die unsere KlientInnen machen mussten, ließe sich verlängern, genannt sind hier nur jene Erlebnisse, die mehrere Minderjährige vor ihrer Ankunft in Österreich machen mussten. Hinzu kamen traumatische Informationen aus dem Heimatland (siehe S. 58ff.) oder auch der Verlust des Kontaktes zu Angehörigen und die damit verbundene Unsicherheit. Nicht zu vernachlässigen ist der Prozess des Asylverfahrens, der für einige Kinder und Jugendliche traumatische Ausmaße annahm (siehe S. 66ff.). Etwa zwei Fünfteln der Minderjährigen machten ihre

Erlebnisse so sehr zu schaffen, dass sie im Alltag dadurch zumindest zeitweise beeinträchtigt waren. Die Kinder und Jugendlichen litten unter Symptomen wie Ein- und Durchschlafschwierigkeiten, Antriebslosigkeit, Panikattacken, Müdigkeit, Unruhe oder auch psychosomatischen Beschwerden. Etwas mehr als die Hälfte dieser unbegleiteten Minderjährigen ließ sich überzeugen, Unterstützung im Bereich der psychischen Gesundheit in Anspruch zu nehmen. Die Diagnosen betrafen Posttraumatische Belastungsstörungen, Depressionen und Anpassungsstörungen. Neun Jugendliche erhielten Medikamente nach einer psychiatrischen Abklärung, hauptsächlich, um schlafen zu können und zur Stimmungsaufhellung, sie besuchten zusätzlich eine Psychotherapie. Weitere 15 Minderjährige ließen sich dazu bewegen, eine Therapie zu versuchen, wobei die Hälfte davon profitierte und über einen längeren Zeitraum in Therapie blieb und die andere Hälfte nach ein bis mehreren Einheiten davon ausging, mit der angebotenen Therapieform keine Besserung der eigenen Symptomatik erzielen zu können. Eine vergleichbar große Gruppe, ebenfalls 15 Minderjährige, hatte mit Symptomen zu kämpfen, konnte sich jedoch nicht zu einer Therapie bereit erklären. Auch Suizidversuche machten den Familien und uns als Familienbegleitung zu schaffen – für manche/n Jugendliche/n wurde ein Aufenthalt in der Psychiatrie notwendig.

> Ich habe das Gefühl, dass Waris »nicht anwesend« ist, sie ist nicht wirklich hier. Sie wirkt wie in einer Wattewolke, die alles von ihr abschirmt, es sind ihr alle Leute hier egal. Sie interessiert sich nur für ihre Freunde und die Familie daheim. Natürlich gibt es auch viele gute Dinge: Sie schafft es mittlerweile fast täglich, rechtzeitig das Haus zu verlassen, einmal wöchentlich ihr Zimmerchaos halbwegs zu bereinigen. Der neue Kurs gefällt ihr sehr gut, dort sind auch Mädchen, die sie schon kennt, sie ist nun recht motiviert. (Pflegemutter von Waris, 2016)

Andere Pflegekinder hatten ebenfalls traumatische Erfahrungen gemacht, fanden jedoch gute Kompensationsmechanismen. Manche waren besonders sportlich, so haben beispielsweise drei (ehemalige) Minderjährige in ihrer Sportart österreichische Meisterschaften gewonnen. Andere konnten durch das stabile familiäre Umfeld jene Sicherheit bekommen, die sie brauchten, um die Schrecken der Vergangenheit hinter sich zu lassen. Ein gesicherter Aufenthalt in Österreich hat stets zur Stabilisierung beigetragen. Vorherige Lernschwächen, Schlafprobleme und andere psychosomatische Beschwerden verschwanden oder verbesserten sich schlagartig nach Erlangen der Gewissheit, in Österreich dauerhaft sicher zu sein. Beschleunigte Asylverfahren sind seit jeher ein Wunsch all jener Personen, die im Asylbereich tätig sind, und daher soll er auch hier mit Nachdruck betont werden, in der Hoffnung, dass dies für Kinder und Jugendliche eines Tages tatsächlich umgesetzt wird. Die Abgrenzung von psychischen Problemen aufgrund von Traumata oder aufgrund der Pubertät war in der Betreuung und Begleitung durchaus machbar. Jedoch kam es natürlich auch vor, dass beide Aspekte kumulierten. Das Entwachsen aus der Pubertät war somit ein weiterer Aspekt, der den Pflegefamilien eine Verfestigung des gemeinsamen Familienlebens ermöglichte. All jene UMF-Pflegekinder, deren Weg ich auch nach sechs Jahren noch verfolgen konnte, haben sich sehr gut entwickelt und sind heute gefestigte Persönlichkeiten, die aus unserer Gesellschaft nicht mehr wegzudenken sind.

Ausverhandeln von Regeln im Familienleben

Bereits vor dem Einzug bei der Pflegefamilie oder spätestens durch die Aufnahme wurde es notwendig, Rahmenbedingungen für das Familienleben zu definieren. Bei jenen Minderjährigen und Familien, die sich im Rahmen einer Anbahnung kennenlernten, wurde dieser Prozess beim ersten Treffen gestartet. Zum Beispiel erklärten die potenziellen Eltern, was ihnen besonders wichtig im Zusammenleben war: unter anderem ein regelmäßiger Schul- oder Bildungsbesuch, gemeinsames Abendessen, Aufräumen des eigenen Zimmers, Bescheidgeben, wenn der/die Jugendliche das Haus/die Wohnung verließ, oder die Übernahme kleiner Haushaltstätigkeiten. Die Eltern wurden im Vorfeld des Kennenlernens darum gebeten, sich dazu Gedanken zu machen. Viele erwähnten Pünktlichkeit nicht, da dies in unserer Gesellschaft bis zu einem gewissen Grad für selbstverständlich gehalten wird, jedoch nicht in jedem Herkunftsland den gleichen Stellenwert besitzt. Die Minderjährigen hingegen wollten sichergehen, dass sie mit ihrer leiblichen Familie Kontakt pflegen durften, dass sie ausreichend

Taschengeld bekamen, Internet benutzen durften und FreundInnen sehen konnten. Manche richteten bereits Wünsche an die potenziellen Pflegeeltern oder erzählten davon, wie sie gerne ihre Freizeit verbringen würden.

Bei jenen Familienkonstellationen, die sich vor der Aufnahme schon länger kannten, lief der Prozess etwas anders ab. Bei gemeinsamen Treffen standen andere Themen im Vordergrund. Vielfach wussten die zukünftigen Familien bereits sehr gut über die gegenseitigen Wertvorstellungen Bescheid, bevor der Entschluss zum Umzug gefasst wurde. Was jedoch nicht bedeutete, dass sie nicht ebenfalls, wenngleich zu einem anderen Zeitpunkt, Regeln für das Familienleben festlegen mussten. Bei manchen Familien war dies kaum notwendig, da sie sich intuitiv aufeinander einstellten oder grundsätzlich dieselben Werte in Bezug auf das Familiengefüge verfolgten, bei anderen handelte es sich um einen weitreichenderen Prozess, der im Rahmen der Familienbetreuung angeleitet oder unterstützt werden musste. Konfliktfelder ergaben sich teilweise bei einem hohen Selbstständigkeitsgrad des Pflegekindes in Kombination mit Pflegeeltern, die sich besonders fürsorglich verhielten. Für manche Minderjährige fühlte es sich wie Kontrolle an, angeben zu müssen, wo sie sich befanden und wann sie wieder zuhause sein würden. So wurde beispielsweise von Jugendlichen argumentiert, dass sie ebenfalls nicht alles von ihren Pflegeeltern wüssten. In solchen Fällen war Fingerspitzengefühl gefragt und oft half die Intervention von außen in Form vermittelnder Gespräche und, wenn erforderlich, auch ein gewisses Ausmaß an Autorität von unserer Seite.

Waren die Verhältnisse nicht ausreichend geklärt, bedurfte es vermehrter Kriseninterventionen von Familienbetreuungsseite. Wichtig war die Akzeptanz der aufgestellten Regeln, andernfalls waren sie wirkungslos. Mehrfach hatten wir damit zu tun, dass

> Die Regel, dass Amrullah nach 23 Uhr nicht mehr im Internet sein darf, hat ihm gar nicht gefallen, vor allem, dass es nicht mit ihm besprochen, sondern durch seine Pflegemutter festgelegt wurde. In der Heimat habe die Mutter ebenfalls versucht, ohne Absprache Regeln aufzustellen, und er habe sich auch damals nicht daran gehalten. (Dokumentation KUI, 2016)

Merdad schätzt und respektiert seine Pflegemutter. Manchmal fühlt er sich jedoch wie ein kleines Kind behandelt, z. B. wenn er stets schreiben muss, wo er sich gerade befindet. Mit dieser Regel ist er nicht einverstanden und dementsprechend gab es bereits öfter Diskussionen darüber. Merdad sagt, dass er in Afghanistan sehr unabhängig war und dass er in seiner leiblichen Familie wie ein Erwachsener behandelt wurde, in Österreich jedoch nun wie ein Kind. Er hat beschlossen, auch zukünftig den Wunsch seiner Pflegemutter nicht zu erfüllen. (Dokumentation KUI, 2017)

Jugendliche den Sinn und Zweck der Vorgaben nicht verstanden oder ihre Handhabung ganz anders aus der Heimat kannten. Andere waren in ihrem pubertären Prozess gefangen und lehnten sich grundsätzlich gegen unerwünschte Strukturen auf. Wenn davon auszugehen war, dass alle Regeln verstanden wurden und auch der Hintergrund dafür den Minderjährigen erklärt wurde, war es natürlich erfreulich, wenn sie eingehalten wurden. Gerade im Kontext von psychischen Belastungen, Strukturlosigkeit und Pubertät war dies bei einigen Minderjährigen ein Spießrutenlauf für die Eltern. Umgekehrt herrschte Frustration darüber, wenn es Streit gab oder Konsequenzen drohten. Der Drahtseilakt bestand darin, eine noch fragile Beziehung nicht zu sehr zu belasten, trotzdem nicht zu nachgiebig zu sein, die eigenen Werte nicht zu überschreiten und gleichzeitig etwaigen Geschwisterkindern Genüge zu tun. Gerade im Kontext von weiteren Kindern in der Familie stellte sich immer wieder die Frage, wie viele Sonderrechte einem geflüchteten Pflegekind zukommen sollten. Eine vollständige Gleichbehandlung der Kinder war nicht machbar, da sich andere Bedürfnisse ergaben und ein anderes Vorleben bestand. Viele Eltern schafften es sehr gut, auch den eigenen Kindern gegenüber ausreichend transparent zu sein und etwaige Zugeständnisse dem Pflegekind gegenüber hinreichend zu begründen.

Bei kontinuierlicher Missachtung von unverhandelbaren Regeln mussten wir mit manchen

Bei einem gemeinsamen Treffen mit den Pflegeeltern reflektieren wir mit dem Pflegevater über Konsequenzen: Er solle das Taschengeld nicht aufstocken, wenn es aus wäre, ebenso das Datenvolumen des Handys. Wenn sie gemeinsam verreisen, wäre es wichtig, sich nicht den Tag verderben zu lassen, weil der Pflegesohn nicht rechtzeitig aufgestanden ist, sondern ohne ihn zu gehen. Der

Familien das Thema Konsequenzen in der Erziehung bearbeiten. Oftmals war es für die Pflegeeltern schwierig, adäquate Konsequenzen zu finden, da sie Angst hatten, der Beziehung zu schaden. Etwas leichter taten sich jene Familien,

Pflegevater äußert, dass er sich schwer mit dieser Art von Konsequenz täte. Wir wissen jedoch alle, dass sich durch Diskussion allein bei dem Jungen nichts verändern wird. (Dokumentation KUI, 2017)

die bereits ältere Kinder hatten und mit dem Thema Pubertät schon intensivere Erfahrungen gemacht hatten. Da alle Kinder projektbedingt € 40 Taschengeld pro Monat erhielten, entfiel der Taschengeldentzug bis zu einem gewissen Grad als Erziehungsinstrument. Die meisten Pflegekinder bekamen jedoch einen zusätzlichen Taschengeldbetrag von den Pflegeeltern, über den sie insofern frei verfügen konnten, als sie davon gewisse Dinge selbst zu finanzieren hatten. Das hatte den Vorteil, dass die Jugendlichen mehr Selbstständigkeit erfahren konnten und andererseits auch ein Taschengeldentzug als Konsequenz denkbar war.

Der Umgang mit Geld musste ebenfalls beim Ausverhandeln von Regeln thematisiert werden. Wichtig war zu klären, welche Kosten durch das Taschengeld zu decken waren und welche Dinge zusätzlich durch die Pflegeeltern finanziert wurden. Viele Pflegeeltern waren unzufrieden, wenn das Taschengeld zu den leiblichen Eltern geschickt wurde und nicht für das Kind selbst Verwendung fand. Bei besonders jungen Kindern behielten daher die Pflegeeltern das Taschengeld ein und sparten es an, was schließlich eine kleine Unterstützung bei den Familienzusammenführungskosten darstellte.

Sahid hat keinen Bezug zu Geld, genauer gesagt kein Limit. Er interessiert sich für teure Sachen und Hobbys und die Pflegemutter versucht, bei sich selbst zu sparen und ihm so viel zu geben, wie sie sich leisten kann. Wenn sie bei Sahid sparen würde, käme es ihrer Ansicht nach sofort zu Konflikten. (Dokumentation KUI, 2017)

Weitere Aspekte in Bezug auf Familienregeln waren Ehrlichkeit, Respekt und Zuverlässigkeit. Wie bereits angesprochen, waren diese Begrifflichkeiten weder »Fremdworte« für die Pflegekinder, noch handelt es sich dabei um spezifische Problemstellungen im Kontext der Flucht junger Menschen. Jene Personen, die Eltern sind oder anderweitig mit Kindern zu tun haben, kennen diese Thematiken. Jedoch wurde von den Beteiligten in einem *neuen* Familienverhältnis ein höherer Sorgfaltsmaßstab angelegt als in jenen, in denen man sich bereits lange kennt und sich selbst sagen kann, dass es nur eine Phase wäre. In den meisten Familien bestand ein sehr großer gegenseitiger Respekt voreinander, der sich auch in einem positiven Umgang miteinander widerspiegelte. Zuverlässigkeit war ebenso meist gegeben, Verfehlungen von Jugendlichen gab es hauptsächlich im Bereich der Pünktlichkeit. Zur Ehrlichkeit möchte ich potenziellen Pflegeeltern an dieser Stelle ein paar Worte mit auf den Weg geben: Fehlende Ehrlichkeit ist im Kontext der Aufnahme eines geflüchteten Kindes kein Zeichen von fehlendem Respekt. Eine tiefe Verunsicherung führt dazu, dass Minderjährige unrichtige Angaben über ihre Vergangenheit oder den Verbleib ihrer Eltern machen. Manchmal werden diese Angaben dem Kind von Dritten auferlegt. Anschließend muss ein/e Minderjährige/r mit den Lügen leben, die ein Teil des Alltags werden. Auch wenn das schlechte Gewissen anklopft und es sich unrichtig anfühlt, ist es unendlich schwierig, aus dem aufgebauten Konstrukt auszusteigen. Viel zu groß ist die Angst, die Beziehung zu gefährden. Selbst Beteuerungen, dass einen als Pflegeeltern nichts bis kaum etwas erschüttern kann, helfen den Pflegekindern oft nicht dabei, aus einer solchen selbst konstruierten Realität zu entkommen. Bitte haben Sie Nachsicht! Speziell der Kontakt zu leiblichen Eltern wurde vielfach unterschlagen oder Fluchtgeschichten verändert dargestellt. Teilweise kamen die Anweisungen von den Eltern, da diese befürchteten, dass ein bestehender Kontakt einen zukünftigen Aufenthaltstitel gefährden könnte, oder da sie erwarteten, dass eine spezielle Fluchtgeschichte Erfolg bringen würde. In so einem Fall stellte sich für die Minderjährigen die Frage der Loyalität. Auch in Bezug auf Altersangaben

Ein Problem für uns ist das Respektieren von Eigentum. Waris wühlt in meinen Schmuckkästchen und in den Sachen/ Schränken der Kinder. Sie probiert alles an ohne zu fragen, nimmt sich einfach, was sie will und was ihr gefällt. Ich habe dieses Thema schon sehr oft mit ihr besprochen und weiß, dass es ein Kulturschock für sie ist, da individuelles Eigentum in ihrer Gesellschaft nicht den gleichen Stellenwert hat wie hier. (Pflegemutter von Waris, 2016)

war es schwierig, Divergenzen zuzugeben: »Was würde geschehen, wenn man es sich mit den Pflegeeltern verscherzen würde? Könnten sie etwaige falsche« Angaben an eine Behörde weiterleiten?« Im Rahmen der Familienbegleitung erfuhren wir von einer Vielzahl an Geheimnissen, teilweise wussten wir in der Betreuung mehr über die leibliche Familie und die Vergangenheit als die Pflegeeltern. Das lag daran, dass den Kindern und Jugendlichen die Beziehung zu ihren Pflegefamilien sehr wichtig war und sie sie nicht verletzen wollten, auch wenn Ehrlichkeit meist der bessere Weg gewesen wäre als das Verheimlichen bestimmter Geschichten. In der Begleitung versuchten wir darauf hinzuwirken, dass sich Unwahrheiten auflösten. Einerseits, indem wir mit den Kindern an ihrer Angst arbeiteten, und andererseits dadurch, dass wir ihnen Exitstrategien gegenüber ihren Pflegeeltern aufzeigten. Vielfach stärkte es das Familienverhältnis, wenn immer komischer anmutende Erzählungen schließlich geklärt wurden. Sollte sich ein Kind daher eines Tages an die Wahrheit wagen, ist dies unbedingt zu schätzen – das menschliche Gegenüber und die Beziehung bleiben dieselbe!

Sexualität und Beziehung

Das Wissen rund um Sexualität gestaltete sich bei den Pflegekindern sehr unterschiedlich. Sie hatten jedoch eines gemeinsam, nämlich, dass das Thema sehr tabuisiert war, viel intensiver als bei österreichischen bzw. europäischen Minderjährigen vergleichbaren Alters. Während einige Minderjährige sich bereits über das Internet selbst aufgeklärt hatten, wussten manche nicht, wie das jeweils andere Geschlecht aussah. Während sich in Europa das Thema Sexualität mehrfach im Lehrplan von Schulen wiederholt, sahen viele Minderjährige in ihrer Heimat keine Möglichkeit, ihrem Alter entsprechende Informationen zu erlangen. Aus diesem Grund organisierten wir Sexualpädagogikworkshops, die wir auch dolmetschunterstützt begleiteten. So unterschiedlich der Wissensstand der Minderjährigen war, genauso unterschiedlich fiel das Feedback zu den Workshops aus.

In den Pflegefamilien wurde die Thematik meist ebenfalls behandelt, die Kinder hatten eine ausreichend tragfähige Beziehung, sodass sie sich trauten, ihre Pflegeeltern darauf anzusprechen. Manche Pflegeeltern entschieden sich auch dafür, dieses Tabuthema von sich aus proaktiv anzugehen.

In Bezug auf Beziehungen zu Freundinnen bestand teilweise die Sorge, dass den afghanischen Burschen von vornherein sexuelle Nötigung von Seiten des Umfelds unterstellt werden könnte. Besonders die Vorkommnisse in der Kölner Silvesternacht 2015 verstärkten diese Befürchtungen. Daher hatten die Pflegeeltern und auch wir in der Familienbegleitung hier ein besonders wachsames Auge auf ihre/unsere Schützlinge. Aber auch die Minderjährigen selbst richteten die Frage an uns, wie es möglich wäre, ein österreichisches Mädchen kennenzulernen, ohne gleich verdächtigt zu werden, dass ein rein sexuelles Interesse bestehen würde.

Besonderen Diskussionsgehalt entfachte der Wunsch vieler Pflegekinder, später lediglich jemanden gleicher Herkunft zu heiraten. Der Großteil der Jugendlichen war sich sehr sicher, diesen Weg gehen zu wollen. Nach nun einigen Jahren in Österreich hat sich die Situation etwas geändert, viele ehemalige Jugendliche sind Beziehungen mit Personen anderer Herkunft eingegangen. Es gibt aber durchaus auch junge Menschen, die diese Einstellung trotz langen Aufenthalts in einer österreichischen Pflegefamilie beibehalten haben und sich beispielsweise zur Zeit des Verfassens dieses Buchs intensiver auf der Suche nach einem/einer zukünftigen EhepartnerIn befanden. Für die dazugehörigen Pflegeeltern war und ist dies auch nach vielen Jahren des gemeinsamen Lebens nicht einfach zu akzeptieren. Zuletzt sagte eine Pflegemutter dazu: »Ich wünsche ihm, dass er die wahre Liebe findet und sich nicht in einer traditionellen Ehe bindet, bevor die Richtige kommt.«

Delinquenz

Jugenddelinquenz war in der Betreuung für die Familien und somit auch in der Familienbegleitung ein Thema, wobei die Jugendlichen sowohl als Täter als auch als Opfer auftraten. Die Mädchen waren hier seltener involviert als die Burschen, berichteten jedoch, Angst vor Anfeindungen durch Landsleute zu haben, sollten sie in der Öffentlichkeit kein Kopftuch tragen. Die Burschen hingegen fürchteten weniger ihre Landsleute als andere Jugendgruppen, häufig handelte es sich dabei um rivalisierende Jugendliche afghanischer und tschetschenischer Herkunft. In diesem Zusammenhang gab es drei Burschen, die sich regelmäßig besorgt äußerten, dass sie angegriffen werden könnten. Teilweise änderten sie ihre Wege von zuhause zur Schule oder zur Ausbildung, um potenziellen Konflikten aus dem Weg zu gehen. Drei weitere Minderjährige gerieten ein- bis mehrmals in gewalttätige Konflikte und wurden als Täter, Opfer oder Zeugen durch die Polizei geführt. Die Involvierten waren alle schwer traumatisiert, bevor sie nach Österreich kamen, und befanden sich zur Zeit der Vorfälle oder danach in Psychotherapie. Das ist natürlich keine Legitimation dafür, sich in handgreifliche Auseinandersetzungen zu begeben, dennoch ist es sicher ein Ausdruck davon, dass die bereits erlebte Gewalt weitergegeben wurde. Ein Minderjähriger musste im Anschluss an eine Auseinandersetzung im Krankenhaus behandelt werden, da er durch ein Messer verletzt worden war.

Ein UMF rief als Zeuge die Polizei, als ein Freund von anderen Jugendlichen attackiert wurde, und wurde in der Folge selbst als Täter im Bereich des Delikts Raufhandel geführt. Dieser Jugendliche fiel offenbar in den klassischen Bereich des »ethnic profiling« und löste stets bei der Exekutive reflexartiges Kontrollieren aus. Die polizeilichen Übergriffe reichten von mehreren Stunden Aufenthalt in der Polizeistation, während der Familienhund, mit dem er Gassi gegangen war, außerhalb der Polizeidienststelle allein angebunden warten musste, bis hin zu Aufforderungen zur vollständigen Entkleidung vor den Beamten. Die Thematik war für die Familie sehr belastend und führte zu viel Frustration. Die dazugehörige Pflegemutter war bereit, sich an jeder Stelle zu beschweren, einen langfristigeren Erfolg konnten wir erst durch die Involvierung der Kinder- und Jugendanwaltschaft erzielen.

Rassistische Übergriffe auf geflüchtete Jugendliche aus Pflegefamilien gab es immer wieder, meist handelte es sich um verbale Attacken. Ein Klient wurde jedoch tätlich angegriffen, als er sich im Beisein von Freunden und der etwas entfernt stehenden Pflegemutter in der Innenstadt aufhielt. Dabei zog er sich Verletzungen zu, aufgrund derer er im Krankenhaus behandelt werden musste.

Weitere Konflikte mit dem Gesetz betrafen Diebstahl, illegalen Waffenbesitz, Suchtmitteldelikte, Betrug und sexuelle Belästigung bzw. Nötigung in einer Beziehung. Gegen elf Minderjährige wurde eine Anzeige eingebracht, bei vier kam es zu einer weiteren Bearbeitung durch das Gericht, die anderen Verfahren wurden nach der Bearbeitung durch die Polizei eingestellt. Bei zwei Minderjährigen kam es erst nach dem Ende unserer Begleitung zu entsprechenden strafrechtlich relevanten Anzeigen, während bei neun Minderjährigen der Zeitpunkt der Delinquenz auch zu Zeiten der Betreuung durch den Verein KUI erfolgte.

Verurteilt wurde jedoch nur ein geflüchteter Jugendlicher, bevor er in die Pflegefamilie zog, und einer, nachdem er in der Familie bereits volljährig geworden war.

Für die Pflegefamilien bedeutete sowohl die Täter- als auch die Opferrolle einen erhöhten Betreuungsbedarf. Sie sahen es als ihre Aufgabe, ihre Kinder aus der Situation zu retten – sie engagierten daher Anwälte oder begleiteten ihre Schützlinge selbst zur Polizei, um dort auf eine adäquate und nicht rassistische Protokollierung des Vorfalls hinzuwirken. Die Vorfälle waren alle kleinerer Natur, sodass sie unter die allgemeine Gemütssituation der Pubertät subsumiert wurden. Von Seiten der Eltern wurde das Pflegeverhältnis aufgrund einer strafbaren Handlung für gewöhnlich nicht sofort in Frage gestellt. Meist waren die Beziehungen zu diesem Zeitpunkt bereits verfestigt. Anders gestaltete sich die Situation, wenn Handlungen in die Vertrauenssphäre der Pflegefamilie eingriffen. Zweimal betraf dies das Entwenden von Geld, ein weiteres Mal wurde der Diebstahl von Schmuck vermutet. Diese Vorkommnisse wurden von Seiten

Ich wusste nicht, dass Shamil von Anfang an mit seiner Mutter Kontakt hatte. Er sollte es mir nicht sagen, die Mutter dürfte gegen mich gewesen sein und hat ihm aus der Ferne immer Aufträge gegeben. Trotzdem haben wir das lange sehr gut hinbekommen. In der Pubertät war es für Shamil wohl besonders schwierig. Er war hin- und hergerissen zwischen den Welten, zwischen mir und den Wünschen der Mutter, zwischen der Anforderung, zu »leben«, und jener, zu beten. Ich mache der Mutter keinen Vorwurf daraus, sie ist Analphabetin, sie weiß es nicht besser. Schließlich hat er die falschen Leute kennengelernt, es kam zu kriminellen Vorfällen und Drogenkonsum. Ich habe es geschafft, dass die Anzeige bei der Polizei harmlos genug geklungen hat, sodass es nicht zu einem Strafverfahren gekommen ist. Trotzdem konnte er nicht weiter bei

der Familien nicht angezeigt, jedoch waren diese Vertrauensbrüche so groß, dass es schließlich zu Auflösungen des Familienlebens kam. In einem anderen Fall führte eine sexuelle Belästigung innerhalb der Familie zu gröberen Unstimmigkeiten. Es konnte das Vertrauen jedoch wiederhergestellt werden, es wurde keine Anzeige erstattet, sondern im Anschluss an die Krisenintervention intensiv pädagogisch gearbeitet.

uns wohnen, ich habe auch noch ein jüngeres Kind zu betreuen. Zum Glück hat Shamil es geschafft und hat mit diesen Jugendlichen nichts mehr zu tun, er macht eine Lehre und ist zufrieden mit seiner eigenen Wohnung. Natürlich stehen wir in Kontakt und ich kümmere mich weiter um ihn. Ich habe die Verantwortung für ein Kind übernommen und gebe sie nicht einfach wieder ab, nur weil es schwieriger wird, er hat ja hier sonst niemanden. (Pflegemutter von Shamil)

Ende des Betreuungsverhältnisses

Das Ende der Pflegeelternschaft bzw. des Betreuungsverhältnisses kann auf verschiedene Arten zustande kommen: entweder durch Erreichen der Volljährigkeit oder durch den Wunsch nach Beendigung der Pflegefamilienkonstellation von Seiten der Eltern oder des Kindes. Auch der Umzug des Kindes zur leiblichen Familie, sofern diese ebenfalls nach Österreich kommen konnte, war ein Beendigungsgrund, wenngleich er nur selten zur Anwendung gelangte.

Volljährigkeit

In den meisten österreichischen Familien ist der 18. Geburtstag eines Kindes ein Geburtstag wie viele andere auch; es gibt Kuchen, es wird gefeiert und angesichts der Volljährigkeit weiß jeder, dass das Kind fortan seine Angelegenheiten selbst unterschreiben darf. An der Wohnsituation ändert sich aufgrund dieses Geburtstags meist nichts. Der Auszug aus der elterlichen Wohnung ist an andere Faktoren geknüpft.

Für fremduntergebrachte Kinder kann die Volljährigkeit sehr viel ändern, sie müssen ihre Betreuungseinrichtung verlassen und sind von da an auf sich selbst gestellt. Eine Verlängerung der Maßnahme ist allerdings möglich, ebenso der Bezug von Sozialleistungen bei Erfüllen der dafür notwendigen allgemeinen Voraussetzungen. Jene Kinder, die in Pflegefamilien aufwachsen dürfen, haben den Vorteil, dass auch hier der Tag der Volljährigkeit zunächst einmal einfach gefeiert wird und das Ausziehen an einem anderen Tag stattfindet.

Für geflüchtete Pflegekinder hängt die Möglichkeit der Verlängerung des Pflegekindergeldes davon ab, wie das Bundesland sein UMF-Pflegesystem aufgebaut hat, ob über die Kinder- und Jugendhilfe oder über die Grundversorgung. Ein weiterer entscheidender Faktor ist, ob das Asylverfahren bereits abgeschlossen ist oder die Entscheidung noch aussteht. Im Fall der Finanzierung über die Kinder- und Jugendhilfe besteht die Möglichkeit der Verlängerung der Maßnahme. Im Fall der Finanzierung über die Grundversorgung endet die Finanzierung der Pflegefamilie mit der Volljährigkeit. Eine sogenannte Nachbetreuung im Rahmen der Grundversorgung ist mit geringerer Finanzierung der Familie in manchen Bundesländern möglich. Andernfalls kann bei noch laufendem Asylverfahren um finanzielle Unterstützung der Grundversorgung im Rahmen des privaten Wohnens angesucht werden. Nach positiv abgeschlossenem Asylverfahren ist der Bezug der bedarfsorientierten Mindestsicherung bei Erfüllen der Voraussetzungen möglich.

Familienzusammenführung

Familienzusammenführungen fanden bei den durch uns betreuten unbegleiteten Minderjährigen in einem von sieben Fällen statt. Bei geflüchteten Kindern ist in Österreich eine Familienzusammenführung nur bis zum Erreichen der Volljährigkeit möglich, das bedeutet, dass die Eltern (und deren minderjährige Kinder/ die Geschwister) bis zum Erreichen der Volljährigkeit des/der UMF in Österreich eingereist sein müssen.

Warum eine Wiedervereinigung der Familien nur selten stattfinden kann, liegt großteils an den langen Verfahrensdauern, in Kombination mit der Tatsache, dass die meisten unbegleiteten minderjährigen Geflüchteten im Alter von über 16 Jahren nach Österreich kommen. Verfahrensdauern für die erste und zweite Instanz von drei bis fünf Jahren sind keine Seltenheit. Für das Familienzusammenführungsverfahren muss ebenfalls mit sechs bis zwölf Monaten Verfahrensdauer gerechnet werden. Selbstverständlich gibt es auch Fälle, bei denen die Bearbeitungsdauer um ein Vielfaches kürzer war/ist. Trotz gesetzlicher Vorgaben betreffend die Dauer von Verfahren gibt es keine Garantie für eine Maximaldauer. Das bedeutet, dass man einem/einer 13-Jährigen nicht versprechen kann, dass er/sie vor dem 18. Geburtstag seine/ihre Eltern wiedersehen wird und sie anschließend im gleichen Land leben können. Für UMF-Pflegefamilien bedeutet das eine sehr lange Zeit der Ungewissheit, des Hoffens und wahrscheinlich der Enttäuschung oder Ernüchterung. Damit verbunden sind häufig psychische Verstimmungen bis hin zu ernsthaften psychischen Erkrankungen.

Nach Ankunft der leiblichen Familie in Österreich durchläuft diese ebenfalls das Asylverfahren mit der Unterbringung in der Grundversorgung. Für gewöhnlich wird dieses Verfahren schneller als bei den zugehörigen Pflegekindern geführt, da die Familie den gleichen Aufenthaltsstatus wie das Kind erhält. Relevant ist, dass die Kinderflüchtlinge zu diesem Zeitpunkt noch nicht offiziell zu ihren Familien ziehen dürfen. Erst nach Abschluss des Asylverfahrens kann die Familie in eine eigene Wohnung ziehen und die Obsorge für ihr Kind bei Gericht beantragen.

Bei weniger als der Hälfte der Minderjährigen erfolgte der Umzug zur leiblichen Familie, nachdem alle Voraussetzungen erfüllt waren. Bei den anderen Familienzusammenführungen bestand dahingehend Einvernehmen, dass das Pflegekind in der Pflegefamilie bleiben und zur leiblichen Familie intensiven Kontakt pflegen würde.

Auszug vor Erreichen der Volljährigkeit

Zu einer Veränderung der Betreuungssituation vor Erreichen der Volljährigkeit kam es abseits von der Familienzusammenführung aus verschiedenen Gründen. Jedenfalls erfolgte der Umzug entweder auf Wunsch des/der Minderjährigen oder der Pflegeeltern.

Sehr häufig gab es im Vorfeld eine bis mehrere Krisen, bis der Entschluss gefasst wurde, dass die Situation geändert werden musste. In zwölf Fällen, also bei etwa jeder sechsten Familie, hatten wir in der Betreuung mit Kriseninterventionen zu tun. Neben den Themenfeldern Pubertät und Einhalten von Regeln, die teilweise mit der psychischen Belastung durch Traumata und Asylverfahren kombiniert waren, ging es um die Bereiche Handykonsum, Unpünktlichkeit, hochtrabende Wünsche, Mithilfe im Haushalt, Geringschätzigkeit gegenüber Frauen und zu dominantes Verhalten, wobei Letzteres sowohl von Pflegekindern als auch von Pflegeeltern ausging und für das jeweilige Gegenüber nicht tragbar war.

Bei der Betreuungsveränderung innerhalb der Minderjährigkeit kristallisierten sich drei Szenarien heraus, die mit der Dauer des Pflegeverhältnisses in Verbindung standen. Bei einer Gruppe war die Tendenz eines Betreuungsabbruchs bereits nach kurzer Zeit ersichtlich. Die Notwendigkeit einer Veränderung der Betreuungssituation war nach wenigen Wochen bis spätestens drei Monaten nach Umzug notwendig. Zusammengefasst dargestellt, stimmte in diesen Fällen die Chemie zwischen den Beteiligten einfach nicht und/oder das Familienverhältnis war mit falschen Vorzeichen begonnen worden.

Bei den meisten Familien, die sich veränderten, war dies nach etwa sechs Monaten bis etwas über einem Jahr der Fall. Alle Beteiligten hatten sich ausreichend kennengelernt, Krisen bewältigt, einander gegenseitig weitere Chancen gegeben, sich bemüht, aber nach einer gewissen Zeit erkannt, dass das Familienverhältnis nicht auf Dauer glücklich machen würde. Dabei hatte sich eine tragfähige Bindung entwickelt, die Pflegekinder wurden als fester Bestandteil von Seiten der Familie wahrgenommen und auch nach außen als solche deklariert. Aus der Sicht der Familienbegleitung bestand bei diesen Konstellationen bereits länger das Gefühl, dass es sich nicht um ein harmonisches Gefüge handelte. Trotzdem wurde sehr viel Zeit investiert, um die Familien zu stabilisieren und sie bei der Konfliktbewältigung zu unterstützen. Dieser Prozess erforderte mitunter tägliche Telefonate und Krisensitzungen. Immer wieder gab es im Anschluss an Kriseninterventionen wochenlang harmonische Phasen, in denen alle davon ausgingen, dass sich nun alles zum Guten wenden würde, was sich jedoch leider oft nicht bewahrheitete.

Bei der dritten, relativ kleinen Gruppe bestand das Betreuungsverhältnis über einen längeren Zeitraum (zweieinhalb bis fünf Jahre) und wurde dann erst für die Pflegeeltern untragbar.

In Zahlen betrachtet gab es insgesamt 26 Betreuungsveränderungen. Davon entfielen (in fünf Familien) sieben Fälle, in denen ein Pflegekind auszog, auf die erste Fallkonstellation. Es bestand keine gute persönliche Beziehung, wobei die Auflösungswünsche gleich oft von den Eltern wie den Minderjährigen geäußert wurden. All diesen Auflösungen war gemeinsam, dass das Pflegefamilienverhältnis von außen angebahnt worden war. Die Beteiligten hatten nicht besonders viel Zeit gehabt, einander kennenzulernen, und waren wohl mit dem Gefühl eines »Dann versuchen wir es einfach mal!« in das Zusammenleben gegangen.

Der zweiten Kategorie sind 15 Minderjährige aus 13 Familien zuzurechnen. Überwiegend wurde der Wunsch nach Veränderung von Seiten der Pflegeeltern geäußert, lediglich drei Mädchen und ein Bursche gaben an, von sich aus ausziehen zu wollen. Sehr auffallend und trotzdem nicht verwunderlich ist, dass bei zehn der 15 Minderjährigen bereits während des Pflegeverhältnisses eine psychiatrische oder psychologische Begutachtung bzw. Konsultation stattfand und bei drei weiteren eine psychiatrische Begutachtung angedacht war, die jedoch aufgrund des Betreuungsabbruchs erst später erfolgte. Alle diese Begutachtungen ergaben eine Diagnose; großteils handelte es sich um eine Posttraumatische Belastungsstörung (PTBS). Meist waren der Tod oder die unerwartete Trennung von Familienangehörigen Auslöser massiver Traumata. Oft waren diese kombiniert mit einem sehr unsicheren Aufenthaltsort der leiblichen Familie, begleitet von einer Bedrohung deren körperlicher Unversehrtheit – ein Umstand, der ständig wie ein Damoklesschwert über den Kindern hing. Zwei Minderjährige wurden von ihren leiblichen Familien stark vernachlässigt und zwei weitere hatten in der Heimat wiederholte körperliche Misshandlungen erfahren. Bei fünf der betroffenen Kinder (einem Drittel) bestand vor dem Einzug bereits ein länger dauerndes Naheverhältnis zur Pflegefamilie, bevor dann die Patenschaft oder Freundschaft in eine Pflegeelternschaft umgewandelt wurde. Lediglich zwei Familien, die bereits vorher PatInnen gewesen waren, schafften es, im Anschluss an den Auszug mit dem Kind in Kontakt zu bleiben und weiterhin ein Familienleben, wenn auch mit unterschiedlichen Wohnsitzen, zu führen. Alle anderen ehemaligen Pflegefamilien-

Ich habe keinen Kontakt mehr zu Waris. Meine Tochter hat sie einmal zufällig getroffen, aber das ist bereits zwei Jahre her. Außer einem gegenseitigen »Hallo« gab es laut meiner Tochter keine weitere Kommunikation. (Pflegemutter von Waris)

mitglieder verloren sich danach aus den Augen oder es war der Nachhall des Erlebten so intensiv, dass sich die Beteiligten voneinander zurückzogen.

Bei jenen fünf Burschen, die erst nach sehr langer Zeit von ihren Pflegefamilien wegzogen, wurde die Entscheidung gemeinsam mit dem/der zuständigen SozialarbeiterIn der Kinder- und Jugendhilfe getroffen. Der Veränderung lag ein langwährendes Fehlverhalten der Minderjährigen zugrunde, wobei es sich es sich um Aspekte handelte, die gewöhnlich auch mit vielen anderen Pubertierenden erlebbar sind. Auch diese Minderjährigen hatten ihren »Vergangenheitsrucksack« zu tragen, doch zeigten sie stärkere Resilienzmechanismen als die zweite Gruppe. Alle fünf ehemaligen Pflegefamilien stehen nach wie vor in engem Kontakt mit den Kindern und sehen sich gegenseitig als Familienangehörige.

War der Entschluss, das Familienverhältnis zu beenden, einmal gefasst, konnte es den Eltern oder Kindern oft nicht schnell genug gehen, einen anderen Wohnplatz für den/die Minderjährige/n zu finden. Jene Kinder, für die aufgrund ihres Alters eine Maßnahme der Vollen Erziehung[5] gesetzt wurde, kamen zuerst in ein Krisenzentrum der Kinder- und Jugendhilfe und anschließend in eine Wohngemeinschaft für fremduntergebrachte Kinder. Für jene Jugendlichen, die sich im sogenannten Gastfamiliensystem befanden, da sie über 14 Jahre alt waren und somit über die Grundversorgung finanziert wurden, brauchten wir einen Platz in einer Wohngemeinschaft für UMF. In Zusammenarbeit mit den verschiedenen Einrichtungen und der Abteilung Grundversorgung

5   Die sogenannte Volle Erziehung ist zu gewähren, wenn Eltern bzw. mit der Obsorge in den Bereichen Pflege und Erziehung betraute Personen nicht in der Lage sind, die zum Wohl von Minderjährigen erforderliche Erziehung zu gewährleisten und die Unterstützung der Erziehung durch andere Maßnahmen der Kinder- und Jugendhilfe nicht ausreicht oder ausreichen würde. Minderjährige werden in diesem Fall entweder bei Pflegeeltern oder in sozialpädagogischen Einrichtungen untergebracht.

des Fonds Soziales Wien konnte der Umzug stets schnell organisiert werden.

Die Beendigung der Betreuungssituation war für viele Beteiligte sehr anstrengend. Es blieb oft ein Gefühl des Versagens zurück. Aus der Betreuungsperspektive kann man jedoch sagen, dass diese Kinder sehr viel aus der familiären Unterbringung mitnehmen konnten, speziell Erfahrungen, die viele andere jugendliche Geflüchtete, die nur in Wohngemeinschaften leben durften, in dieser Form nicht machen konnten. Bei Gesprächen mit jungen Menschen, die nicht dauerhaft in der Pflegefamilie geblieben waren, wurde noch nach fünf Jahren stets betont, dass sie sehr viele Einblicke bekommen hatten und sehr viel an Erfahrung aus dem Pflegefamilienkontext für sich mitnehmen konnten.

> Ich habe keinen Kontakt mehr zu Rasoul. Irgendwie kann ich die Zeit mit ihm noch immer nicht ganz einordnen. (Pflegemutter von Rasoul)

Zum harmonischen Zusammenleben in Pflegefamilien lässt sich abschließend sagen, dass die Konstellationen mit Pflegekindern unter 15 Jahren ein wesentlich geringeres Konfliktpotenzial zu Beginn des Pflegefamilienverhältnisses zeigten. Die Minderjährigen waren in diesem Alter noch anpassungsfähiger und konnten sich den Regeln der Pflegefamilien leichter unterordnen. Bei jenen Kindern, die von den Familien wegzogen, waren drei Kinder etwa zwölf Jahre alt, alle anderen waren zumindest 15 Jahre und meist älter.

In zwölf Familien waren jüngere Geschwisterkinder in die Pflegefamilienabbrüche involviert, sie waren mit dem Familienzuwachs wohl zu plötzlich konfrontiert worden. Bei Familien, in denen es Geschwisterkinder im gemeinsamen Haushalt gab, fand aber insgesamt etwas weniger oft ein Auszug statt als bei jenen ohne Geschwisterkinder. Bei AlleinerzieherInnen gab es prozentuell etwas mehr Abbrüche als bei Familien, in denen es zwei Elternteile gab. Da andererseits AlleinerzieherInnen oft sehr harmonische Pflegefamilienverhältnisse lebten, kann nicht davon ausgegangen werden, dass das Gelingen des Pflegefamilienverhältnisses im Zusammenhang mit der Familienform stand. Vielmehr war es abhängig von der psychischen Verfassung des/der Minderjährigen, von der gelebten Kommunikation in der Familie – wobei die

Deutschkenntnisse hier keine übergeordnete Rolle spielten – und von der Bereitschaft, gemeinsame Familienregeln zu verhandeln, aufzustellen und nach ihnen zu leben.

Verbesserungsbedarf in der Familienbegleitung

Das beschriebene Betreuungskonzept war anfänglich mit Sicherheit eines der besten Konzepte für die Begleitung von geflüchteten Minderjährigen in Pflegefamilien, da es sehr umfassend war. Trotzdem wurde Verbesserungsbedarf deutlich. Jeder Verbesserungswunsch geht naturgemäß mit einem erhöhten Finanzierungsbedarf einher, weshalb diese Wünsche bislang nicht zur Gänze umsetzbar waren.

Das größte Defizit sehe ich rückblickend darin, dass Beziehungsabbrüche nicht ausreichend begleitet werden konnten. Nach dem Ende eines Betreuungsverhältnisses in einer Pflegefamilie waren die ehemaligen Familienmitglieder auf sich allein gestellt. Die Pflegekinder wurden in einem anderen Betreuungssetting untergebracht, in dem eine Bearbeitung des Erlebten denkbar, aber auch nicht garantiert war. Pflegeeltern mussten mit ihrem Schmerz über die Abbruchsituation allein umgehen. Hier wäre eine weitere Begleitung sowohl der Eltern als auch der Kinder sinnvoll gewesen. Kein Auszug erfolgte von heute auf morgen und er war fast immer konfliktbehaftet. Oft fehlte die ausreichende Kommunikation über Bedürfnisse, und die Bereitschaft zu gegenseitigem Verständnis hatte sich auf beiden Seiten aufgebraucht, bevor der Schritt zur Beendigung des Familienverhältnisses gesetzt wurde. Solche Situationen führen zu Erschöpfungszuständen. Supervision und Mediation hätten in diesem Fall helfen können, nach einem gefühlten Abbruch einen weiteren gemeinsamen Weg zu ermöglichen. Die (Rück)Entwicklung von einer Pflegefamilie zu einer Patenschaft war emotional schwierig, jedoch lohnend. Ein Auszug bzw. Umzug des Pflegekindes fühlte sich für alle Beteiligten ähnlich an wie ein Beziehungsende mit einem Partner oder einer Partnerin, auch wenn es sich um eine andere Beziehungsebene handelte. Danach freundschaftlich verbunden zu bleiben, sollte bei einer Familienkonstellation das Ziel sein. Auch aus Organisations- und Gesellschaftsperspektive wäre ein besserer Übergang wünschenswert gewesen. Durch negative Erlebnisse sind potenzielle Pflegeeltern verloren gegangen und die Verknüpfung eines gefühlten Scheiterns mit der Nationalität des/der Minderjährigen bestand als zusätzliches Risiko. Lediglich zwei Familien zeigten sich nach dem Auszug ihres Pflegekindes bereit, einen neuen Versuch einer Pflegeelternschaft zu unternehmen.

Ein Aspekt, der dem besseren Gelingen innerhalb einer Pflegefamilie zuträglich wäre, ist ein niederschwelliges Therapieangebot. Viele Geflüchtete haben aufgrund ihrer Vergangenheit Traumata erfahren. Wie sich diese Erfahrungen auswirken, zeigt sich auf sehr unterschiedliche Weisen. Manche Minderjährigen sind sehr resilient, bei anderen führt die Vergangenheit zu psychischen Erkrankungen. Pflegeeltern sind jedoch keine sozialpädagogischen und psychologischen Profis, ihr Angebot an Minderjährige ist eine Beziehung und ein Familienumfeld, in dem sie aufwachsen können. Krisen gibt es in jeder Familie, der Unterschied zu einer UMF-Familie ist jedoch, dass man gewöhnlich gemeinsam von Anfang an in die Situation hineinwächst, eine gefestigte Beziehung aufbaut und die Beteiligten meist ein recht gutes Gefühl dafür haben, was der/die andere aushält. In einer UMF-Pflegefamilie fehlt diese Ebene speziell zu Beginn des Familienverhältnisses, doch sie kann sich mit der Zeit entwickeln. In Krisensituationen aufgrund von psychischen Erkrankungen ist daher weniger emotionaler Rückhalt gegeben. Aus diesem Grund wäre eine therapeutische Begleitung, die über die Familienbetreuung hinausgeht, in einigen Fällen von Vorteil gewesen. Wünschenswert wären Angebote wie Kunst- oder Musiktherapie, um den Minderjährigen den Einstieg in ein therapeutisches Setting möglichst zwanglos zu ermöglichen.

Beim Auftreten akuter Krisen braucht es zeitnah ein weiterführendes (externes) therapeutisches Angebot. Gerade im Akutfall (bei Suizidversuchen) mussten wir erleben, wie von uns begleitete Minderjährige nach einem kurzen Gespräch aus der Kinder- und Jugendpsychiatrie wieder entlassen wurden, da Platzkapazitäten für eine Aufnahme fehlten. Muttersprachliche Therapie, abgesehen von der Bezahlung dafür, ist schwer zu bekommen und oft mit monatelangen Wartezeiten verknüpft. Bis dahin ist die beste Pflegefamilie am Ende bzw. der Beziehungsschaden nicht mehr gutzumachen.

Erfahrungen von Vertrauenspersonen

Der Begriff Vertrauensperson wurde durch KUI initiiert, er hat keine spezifische Grundlage oder Vorgabe, sondern entstand aus der Idee bzw. der Notwendigkeit, Kindern in ihrem Betreuungssetting eine/n für sie adäquate/n AnsprechpartnerIn zu geben und ihre Stimme hörbar zu machen. Der Begriff sollte zum Ausdruck bringen, dass es in der Familienbetreuung jemanden gibt, der/die nur für das in diesem Fall schwächere Glied verantwortlich ist. Auch wenn eine Fachkraft stets die Aufgabe hatte, das Kindeswohl im Auge zu behalten, fehlte es trotzdem an der anfänglichen Kommunikationsmöglichkeit. Die Sprachkompetenz und die gleiche Nationalität der Vertrauensperson sollten den Kindern den Einstieg in ein Vertrauensverhältnis erleichtern. Dieses Betreuungsinstrument wurde vom Großteil der Kinder sehr gut angenommen. Lediglich jede/r Sechste konnte mit diesem Angebot nicht wirklich etwas anfangen. Jene Minderjährigen, die das betraf, konnten sich meist schon sehr gut auf Deutsch verständigen und hatten durch ein vorangegangenes Patenschaftsverhältis zu der Pflegefamilie eine tragfähige Beziehungs- und Kommunikationsbasis. Die Vertrauenspersonen mussten keine speziellen Ausbildungsvoraussetzungen mitbringen. Wichtig war, dass sie belastbar waren, eigene Fluchterfahrung hatten und aufgrund ihrer guten Integration eine Vorbildfunktion einnehmen konnten.

Die Vorgaben für die Vertrauenspersonen waren, dass sie einerseits die Fachkräfte in der Familienbegleitung unterstützen mussten und andererseits dem Kind und der Pflegefamilie helfen sollten, sich als Familie zu finden. Wichtig war, dass es Kontakte zwischen dem Pflegekind und der Vertrauensperson auch außerhalb der Pflegefamilie gab, um das Wohlergehen des Kindes besser kommunizieren und evaluieren zu können. Über gemeinsame Freizeitgestaltung war es möglich, diverse Themen zu bearbeiten und Alltagsprobleme zu besprechen. In manchen Konfliktfällen kam den Vertrauenspersonen eine Erziehungsfunktion zu, wenn interkulturelle Aspekte miteinbezogen wurden, um Missverständnisse zu klären.

Mit Stolz die ersten Schritte beobachten

MOSTAFA NOURI

Vertrauensperson

Als Vertrauensperson hatte ich viele schöne und lustige Erlebnisse mit »meinen Kindern« in Pflegefamilien. Ich war für sechs Kinder zuständig, eine Tätigkeit, die ich nebenberuflich selbstständig erwerbstätig ausgeübt habe. Ich selbst bin ebenfalls als Sechzehnjähriger allein nach Österreich gekommen und habe hier meinen Weg beschritten. Auch wenn ich vor Beginn meiner Tätigkeit als Vertrauensperson erst drei Jahre in Österreich gelebt hatte, konnte ich neben den Sprachkenntnissen viel Eigenerfahrung mitbringen, von der die Kinder und die Pflegefamilien profitieren konnten.

Am schönsten war es für mich zu beobachten, wie die Kinder groß geworden sind und wie sehr sie sich um einen Platz in der Gesellschaft bemüht haben. Beispielsweise habe ich letztens den Jüngsten getroffen; als ich ihn kennengelernt habe, war er erst acht Jahre alt, heute ist er vierzehn und fast einen Kopf größer als ich! Er war ganz stylisch gekleidet und hat sich auf Wienerisch mit mir über seine Erfolge in der Schule unterhalten. Wenn ich mir das anschaue, kann ich nur sagen, dass es sehr schön ist zu sehen, wie Kinder aufblühen, wenn sie im richtigen Umfeld aufwachsen. Sie sind doch Kinder wie alle anderen auch und haben ein Recht auf Liebe und Aufmerksamkeit.

In diesem neuen Projekt mitzuarbeiten, bei dem unbegleitete minderjährige Geflüchtete in Pflegefamilien aufgenommen wurden, war für mich persönlich ein wichtiger Lernprozess und ein wirklich großes Erlebnis. Vorgesehen war ursprünglich, dass ich die Kinder etwa einmal im Monat treffe, sie dazwischen einmal telefonisch und nach Bedarf kontaktiere sowie für die Aufklärung etwaiger sprachlicher Missverständnisse zur Verfügung stehe. Ich war bei Hausbesuchen in den Familien dabei, habe die Kinder außerhalb der Familie getroffen und war im Einsatz, wenn es Konflikte gab.

Ich habe die Kinder sehr oft am Wochenende getroffen. Sie waren häufig, oft auch mehrere gemeinsam, bei mir zuhause auf Besuch. Wir haben afghanisches Essen gekocht und miteinander viel in ihrer Muttersprache geredet. Es hat ihnen sehr gut getan zu sehen, dass sie sowohl österreichisch als auch afghanisch leben dürfen. Nach dem Essen haben wir Karten- und Brettspiele gespielt, was für die Kinder neu und sehr lustig war. Ich habe hier miterlebt, wie die Pflegekinder zunehmend eine bikulturelle Identität entwickelt haben. Wir waren eine gut eingespielte kleine Gemeinschaft und diese Gemeinschaft hat sehr lange ganz intensiv existiert. Was mich sehr gefreut hat, ist, dass die Kinder begonnen haben, sich auch privat ohne mich zu treffen und ihre Freizeit gemeinsam zu verbringen. Lediglich die COVID-Pandemie hat die regelmäßigen Treffen reduziert.

Mit der Zeit haben die Kinder und ich eine vertrauensvolle Beziehung zueinander aufgebaut. Ihre Sorgen waren meine Sorgen und wir haben ihre Erfolge gemeinsam gefeiert. Sie haben mich regelmäßig angerufen, von ihrem Alltag erzählt und davon, wie es ihnen in der Schule ging. Teilweise sind sie zu mir gekommen und wir haben gemeinsam für ihre Prüfungen in der Schule gelernt. Ob es nun Erfolge in der Schule waren oder die Freude, endlich offiziell in Österreich bleiben zu dürfen, das waren die Momente, in denen wir unsere Zeit gemeinsam am besten genießen konnten.

Nach vielen Telefonaten und Treffen haben die Kinder zu mir ein Vertrauensverhältnis aufgebaut. Um das zu erreichen, habe ich in der Anfangszeit fast täglich mit ihnen telefoniert. Sie haben mir neben schönen Dingen auch von ihren Sorgen berichtet, sich über ihre Pflegefamilien beschwert, sie haben mir alle ihre Geheimnisse anvertraut und gleichzeitig nach Ratschlägen gesucht. Manche dieser Geheimnisse der Kinder und was sie alles in ihrer Kindheit erlebt hatten – das war sehr berührend für mich und es hat mich auch sehr beschäftigt. Man kann sicher sagen, dass ich teilweise eine therapeutische Funktion ausgeübt habe, ohne in diesem Bereich ausgebildet zu sein. Das Thema Abgrenzung war hier eine große Sache für mich. Oft ist mir dies nicht so gut gelungen und ich habe die Probleme der Kinder auch tagelang mit mir herumgetragen. Eine regelmäßige Supervision wäre gut gewesen, aber da ich die Tätigkeit selbstständig ausgeübt habe, war das strukturell nicht vorgesehen. Ich habe durch die Teilnahme an vielen Fortbildungen zu den relevanten Themen versucht, meine Kenntnisse zu vertiefen, um sowohl mich als auch die Kinder in sensiblen Situationen schützen zu können.

Dass aus der Vertragsperspektive sehr wenige Arbeitsstunden und eine viel zu kurze Begleitungszeit von ein bis zwei Jahren vorgesehen waren, verursachte für mich die größten Belastungen. Dazu muss ich sagen, dass ich viel mehr Zeit mit den Pflegekindern verbracht habe als angedacht war. Hätte ich nicht eine Vielzahl von Stunden und Tagen zusätzlich ehrenamtlich investiert, wäre ich ein Fremder für die Kinder geblieben.

Je länger und intensiver ich mit den Kindern in Kontakt bleiben durfte, desto erfolgreicher war ich in der Sache. Für jene beiden Kinder, die verhältnismäßig früh aus der Pflegefamilie ausgezogen sind, konnte ich nicht wirklich ein Role Model sein. Für die anderen vier war ich wie ein großes Vorbild, ohne mir diese Position selbst ausgesucht zu haben, wenngleich es mich doch sehr freute, eine so wichtige Rolle in ihrem Leben spielen zu dürfen. Mein größtes Ziel war eine gut gelungene Integration für die Pflegekinder. Ich glaube, dabei war ich auch erfolgreich.

Meine Schwächen waren meine Emotionen und am Anfang meine mangelnden Kenntnisse darüber, was mich in dieser Tätigkeit genau erwarten würde. Mit der Zeit habe ich gelernt, dass ich doch nicht alles ändern kann. Je nach Bedarf war ich 24/7 für die Kinder da. Bis heute werde ich von den Kindern und den Pflegefamilien kontaktiert, wenn sie Hilfe brauchen. Ich mache das, weil mir die Kinder wichtig sind.

Rückblickend kann ich sagen, dass es keine einfache Aufgabe ist, eine Pflegefamilie zu sein. Es gibt so viele Höhen und Tiefen, Streit und gemeinsames Lachen, aber insbesondere so viele Momente, auf die man später mit Stolz zurückblicken kann. Ich freue mich, dass ich daran teilhaben konnte.

Die Arbeit mit neu ankommenden Kindern und die Aufgabe, sie während ihrer ersten Schritte in der österreichischen Gesellschaft zu begleiten, waren für mich so aufregend, als wäre ich ein junger Vater gewesen. Ich konnte »meine Kinder« beobachten, als sie ihre ersten Schritte gemacht haben. Ich bin dieser Tätigkeit als Vertrauensperson sehr gerne nachgegangen und bin sehr stolz auf »meine Kinder«.

Durch meine Tätigkeit habe ich entdeckt, dass ich gut darin bin, mit Kindern zu arbeiten und dass ich bei ihnen besonders authentisch rüberkomme. Dieser Entdeckung bin ich nachgegangen und bin heute Freizeitpädagoge in einer Schule.

Ein Spagat zwischen Helfen und Abgrenzung

ZAKIA SALEHI

Vertrauensperson

Meine Tätigkeit als Vertrauensperson bei KUI habe ich aufgenommen, als ich gerade mit dem Studium begonnen hatte. Es war somit meine erste echte Erfahrung in der Arbeitswelt. Meine Aufgaben bestanden darin, zu dolmetschen, interkulturelle Unterschiede zu erklären und eine Vertraute für die Pflegekinder zu sein.

Dankbarkeit
Am Anfang stellte ich mir die Arbeit sehr einfach und unkompliziert vor: Wir würden das Kind der Pflegefamilie vorstellen und nach einer Kennenlernphase würde das Kind von der Pflegefamilie aufgenommen werden, sofern beide Seiten dies wollten. Ich hatte auch die Vorstellung, dass es nach der Aufnahme des Kindes in der Familie keine wirklichen Probleme geben würde, da ich überzeugt war, dass das Kind aufgrund der Möglichkeit, nun in einer österreichischen Familie zu leben, so dankbar und glücklich sein musste, dass es gar nicht auf die Idee kommen konnte, die Pflegefamilie zu provozieren oder zu enttäuschen. Mit dieser Vorstellung war ich nicht allein; auch einige Pflegeeltern hatten wohl diese Er-

wartung, wie ich im Laufe der Zeit festgestellt habe. Insbesondere bei den älteren Pflegekindern hatte ich an einen entscheidenden Punkt nicht gedacht, nämlich dass es sich um Jugendliche handelte, die sich eben genau wie pubertierende Teenager verhielten.

Das wurde für mich vor allem bei dem Geschwisterpaar Mina und Malisha ganz deutlich. Die beiden waren sechzehn und siebzehn Jahre alt, somit noch mitten in der Pubertät. Die vielen Streitigkeiten zwischen den beiden Schwestern und die noch fehlende gemeinsame Sprache mit der Pflegemutter waren an sich bereits größere Schwierigkeiten. Es stellte sich als längerer Prozess heraus, bis insbesondere die jüngere der beiden Schwestern bereit war, sich in das neue Familiengefüge einzugliedern – sie war es gewöhnt, daheim als »Prinzessin« behandelt zu werden. Wie junge Menschen in dem Alter nun mal sind, waren die beiden sehr auf ihr Äußeres bedacht: Sie wollten sich schminken, oft die Haare waschen, lange Haare haben und lange außer Haus bleiben. Die Pflegemutter war hier ein ganz anderer Typ und daher strikt gegen die teilweise dreistündigen Badezimmeraktivitäten. Vielleicht fehlte ihr die entsprechende Jugenderfahrung oder die Gelassenheit zu der Thematik, aber ich wurde von den Mädchen mit Aussagen der Pflegemutter kontaktiert, wie etwa, dass sie sich die Haare kürzer schneiden sollten, da das häufige Haarewaschen eine Wasserverschwendung sei.

In den vielen Sitzungen, in denen das Team von KUI versuchte, mit der Familie die Konflikte zu lösen, wurden mehrere Aspekte auf den Tisch gelegt: Die Pflegemutter brachte zum Ausdruck, dass sie die beiden Mädchen aufgenommen hatte, um ihnen dabei zu helfen, sich zu selbstständigen, starken und unabhängigen Frauen zu entwickeln, und dazu gehören Schminken oder Haareglätten eben nicht. Sie erwartete von den Mädchen jedoch auch Dankbarkeit und gehorsames Verhalten. Mina, die ältere der beiden, konnte sich mit der Situation besser arrangieren, sie war schon vorher bzw. in der Heimat jene gewesen, die im Haushalt mithalf, und das setzte sie in Österreich fort. Sie freute sich am Anfang auch sehr über die Aktivitäten mit der Pflegemutter, wollte schwimmen gehen oder anderen Freizeitaktivitäten nachgehen. Malisha hingegen war es aus der Heimat gewöhnt, weniger tun zu müssen, war einerseits direkt abhängig von ihrer Schwester und zeigte der Älteren ständig, dass sie sie ablehnte. Ähnlich empfand auch die Pflegemutter, schottete sich jedoch zunehmend gegenüber den Befindlichkeiten der Mädchen ab. Schließlich beschwerten sich die beiden Mädchen, dass die Pflegemutter eine kalte Person sei, die keine Zuneigung und zu wenig Verständnis für ihre Bedürfnisse zeigte. Für die beiden war klar, dass sie in eine andere Familie wollten, eine Wohngemeinschaft kam nicht in Frage. Wir sahen auf beiden Seiten Fehlverhalten, aber schlussendlich überwog bei mir das Verständnis für die Mädchen, speziell da sie sich zunehmend bemühten, den Wünschen der Pflegemutter gerecht zu werden.

Die Frage der Dankbarkeit hat mich sehr lange beschäftigt. War es richtig oder falsch, von den Pflegekindern Dankbarkeit in einem Ausmaß zu verlangen, dessen endgültiges Ergebnis (bedingungslose) Gehorsamkeit bedeuten würde? Wenn dieser Ansatz richtig wäre, dürften sich die Pflegekinder gar kein Fehlverhalten erlauben, denn dies würde zu Ärgernissen und Enttäuschungen in der Pflegefamilie führen. Im Fall von Mina und Malisha hätten die beiden Mädchen auf die, vielleicht pubertär übertriebene, Pflege ihres Äußeren verzichten müssen.

Die Aussagen der Pflegemutter über die fehlende Dankbarkeit der Mädchen für die von ihr angebotene Unterstützung habe ich immer noch in lebhafter Erinnerung. Ich sah schnell ein, dass diese Einstellung nicht adäquat war. Man kann von den Kindern nicht erwarten, dass sie nichts tun, was die Pflegeeltern ärgern oder enttäuschen könnte.

Die meisten Kinder waren grundsätzlich dankbar, dass sie in einem fremden Land eine Familie gefunden hatten, doch die Pflegefamilien sollten auch nicht vergessen, dass es sich insbesondere bei den älteren Pflegekindern um junge Menschen handelt, deren Verhalten einem manchmal das Leben ordentlich schwer machen kann. Dieses Verhalten war und ist kein Zeichen für Undankbarkeit oder für fehlende Wertschätzung gegenüber der Pflegefamilie.

Auch die Vorstellung mancher Pflegeeltern, dass afghanische Mädchen nun ohnedies in Österreich mehr Freiheiten hätten als in einer afghanischen Familie und daher eine gewisse Unterordnung ihrerseits zu erwarten wäre, fand ich unrichtig und hat jedenfalls zu vermehrten Problemen in den Familien geführt.

Wie zu befürchten war, funktionierte das Zusammenleben von Mina und Malisha mit der Pflegefamilie nicht lange. Nach einer kurzen Krisenunterbringung in einer anderen Familie, bei der in diesen zwei Wochen alles problemlos lief, zogen die beiden Mädchen in eine Wohngemeinschaft. Meines Wissens konnten sie mit der lockereren Struktur der Wohngemeinschaft besser umgehen, obwohl der Wunsch nach einer Pflegefamilie anfangs so intensiv gewesen war. (Anmerkung: Den beiden wurde schließlich Asyl gewährt, beide Mädchen haben heute je eine eigene Wohnung und absolvieren eine Lehre.)

Vertrauen

Ein wesentlicher Teil meiner Tätigkeit bestand darin, eine Vertraute für die Pflegekinder zu sein. In dieser Funktion unternahm ich mit ihnen monatlich eine Aktivität außerhalb der Pflegefamilie. Da konnten die Kinder mit mir offen über ihren Alltag in der Pflegefamilie, aber auch über ihre Sorgen und Probleme sprechen. Die Bezeichnung Vertrauensperson bedeutete natürlich nicht, dass die Kinder mir automatisch vertrauten. Vielmehr musste *ich* erst ihr Vertrauen gewinnen bzw. verdienen. Dies erreichte ich vor allem dadurch, dass ich ihnen viel über mich, über meine Familie und mein Leben in Österreich erzählte. Es war auch wichtig, den Kindern zu erklären, dass unser Team keine Vertretung staatlicher Behörden war. Im Rahmen eines Gesprächs mit der zwölfjährigen Halima erfuhr ich zum Beispiel, dass sie extreme Angst gehabt hatte, als sie von der Pflegemutter erfuhr, dass Katharina Glawischnig und ich die Pflegefamilie demnächst besuchen würden.

Nachdem wir eine Vertrauensbasis aufgebaut hatten, erzählten mir die Kinder/Jugendlichen sehr viel über ihr Leben, über ihre Familie in Afghanistan und über die Fluchtgründe. Oft gestanden sie mir auch, aus Not oder aus diversen anderen Gründen gelogen zu haben. Es gab zum Beispiel des Öfteren Ungereimtheiten in ihren Erzählungen über die Flucht oder ihr Alter. Während der gemeinsamen Gespräche mit der Pflegefamilie erkannte ich relativ schnell, wann die Pflegekinder nicht die Wahrheit erzählten. Ich sprach diese Aspekte nicht in Anwesenheit der Familie an, sondern erst, wenn ich mit den Kindern allein war. Meistens erzählten sie mir dann auch die Wahrheit und dies brachte mich oft in einen Gewissenskonflikt. Einerseits erzählten sie mir etwas Vertrauliches und andererseits wusste ich auch, dass die Pflegeeltern nicht angelogen werden wollten. Das Weitererzählen wäre jedoch ein Vertrauensbruch gegenüber den Pflegekindern gewesen. Ich leitete daher alles, was ich im Rahmen der persönlichen Gespräche erfuhr, an die jeweils für die Familie zuständige Fachkraft weiter, und wir überlegten gemeinsam, wie wir dieses Dilemma im Sinne aller Beteiligten lösen konnten, ohne dass dabei jemand das Gesicht verlor.

Für einige Mädchen geriet ich zunehmend in die Rolle einer großen Schwester. Sie wendeten sich mit Fragen zu allen möglichen Themen an mich. Zum Beispiel wollten sie von mir wissen, welche Sonnencremes oder Schminkprodukte für sie geeignet wären, ob die Haare zu färben tatsächlich so schädlich ist, wie immer gesagt wird, oder sie baten mich, die Pflegemutter zu überreden, sie über das Wochenende nicht ins Ferienhaus mitzunehmen. Sie nützten auch die Gelegenheit, ihren Unmut über diverse Abläufe im Alltag der Pflegefamilie kundzutun.

Ab und zu merkte ich auch, dass sie von mir Unterstützung wollten, um für sie wichtige Entscheidungen treffen zu können. Sie fragten mich zum Beispiel, wie ich mich gefühlt hatte, als ich das Kopftuch abgelegt hatte. Ich erzählte ihnen, dass ich nie ein Kopftuch getragen hatte, konnte ihnen aber auch von meiner Mutter erzählen, die es in Afghanistan verwendet hatte. Als wir im Rahmen der Familienzusammenführung zu unserem Vater nach Österreich kamen, meinte er, meine Mutter bräuchte das Kopftuch nun nicht mehr. Das bestärkte die Mädchen darin, dass sie kein schlechtes Gewissen haben mussten, wenn sie sich vom Kopftuch trennten, solange es ihre eigene Entscheidung war. Es war für sie auch gut zu hören, dass es afghanische Männer gibt, die das Ablegen des Kopftuchs befürworteten. Zu der Zeit, als ich mit den Mädchen in intensiverem Austausch stand, entschieden sich alle dafür, ihre Haare zu zeigen und selbstbewusst ohne Kopftuch zu gehen.

Herausfordernd war für mich jedenfalls, mit jenen Mädchen Kontakt zu halten, die nicht kommunikativ und sehr introvertiert waren. Die Begeisterung für gemeinsame Aktivitäten war weniger groß, die Gespräche wurden eher einseitig durch mich geführt. Trotzdem denke ich, dass es für sie gut war, zu sehen und zu spüren, dass es eine ältere »Freundin« gab, die sich um sie bemühte und ihnen ein Vorbild war.

Krisenintervention und Abgrenzung

Die Zeit bei KUI war für mich teilweise sehr belastend und schwierig. Es gab viele Kriseninterventionen und Telefonate zu fast jeder Uhrzeit. Angesichts von Sprachbarrieren begleitete ich einige Kinder auch zu ihren Terminen beim Psychiater. Im Rahmen von Arztterminen, Psychotherapieeinheiten und Krisensitzungen erfuhr ich sehr viel über ihre Vergangenheit und ihre Schicksale. Viele dieser Jugendlichen waren Opfer physischer und psychischer Gewalt. Manche von ihnen hatten nie ein harmonisches Familienleben kennengelernt oder kannten keinerlei Zuneigung, Wertschätzung oder Liebe von Seiten ihrer leiblichen Eltern. Die größte Belastung für mich persönlich war das Dolmetschen beim Psychiater. In vielen Fällen konnte ich mich nicht professionell verhalten und schaffte es nicht, lediglich das Gesagte zu übersetzen. Ich wurde nämlich beim Hören der Schicksale der Jugendlichen sehr schnell emotional und so kam es öfters vor, dass ich die Tränen nicht mehr zurückhalten konnte.

Es gab ein Mädchen, Zafira, das im Leben alles erlebt hatte, was einen Menschen grundsätzlich seelisch zerbricht. Sie hatte eine traumatische Kindheit, wurde von ihrem Vater und insbesondere von ihren gewalttätigen Halbbrüdern oft geschlagen und schließlich von der gesamten Familie verstoßen, weil sie einen Freund hatte. Eines Tages, als sie schon in Wien war, landete sie wegen akuter Suizidgefahr im Krankenhaus. Die Krankenhausbesuche kann ich bis heute nicht vergessen. Einerseits wollte ich sie besuchen und versuchen ihr zu helfen, andererseits fühlte ich mich nicht stark genug dafür. Ich musste weinen, als ich sie in diesem Zustand im Bett liegen sah, und empfand es als Schwäche, dass ich meine Emotionen nicht besser kontrollieren konnte. In meinen Augen wäre es wichtig gewesen, stark zu sein und das Mädchen nicht durch meine Anteilnahme zu belasten.

Weiters fiel es mir schwer, die Arbeit vom Privatleben zu trennen. Die Krankenhausbesuche und generell die Schicksale der Jugendlichen beschäftigten mich in meinem Privatleben sehr intensiv weiter. Ich musste aber lernen, mich gegenüber den Schicksalen der Jugendlichen abzugrenzen. Hierbei half mir insbesondere meine Kollegin Petra Rothner; sie hatte immer ein offenes Ohr für mich. Sie musste sich des Öfteren nicht nur um die Pflegefamilien kümmern, sondern auch noch um mich.

Nicht nur Petra Rothner, auch das gesamte Fachpersonal war immer sehr verständnisvoll und hilfsbereit bezüglich jener Dinge, die mich beschäftigten bzw. mich betrafen. So überzeugte mich zum Beispiel meine Chefin Katharina Glawischnig, dass es in Ordnung war, nicht immer erreichbar zu sein, da ich mich anfangs doch verpflichtet fühlte, zu jeder Zeit für die Pflegekinder da zu sein.

Erfahrungen

Die positiven Erfahrungen und die schönen Erlebnisse bei KUI sind für mich dennoch in der Überzahl. Wir unternahmen sehr viele Freizeitaktivitäten mit den Kindern, und das hat unsere Arbeit schöner und leichter gemacht. Hier lernte ich die anderen Pflegekinder kennen, auch jene, die ich nicht betreute, wodurch ich ein besseres Gesamtbild von der Arbeit erhielt.

Die Tätigkeit bei KUI gab mir die Möglichkeit, insbesondere jungen Frauen aus meinem Heimatland zu helfen. Ich bin zum Großteil in Österreich aufgewachsen, hier in die Schule gegangen und kenne somit beide Kulturen. Oft sah ich mich als Brücke zwischen den Kulturen. Mir war wichtig, den Kindern, aber auch den österreichischen Familien zu zeigen, dass eine Koexistenz beider Kulturen und Lebensformen möglich ist. Ich brachte den Pflegefamilien die afghanische Kultur näher und erklärte ihnen bestimmte Traditionen. Gleichzeitig lernte ich selbst viel über österreichische Lebensweisen und die Kultur, was in meiner eigenen Schulzeit vielleicht ein bisschen kurz gekommen ist.

Das Schönste war wohl, dass ich sowohl von den Mädchen als auch von den Jungen so akzeptiert wurde, wie ich war, denn ich entsprach definitiv nicht dem Frauenbild so mancher konservativer AfghanInnen.

Im Rahmen der Familienbegleitung beeindruckte mich die Bereitschaft vieler Pflegefamilien, die Kulturen, Traditionen und Werte der Kinder näher kennenzulernen, um sie besser zu verstehen. Auch die Tatsache, dass es keine Beleidigungen oder abwertenden Äußerungen über die Kultur und Herkunft der Pflegekinder und umgekehrt gab, war eine positive Erfahrung. Natürlich gab es auch Ausnahmen wie zum Beispiel die Pflegemutter von Mina und Malisha, die ab einem gewissen Punkt nur noch rassistisch und intolerant war, sodass ich mich bei ihren Aussagen bereits selbst persönlich angegriffen fühlte. Solche Fälle waren zum Glück eine Seltenheit.

Schließlich hat mich meine Tätigkeit dazu motiviert, mein Studium zu wechseln; ich stieg von Politikwissenschaften auf Rechtswissenschaften um. Die Überlegung, Rechtswissenschaften zu studieren, hatte ich schon in meinem letzten Schuljahr gehabt, mich aber letztlich dagegen entschieden, weil die Sorgen, dabei nicht zu bestehen, zu groß gewesen waren. Es war schließlich meine Chefin bei KUI, die mir die Angst nahm und mich überzeugte, dass ich das Studium schaffen würde. Dafür bin ich ihr dankbar, denn ohne diese Gespräche hätte ich mich wohl nicht getraut, meine Studienrichtung zu ändern. Heute stehe ich kurz vor dem Abschluss und bin gespannt, ob es mich wieder in den Asylbereich ziehen wird oder ich eine andere juristische Richtung einschlagen werde.

Erfahrungen der Wiener Kinder- und Jugendhilfe im Fachbereich Pflegekinder

MARTINA REICHL-ROSSBACHER

Wiener Kinder- und Jugendhilfe –
Leitung Fachbereich Pflegekinder

Der Fachbereich Pflegekinder mit dem Referat für Adoptiv- und Pflegekinder (RAP) in der Wiener Kinder- und Jugendhilfe ist in ganz Wien für die Überprüfung der Eignung von Pflegepersonen zuständig, sei es im Bereich der Krisenpflege, der Pflege oder der Adoption. Drei Pflegekinderzentren an unterschiedlichen Standorten sind jeweils für mehrere Bezirke mit der Betreuung und Begleitung von Pflegepersonen, Pflegekindern und deren leiblichen Eltern betraut. Ein weiteres Aufgabengebiet ist u. a. der Schulungs- und Fortbildungsbereich für Pflegeeltern.

Die Ankunft zahlreicher unbegleiteter minderjähriger Geflüchteter in Österreich in den Jahren 2015 und 2016 war für die Wiener Kinder- und Jugendhilfe eine besondere Herausforderung. Die Überlegung, sie in Pflegefamilien unterzubringen, wurde gemeinsam mit der asylkoordination österreich, einer in diesem Bereich erfahrenen NGO, sehr rasch in die Praxis umgesetzt. Neben Informationsabenden für Interessierte wurde von den Sozialarbeiterinnen des RAP sowohl ein Schulungsprogramm als auch ein Instrumentarium zur Überprüfung der Eignung entwickelt, das möglichst effizient sein sollte und dennoch der Kinder- und Jugendhilfe die Möglichkeit geben sollte, den gesetzlichen Auftrag zu erfüllen. Dieser besteht vor allem darin, bei zukünftigen Pflegeeltern die Beweggründe für diesen Schritt und ihre persönlichen Voraussetzungen und Fähigkeiten zu untersuchen und zu ermitteln, ob sie ein Kind bzw. eine/n Jugendliche/n mit traumatisierenden Fluchterfahrungen gut begleiten und betreuen können. Gespräche und Schulung mussten so gestaltet sein, dass die künftigen Pflegeeltern genügend Information und Einblick erlangen konnten, um für sich abschätzen zu können, ob sie sich wirklich darauf einlassen wollten.

Bereits im September 2015 organisierte der Fachbereich Pflegekinder gemeinsam mit der asylkoordination österreich drei äußerst gut besuchte Informationsabende für Interessierte, die einen Jungen oder ein Mädchen aufnehmen wollten. Für jene Personen, die sich letztendlich für die Aufnahme eines Kindes entschieden, wurde die Überprüfung ihrer Eignung in die Wege geleitet.

Ausbildungscurriculum

An zwei jeweils dreitägigen Schulungen sollten die neuen Pflegeeltern einen Überblick und ausreichend Informationen über ihre zukünftige Tätigkeit erhalten sowie auch die Möglichkeit haben, wichtige Bereiche und Informationen durch interaktive Prozesse auf verschiedenen Ebenen zu erfassen. Die Vortragenden konnten dabei mit ihrer beruflichen Erfahrung zu den Themen Islam und Auseinandersetzung mit anderen Kulturen viel beitragen. Durch die Schilderungen eines jungen Mannes über seine Fluchterfahrung und sein Leben in Wien konnten die TeilnehmerInnen einen guten Eindruck davon gewinnen, was eine Flucht und das Verlassen der bekannten Systeme und Strukturen bedeuten können.

Welche Gründe bewegten die Menschen, ein geflüchtetes Kind oder eine/n Jugendliche/n bei sich aufzunehmen?

Viele Pflegeeltern hatten bereits einen Bezug zur Flüchtlingshilfe. Sie wollten einem geflüchteten Kind eine Familie anbieten, mit der Option, dass es, wenn die eigene Familie nachkommt, wieder zu ihr zurückkehren kann. Andere wollten einfach nicht tatenlos zusehen, wie Kinder und Jugendliche, die in ihrem Heimatland in Familien lebten und diese nun aufgrund der Ereignisse verlassen mussten, in der Fremde ohne Anschluss an eine Familie in einer Wohngemeinschaft leben mussten.

Das Matching – nicht ohne Partizipation der Jugendlichen

Das Matching, die Vermittlung eines Pflegekinds mit einer Familie oder Einzelperson, ein Kernbereich des Fachbereichs

Pflegekinder, bedeutete für uns Fachkräfte in dieser Situation, völlig neues Terrain zu betreten. Die bis dahin gewohnten und auf fachlichen Aspekten aufgebauten Vermittlungskriterien – wie etwa die Vorgabe, dass das Pflegekind das jüngste Kind in der Familie sein soll, oder auch die Einbindung der Eltern in das Vermittlungsgeschehen – konnten hinsichtlich des Alters der Kinder und deren Hintergrund nicht immer vollständig umgesetzt werden. Teils war von vornherein klar, dass die Jugendlichen die Ältesten in der Pflegefamilie sein würden, da es vielfach jüngere Kinder oder fast gleichaltrige Geschwisterkinder in der Pflegefamilie gab. Andere Paare oder Einzelpersonen konnten nicht auf ausreichende gelebte Erfahrung im Umgang mit Kindern bzw. Jugendlichen zurückgreifen. Wir fragten uns auch, ob die Jugendlichen überhaupt in einer »fremden« Familie ohne Sprachkenntnisse leben wollten. Aber sie belehrten uns eines Besseren. Denn es zeigte sich sehr rasch, dass sich die Jugendlichen das Leben in einer Pflegefamilie wünschten, sowohl um schneller die Sprache zu erlernen als auch um in einem gewohnten familiären Umfeld aufwachsen zu können. Um ihnen eine Vorstellung davon zu vermitteln, was es bedeutet, in einer Pflegefamilie zu leben, wurde mit ihnen mittels DolmetscherIn das Thema Pflegefamilie ausführlich erörtert. Die Vorbereitungen dafür, dass ein Kind bzw. ein/e Jugendliche/r dann tatsächlich eine Pflegefamilie kennenlernen konnte, wurden von den SozialpädagogInnen und SozialarbeiterInnen der Regionalstellen in gemeinsamen Gesprächen getroffen. Denn viele unbegleitete Kinderflüchtlinge wurden nach der ersten Phase des Ankommens bereits in Wohngemeinschaften, in speziellen Einrichtungen für Minderjährige oder in Krisenzentren betreut. Klar war jedoch, dass nicht nur die präsumtiven Pflegeeltern ein gewichtiges Wort mitzureden hatten, sondern allen voran die Jugendlichen selbst. Ohne ihre Einbindung und Mitentscheidung wäre eine Vermittlung nicht möglich gewesen.

Die meisten Jugendlichen, die von Seiten des RAP zu Pflegepersonen vermittelt wurden, waren zwischen 12 und 16 Jahre alt und vorwiegend männlich. Viele von ihnen waren aus Afghanistan gekommen, einige wenige aus Syrien. Ihr Sprachverständnis sowie ihre schulische Vorbildung waren zum Zeitpunkt des Kennen-

lernens der Pflegepersonen recht unterschiedlich. Die SozialpädagogInnen erstellten ausführliche Beschreibungen der Jugendlichen,
damit im Vorfeld schon möglichst geeignete Pflegepersonen aus-
gewählt werden konnten.

Konnten sich Pflegepersonen auf Grundlage der Beschreibungen einen Jungen oder ein Mädchen als potenzielles Familienmitglied vorstellen, kam es zu einem ersten Kennenlernen zwischen
Familie und Pflegekind, im Beisein des vermittelnden Sozialarbeiters
oder der Sozialarbeiterin und des zuständigen Sozialpädagogen
oder der Sozialpädagogin und meist auch mit Dolmetscherunter-
stützung. Gerade für die Jugendlichen war es unheimlich wichtig,
im Vorhinein zu wissen, wie die Verhältnisse in der Familie waren,
wo die Familie in Wien lebte und ob sie Zugang zum Internet
haben würden. Verlief das Kennenlernen für beide Seiten gut, dann
folgten weitere persönliche, meist in den Familien stattfindende
Kontakte. Sehr rasch kam es in der Folge zu Übersiedlungen aus
der Betreuungseinrichtung in die Familien.

Natürlich kam es bei einigen Jugendlichen nach dem Kennenlernen und den ersten Kontakten auch zu Absagen, weil sie sich
schließlich doch keinen Umzug in die Pflegefamilie vorstellen
konnten oder auch mit den Ansprüchen oder Haltungen, den
Regeln, die die Pflegefamilie vorgab, nicht einverstanden waren.
Manches Mal funktionierte auch die gegenseitige Verständigung
mit den in der Pflegefamilie lebenden leiblichen Kindern nicht.

Gelingen eines Pflegeverhältnisses

Eine gute Begleitung und Betreuung nach der Vermittlung ist
für das Gelingen eines Pflegeverhältnisses von enormer Wichtigkeit.
Dieses Wissen haben wir in jahrelanger Erfahrung aus den positiv
angenommenen Begleitungen und Betreuungen von herkömmlichen Pflegeverhältnissen gewonnen. Positive Verläufe von Pflegeverhältnissen sind stets eine gute Werbung, mit der neue Pflegeeltern
motiviert werden sollen. Damit eine umfassende Betreuung gelingt,
waren verschiedene Voraussetzungen zu erfüllen. Die Wiener Kin-
der- und Jugendhilfe übernahm die hoheitlichen Aufgaben wie die
Pflegeaufsicht, die Bearbeitung der Anträge für das Pflegekindergeld
und sonstige finanzielle Aufwendungen. Darüber hinaus brauchte

es BetreuerInnen, die sich mit dem Asylbereich auskannten, und ebenso muttersprachliche Begleitung für die Jugendlichen, um von Beginn an Missverständnisse im Bereich von Kultur- und Sprachproblemen auszuschließen. Allen Fachkräften war und ist das Gelingen der Pflegeverhältnisse besonders wichtig, kennzeichnet es doch den Erfolg unserer täglichen Arbeit. Hier konnte der Verein KUI der Wiener Kinder- und Jugendhilfe zwei wichtige Voraussetzungen anbieten. Zum einen gab es für die Pflegepersonen BetreuerInnen, die im Asylbereich sehr erfahren waren, zum anderen konnte der Verein auf muttersprachliche UnterstützerInnen, sogenannte Vertrauenspersonen zurückgreifen, die die Sprache und die Kultur der Jugendlichen gut kannten. Damit war gewährleistet, dass alle Beteiligten alle notwendigen Informationen erhielten. Zum Beispiel war es für die Jugendlichen wichtig, dass sie in der Toilette eine Wasserflasche stehen lassen konnten, um sich so, wie sie es gewohnt waren, zu reinigen. Darüber konnte allerdings nicht offen gesprochen werden, da es einen sehr intimen Themenbereich berührte.

Die FamilienhelferInnen unterstützten die Pflegepersonen im Vorfeld von Gerichtsterminen, bei der Beantragung der Familienbeihilfe, beim Umgang mit der Herkunftsfamilie, aber auch bei akuten Problemen und Unsicherheiten. Selbstverständlich waren auch die fallführenden SozialarbeiterInnen miteinbezogen, wenn sich Probleme verstärkten. Zusätzlich bot der Verein KUI Freizeitveranstaltungen an und es gelang sehr rasch, dass sich die Pflegepersonen und die Jugendlichen miteinander vernetzten.

Alle Familien erlebten die Jugendlichen als große Bereicherung in ihrem Alltag, zumal viele dieser jungen Menschen ausgesprochen höflich sind und einen sehr respektvollen Umgang pflegen. Aber verständlicherweise kam es aufgrund von Fluchterfahrungen der Jugendlichen auch zu sehr traumatischen Zusammenbrüchen, die einige Familien an den Rand ihrer Belastbarkeit brachten. Doch waren die BetreuerInnen von KUI auch abends präsent und versuchten, wo nötig zu kalmieren und problematische Situationen zu lösen.

Nach dem Ausnahmejahr 2015 traten im Jahr 2016 aufgrund diverser internationaler Vorfälle und der negativen Berichterstattung sehr starke Veränderungen im Bereich der Willkommenskultur ein. 2016 konnten wir erstmalig eine umfassende Fortbildung für die SozialarbeiterInnen unserer Pflegekinderzentren anbieten und auch in zwei Bundesländern wurden zwei Seminare mit dem Ziel des Erfahrungsaustauschs abgehalten. Allerdings gelang es nicht einmal mehr, eine kleine Anzahl an Pflegepersonen für die Aufnahme von minderjährigen Geflüchteten zu finden.

Die vorgegebenen Kurzschulungen konnten im Jahr 2016 kaum mehr umgesetzt werden. Der Andrang vieler Interessentinnen und Interessenten ging rasch zurück. Ebenso blieb das Interesse an Informationsveranstaltungen aus. Die wenigen, die 2016 stattfanden, waren mehr schlecht als recht besucht.

Wohl gelang es 2016 noch, 23 Kinder bzw. Jugendliche in Pflegefamilien unterzubringen, die weitere Nachfrage blieb jedoch vollkommen aus. Mittlerweile waren die Jugendlichen in regulären Wohngemeinschaften angekommen, einige wünschten sich nach wie vor eine Familie, da sie sich in einem Familienverband mehr Geborgenheit erhofften.

Welche Erkenntnisse haben wir aus dieser Zeit gewonnen?

Auch wenn aus unserer Perspektive 2016 das Interesse quasi völlig versiegt ist, so haben wir doch wertvolle Erkenntnisse gewinnen können. Dort, wo die Jugendlichen in ihren Familien gut versorgt und behütet waren, gelang das Zusammenleben in der neuen Familie trotz unterschiedlicher Familienregeln und kultureller Unterschiede ganz gut. Wohl gab es auch Auseinandersetzungen, etwa was das Frauenbild betrifft, aber es gelang ein Zusammenwachsen auf der Grundlage von gegenseitigem Respekt.

Dort, wo Jugendliche bereits in ihrem Heimatland vielen Entbehrungen ausgesetzt waren und auch kaum Schulbildung erhalten hatten, war das Zusammenleben oft recht turbulent und führte häufig zu einer früheren Beendigung des Pflegeverhältnisses.

Allen Familienkonstellationen war gemeinsam, dass die lange Zeit der Verunsicherung über den Asyl- oder Aufenthaltsstatus den Pflegefamilien und Jugendlichen viel Kraft raubte und zusätzlich zu den Alltagsproblemen – wie der Eingewöhnung in ein vollkommen neues Schulsystem, der Auseinandersetzung mit anderen Jugendlichen oder sprachlichen Herausforderungen – für große Spannungen sorgte.

Wenn auch die verschiedenen Verhältnisse in der Größenordnung von 2015 seither ausgeblieben sind, so haben wir ein Kursprogramm im Rahmen der Eignungsüberprüfung und ein Handbuch zur Vorbereitung von Pflegepersonen über das Projekt *FAB* (*Fostering Accross Borders*) erarbeitet und eine Menge an positiven Erfahrungen gewonnen.

Pflegeelternsupervision – Erfahrungen aus der Gruppe

ANETTE CHRIST-HOHMANN

*klinische Psychologin und Gesundheitspsychologin,
Psychotherapeutin, Klientenzentrierte Psychotherapie*

Im Jahr 2016 entschloss sich das Institut für Erziehungshilfe (IfE), für Pflegeeltern, die sich für die Aufnahme eines unbegleiteten minderjährigen Flüchtlings entschieden, Supervisionsgruppen anzubieten. Das IfE ist eine psychotherapeutische Einrichtung, die unter anderem für bedürftige Familien in Wien seit über 70 Jahren Elternberatung und tiefenpsychologisch fundierte Kinder- und Jugendlichentherapie bereitstellt. Auch die Betreuung von Pflegeeltern im Auftrag der Kinder- und Jugendhilfe ist ein Kernthema, mit dem sich das IfE seit langem befasst. Allerdings handelt es sich hier um Eltern, die Kinder im Alter von bis zu sechs Jahren aufnehmen. Es war uns bewusst, dass die Herausforderungen bei den Supervisionsgruppen mit UMF-Pflegeeltern anders gelagert sind, da das Alter ihrer Pflegekinder, die teilweise bereits Jugendliche waren, höher war und damit ganz andere Entwicklungsaufgaben zu bewältigen waren. Auch unterscheiden sich die Erwartungen von Pflegeeltern an geflüchtete Jugendliche von jenen, die Pflegeeltern Babys und Kleinkindern gegenüber hegen – ebenso wie die von geflüchteten Jugendlichen gegenüber ihren Pflegeeltern sich von denen junger Kinder unterscheiden. Die Pflegeeltern von UMF hatten zum Großteil eigene Kinder, die zum Teil schon erwachsen oder im Teenageralter waren. Damit hatten sie bereits einen gewissen Erfahrungsschatz hinsichtlich der Bedürfnisse und der Erziehung von Kindern bzw. Jugendlichen. Jedoch bekamen diese Kinder ein bereits »großes« Geschwisterkind, das sie nicht im Heranwachsen von klein auf begleitet hatte, sondern das schon mit eigenen Sozialisationserfahrungen in ihre Familie kam. All diese Überlegungen wurden diskutiert. Aber da an unserem Institut außer umfangreicher Expertise im Bereich der Pflegefamilien auch viel Erfahrung in der Beratung und Psychotherapie von Eltern sowie Kindern und Jugendlichen vorhanden ist, entschlossen wir uns, unser Supervisionsangebot zu erweitern.

Die 14-tägige Betreuung in einer bis zu acht TeilnehmerInnen zählenden Gruppe wurde bald auf ein monatliches Intervall umgestellt, da die Familien – abgesehen von unserer Supervision – auch andere Unterstützungsmaßnahmen durch den Verein KUI erhielten. Die Teilnahme war freiwillig und bald wurde eine zweite Gruppe in einem weiteren IfE-Institut eingerichtet. Die Gruppen lösten sich im Jahr 2020 schließlich auf, da die ehemals Jugendlichen erwachsen geworden waren.

Jugendliche und junge Erwachsene in ihren Familien

Kommen Kinder in die Pubertät, treten zahlreiche Veränderungen auf, die Verunsicherung bei ihnen und in ihrem Umfeld hervorrufen. Neben und durch die physischen Entwicklungen ergeben sich psychische und soziale Folgen.

In dieser Phase lösen sich Kinder aus dem Elternhaus, da die Peergroup an Bedeutung gewinnt und die Moral, das Wissen, die Lebensformen der vorhergehenden Generation(en) in Frage gestellt werden. Sie entwickeln eine eigene Identität, sind nicht mehr nur »das Kind von …«, sondern definieren sich durch neue Musikvorlieben, eigene politische Ziele, Lebensstile, Mode oder Ähnliches. In dieser Ablösungsphase entstehen oft Spannungen. Einerseits fällt es Eltern schwer, ihre »Kinder« loszulassen, weil sie ihnen noch nicht die nötige Reife zutrauen. Auch ist ihre Aufgabe in der Kindererziehung, die sie über viele Jahre begleitet hat, zu Ende; die Eltern müssen sich neue Betätigungsfelder suchen und ihre familiären Beziehungen neu ordnen. Anderseits ist diese Phase des Erwachsenwerdens auch mit Gefahren verbunden, da Jugendliche auch daran scheitern können. Wie verwundbar Jugendliche sind, zeigen die Zahlen der DrogenkonsumentInnen, der psychischen Erkrankungen, der riskanten Lebensformen und der Suizide, die in dieser Lebensphase zunehmen und später wieder sinken.

Jugendliche müssen die Möglichkeit haben, neue Lebenserfahrungen ohne die ständige Überwachung durch die Eltern zu erwerben. Aber sie sollen auch die Erfahrung machen, dass sie durch ihre neue Eigenständigkeit nicht verstoßen werden, sondern bei Bedarf ihre Eltern kontaktieren, von ihnen Unterstützung und Halt bekommen können. Das heißt für die Eltern, dass sie sich in einem ständigen Wechsel zwischen Loslassen und Haltgeben befinden, und für die Jugendlichen, dass sie in einem Spannungsverhältnis sind zwischen dem Sammeln eigener Erfahrungen und der Möglichkeit, zurück ins vertraute Nest kommen zu können. Sukzessive sollte die Entwicklung in mehr Eigenständigkeit auf beiden Seiten münden. Die Eltern sollten wieder verstärkt ihre Eigeninteressen in den Mittelpunkt rücken, die »ehemaligen Kinder« hingegen ihr eigenes Leben gestalten sowie soziale (finanzielle) und psychische Unabhängigkeit von den Eltern erreichen.

Die Situation geflüchteter Jugendlicher

Jugendliche, die sich getrennt von ihrer Herkunftsfamilie auf der Flucht bzw. in einem anderen Land befinden, können die Erfahrung des sukzessiven Ablösens nicht machen. Sie müssen sich oft in wenigen Stunden oder Tagen verabschieden. Selbst wenn es schon länger »im Raum steht«, dass sie fliehen müssen, ist es oft nicht klar, wann, unter welchen Umständen und mit wem. Eltern und Jugendliche erleben extreme Verunsicherung, die mit Verlustängsten, Ängsten vor dem Neuen, aber auch vor dem, was kommt, wenn man bleibt, mit Schuld und Scham einhergehen.

Als Supervisionsgruppe haben wir uns auch mit der Rolle der leiblichen Eltern von Minderjährigen beschäftigt, die sich entschließen, eines oder mehrere ihrer Kinder auf die Flucht zu schicken. Sie müssen tief verzweifelt sein. Sie erleben in ihrem Land zu wenig Sicherheit, um ihren Kindern eine Zukunft zu bieten, sie erleben körperliche Bedrohungen, Ausgrenzungen, soziale Benachteiligungen. Oft sind es ganz reale Bedrohungsszenarien, der gewaltsame Tod eines nahen Verwandten, Drohungen, dass ihre Söhne rekrutiert werden. Sie haben den Wunsch, ihre Kinder in Sicherheit zu wissen, und hoffen darauf, dass, sofern sie es schaffen, in einem anderen Land Fuß zu fassen, sie selbst von ihnen unterstützt werden können. Sie empfinden aber auch Schuld, dass sie ihre Kinder wegschicken, auf eine gefährliche Flucht und in ein ihnen unbekanntes Land. Eine der Pflegemütter sagte über ihre gutbegabte und extrovertierte Pflegetochter, dass die leiblichen Eltern gespürt haben müssen, dass ihre Tochter es in einem anderen Land schaffen kann, sich eine Zukunft aufzubauen, dass sie aber im eigenen Land als Frau wenig Chancen hatte oder sogar wegen ihrer Begabungen mit Repressionen rechnen musste. Das Gefühl, den eigenen Kindern nicht den entsprechenden Schutz gewähren zu können, um im Heimatland eine Zukunft zu haben, erzeugt Scham, Schuld, Wut und Verzweiflung. Oft finden die Eltern keine Worte dafür, sie sind zu sehr mit den eigenen Gefühlswirren beschäftigt, haben Angst, noch mehr zu verunsichern, und sind mit den realen Aufgaben des täglichen Überlebens genug gefordert. Es bleibt wenig Zeit für Fragen nach der Befindlichkeit. Die Jugendlichen werden daher nicht selten ohne viele Erklärungen losgeschickt.

Fluchterfahrungen und Trauma

Die meisten geflüchteten Minderjährigen haben eine lange, traumatisierende Fluchterfahrung hinter sich. Unter Trauma versteht man ein Ereignis, bei dem man selbst oder eine andere Person, die man beobachtet, Todesangst oder Angst vor körperlicher oder psychischer Bedrohung hat und dem man ausgeliefert ist. Psychologisch betrachtet, ist unser Gehirn mit dem Abspeicherungsvorgang überfordert, wir befinden uns in Alarmbereitschaft, alle Sinne sind auf das Überleben gerichtet. Die Eindrücke, die in diesen Situationen aufgenommen werden, kommen in der Folge oft unangemeldet, mit Gefühlen von damals über uns, als sogenannter Flash-back. Menschen können selbst in sicheren Situationen in ein Gefühlschaos geraten und heftig reagieren. Typischerweise sind traumatisierte Menschen extrem reizempfindlich, mögen laute, plötzliche Geräusche nicht, können schlecht mit unkontrollierbaren Situationen umgehen. Sie schlafen schlecht, ziehen sich zurück, meiden Situationen, die sie an die traumatisierenden Erlebnisse erinnern.

Für die Familien, die Kinderflüchtlinge aufgenommen haben, heißt das, dass sie damit rechnen mussten, dass die ihnen anvertrauten Jugendlichen nicht auf dieselbe Weise am Leben teil-nehmen, wie es vielleicht die eigenen Kinder in dem Alter getan haben oder tun. Es ist nicht nur die Sorge um die zuhause ge-bliebene Familie und das schlechte Gewissen aufgrund der Tat-sache, dass es ihnen jetzt besser geht, die es erschweren, sich im neuen Land wohlfühlen zu dürfen. Es ist auch die Traumatisie-rung, die sie dazu veranlasst, sich zurückzuziehen und Bekanntes in Form von Kontakten zur Herkunftsfamilie und (ebenfalls ge-flüchteten) Landsleuten vorzuziehen.

Umgang mit Trauma in den Pflegefamilien

In den Supervisionsgruppen war es öfter Thema, dass die Pflegeeltern ihr Leben gerne mehr mit den Jugendlichen geteilt hätten. Die Angebote, gemeinsam Urlaub zu machen, ins Kino zu gehen, zu Familienfeiern mitgenommen zu werden, waren da. Es war auch wichtig, den Jugendlichen immer mitzuteilen, dass sie bei gemeinsamen Aktivitäten willkommen waren, um ihnen das Gefühl der Zugehörigkeit zu geben. Gleichzeitig mussten die Pflegeeltern verstehen, dass eine Zurückweisung von gut gemeinten Aktivitäten nichts mit einer Ablehnung ihrer Person oder Fami-lie zu tun hatte, sondern anhand ebendieser Befindlichkeiten zu erklären war.

Um mit Traumatisierungen umzugehen, bedarf es des Wis-sens über Belastungsreaktionen, die Traumata auslösen können, und viel Geduld. Die Flash-backs werden durch sogenannte Trig-ger (Erinnerungen an das Trauma) ausgelöst und es entstehen Sinneseindrücke wie beim Trauma selbst. Die Trigger sind oft nicht dem Trauma direkt zuordenbar, sie können aus Gerüchen, Geräuschen, Farben etc. bestehen. Manche Trigger sind offensicht-lich, manche hingegen weniger leicht zuzuordnen. So berichtete beispielsweise eine Pflegefamilie, dass ihr Familienhund bei dem Pflegekind Angst auslöste, die über den normalen Respekt vor Hunden hinausgeht. Hunde leben in den Ländern, aus denen die Geflüchteten stammen, oft wild und bedrohen Menschen. Und es wurde an den Grenzen und im Landesinneren mit Hunden pa-trouilliert, was von den Menschen, die auf der Flucht waren, als Bedrohung wahrgenommen wurde.

Wahrheitsfindung?

Ein Thema, das in den Supervisionsgruppen häufig auftauchte, war das Thema »Wahrheitsfindung«. Ohne Zweifel erlebten die Jugendlichen in ihrer Heimat bedrohliche Situationen, die die Eltern bzw. sie selbst zur Flucht veranlassten, denn keiner verlässt wohl freiwillig seine Heimat. Während der Fluchtsituation, oder auch schon davor, werden die Betroffenen instruiert, welche Angaben am ehesten eine Chance auf Asyl schaffen. Bei den ersten Befragungen stehen die Jugendlichen oft noch unter Schock, sind von den Fluchterlebnissen beeinflusst, machen bewusst oder unbewusst falsche Altersangaben, sagen aus, dass nahe Verwandte entführt, bedroht oder ermordet wurden. Erst, wenn sie sich halbwegs in Sicherheit fühlen, nicht mehr das Gefühl der täglichen Bedrohung haben, können Reflexionsprozesse eingeleitet werden. Langes Warten auf die Erteilung eines Aufenthaltsstatus ist auch deshalb nachteilig, weil die Betroffenen in ständiger Anspannung leben und mit dem möglichen Absichern ihrer Situation befasst sind, sich also nicht mit der Aufarbeitung der Ereignisse befassen können, die sie in diese Situation gebracht haben. Solange sie sich nicht in Sicherheit befinden, wird eine ständige Retraumatisierung, auch durch Befragungen, ausgelöst, weil keine Sicherheit vorhanden ist. Die Wahrscheinlichkeit eines erneuten Auftretens der traumatisierenden Erlebnisse ist nicht gebannt.

In den Pflegefamilien, in denen die Jugendlichen zunehmend besser Deutsch lernten und sich nach und nach auch in ihren persönlichen Geschichten den Familien anvertrauten, entstanden oft Fragen und Verwirrung über widersprüchliche Angaben. Dies betraf Alter, Familienangehörige, Herkunft, Ausbildung und (traumatische) Erlebnisse. Für die Pflegefamilien war es wichtig anzuerkennen, dass die Jugendlichen ihre Angaben oft unter extremem Stress (in Erstaufnahmezentren) gemacht haben, wo sie von den Ereignissen überfordert waren (sie wurden nach den Fluchtrouten gefragt, hatten aber selbst keine Landkarte über ihre Flucht im Kopf oder jemals eine gesehen) und die auch durch Übersetzungsfehler oder Doppelbotschaften entstanden. Zum Beispiel wurde hinsichtlich des Geburtsdatums bei Unklarheit immer der 01. 01. eines Jahres als Angabe notiert, entweder, weil das tatsächliche

Datum nicht erfragt oder nicht ausreichend kommuniziert wurde. Später wurde der Feststellung des »wahren Alters« viel Aufmerksamkeit gewidmet und die jungen Menschen wurden häufig beschuldigt, sich jünger gemacht zu haben, um noch in den Genuss der Rechte von minderjährigen Geflüchteten zu kommen. Auch die Pflegeeltern litten drunter, wenn ihnen etwa von anderen Eltern im Sportverein unterstellt wurde, ihr »großgeratenes Kind« habe in der U-14 nichts mehr zu suchen, da würde doch ein körperlicher Vorteil entstehen, der nicht zu rechtfertigen sei. Hier muss man sich schon fragen, wie es zu erklären ist, dass ein willkürliches Geburtsdatum von offizieller Stelle verliehen wird und dieser Vorgang später dem/der Jugendlichen zum Vorwurf gemacht wird.

Die meisten Pflegefamilien versuchten, keinen Druck auf die Kinder und Jugendlichen auszuüben, was »ihre Geschichte« betraf. Aber für die weiteren Einvernahmen und den Verbleib in Österreich war es wichtig, eine stringente, nachvollziehbare Erklärung der Fluchtnotwendigkeit vorbringen zu können. Viele Pflegeeltern berichteten über hohe Anspannung vor diesen Terminen, sowohl bei den Jugendlichen als auch bei ihnen selbst. Für die Pflegefamilien waren die Bindungen zu »ihrem/r Jugendlichen« gewachsen und eine Abschiebung, auch wenn sie nur hypothetisch im Raum stand, rief auch bei den Eltern und Geschwistern Ängste hervor. In der Supervisionsgruppe bekam das Thema Raum, auch um auf das Schlimmste gefasst sein zu können und der Angst etwas entgegenzusetzen, indem darüber gesprochen wurde. Teils wurde über Ideen berichtet, die aus echter Verzweiflung entstanden und wenig Aussicht auf Erfolg gehabt hätten. Aber es gab auch sehr konstruktive Pläne, wie zum Beispiel, dass mit dem Abschluss einer Ausbildung und einem finanziellen Polster in einem benachbarten Land des Herkunftslandes eine Werkstatt oder ein Betrieb aufzubauen wäre. Oder dass durch die erworbenen Sprachkenntnisse im Handel, Tourismus etc. eine Möglichkeit des Arbeitens im Herkunftsland entstehen könnte. Die Pflegefamilien bezogen sich in diese Fantasien meist mit ein; sie wollten im Fall des Falles die Jugendlichen weiterhin aus der Ferne unterstützen. Bei allen mir bekannten Familien gab es schließlich einen Aufenthaltsstatus, der den Verbleib des/der Minderjährigen dauerhaft in Österreich sichert.

Bedeutung der Herkunftsfamilien

Die Jugendlichen pflegten den Kontakt zur Herkunftsfamilie über Telefon und Videotelefonie. Viele Pflegeeltern berichteten, dass es schwierig für sie war zu beobachten, wie die leiblichen Eltern ihre Kinder aus der Ferne beeinflussten. Sie machten die Beobachtung, dass die Jugendlichen durch die Informationen, die sie von den zuhause Gebliebenen bekamen, verunsichert wurden, sich nach Telefonaten oft zurückzogen, wenig gesprächsbereit waren. Die Jugendlichen erfuhren bei den Telefonaten über die Ängste, Befürchtungen und Bedrohungen der zuhause Gebliebenen und konnten aufgrund der räumlichen Distanz nichts für ihre leiblichen Familien tun. Die leiblichen Eltern hatten wohl oft die Hoffnung, die Jugendlichen könnten ihnen helfen. Viele Jugendliche behielten die Sorgen für sich und öffneten sich erst zögerlich und mit zunehmendem Sprachverständnis gegenüber den Pflegeeltern. Es war viel Fingerspitzengefühl in diesen Gesprächen gefragt, bei denen die Jugendlichen voller Sorge um die Verwandten waren und man ihnen gleichzeitig klarmachen musste, dass sie langfristig ihren Familien nur helfen können, indem sie zunächst auf ihre Ausbildung und ihre Integration achteten. Es war auch stets eine weise Entscheidung, den Pflegefamilien ausdrücklich davon abzuraten, die leiblichen Familien finanziell zu unterstützen. Dadurch entstehen andernfalls Erwartungen und Abhängigkeiten, die eine ungute psychische Dynamik produzieren, die sich auf längere Sicht als sehr destruktiv erweisen kann.

Es muss aber immer wieder betont werden, dass der Kontakt zu den leiblichen Familien für die Jugendlichen von immenser Bedeutung war. Auch wenn es viel Leid und Ängste in die Pflegefamilien hineinbrachte, so war es doch wichtig, dass die Jugendlichen wussten, was im Heimatland mit ihren Angehörigen passierte. Ansonsten hätten sich Fantasien entwickeln können, die noch mehr belasten. Werden Ängste und Wut auf die Mitmenschen projiziert, kann das ein gutes Miteinander unmöglich machen. Die Pflegeeltern mussten die »Konkurrenz« zulassen. Hier war mitunter die Hilfe eines/einer Dolmetscher/in gefragt, der/die eine Brücke zwischen leiblichen Eltern und Pflegeeltern bauen konnte. Manche Spannung löste sich etwa nach einem Telefonat auf, bei dem die

Elternpaare sich per Videotelefonie sehen konnten, plötzlich ein Bild voneinander hatten und Dinge persönlich ansprechen konnten. Die Pflegeeltern berichteten davon, dass die meisten leiblichen Eltern sehr erleichtert waren zu wissen, dass ihr Kind eine Ersatz-Familie gefunden hatte, eine Ausbildung absolvieren konnte und in Sicherheit war.

Ankommen in der neuen Familie

Wenn Menschen ihre gewohnte Umgebung verlassen und in einer neuen heimisch werden (müssen), ist die erste Zeit von hoher Anpassungsbereitschaft geprägt. Die sozialen Beziehungen werden noch nicht als verlässlich empfunden und müssen erst vorsichtig erkundet werden. Erst wenn die Sicherheit da ist, dass die Beziehungen gefestigt sind und auch einen Konflikt aushalten, traut man sich, andere Ansichten und Bedürfnisse zu artikulieren. So war es auch in den Pflegefamilien. Die anfängliche Zeit des harmonischen Miteinanders wurde, als sich die Jugendlichen in den Familien schon besser integriert hatten, auch mit typischen Familienkonflikten belastet. Das betraf die Mithilfe im Haushalt, die Schulvorbereitungen, Handykonsum, den Umgangston, Geschwisterrivalitäten usw. Zwar halfen den Pflegeeltern die Erfahrungen, die sie mit eigenen Kindern bereits gemacht hatten. Trotzdem ist es ein Unterschied, ob man ein Kind seit seiner Geburt kennt und begleitet oder ob es erst später zur Familie stößt. Das äußerte sich darin, dass die Pflegeeltern nicht dieselbe Sicherheit im Auftreten verspürten wie gegenüber den eigenen Kindern.

Manche Eltern berichteten darüber, dass die Jugendlichen wenig Kontakt zu den »neuen« Vätern suchten. Eine Erklärung mag sein, dass in den afghanischen Familien die Mütter traditionell präsenter in der Erziehung sind und als die Zuständigen wahrgenommen werden. Aber es wurde auch berichtet, dass Männer eher als gewaltbereit angesehen und deshalb mit mehr Vorsicht beäugt wurden.

Die »neuen« Mütter hatten eine große Bandbreite an Rollenzuschreibungen abzudecken bzw. auch zu klären. Für viele Minderjährige waren sie die ersten Ansprechpartnerinnen, wenn es um

Sorgen und Nöte ging (es gab auch alleinerziehende neue Väter, hier waren sie selbstverständlich der erste Ansprechpartner). Viele Frauen waren berufstätig und jonglierten zwischen Job und Familie. Sie mussten sich immer wieder abgrenzen und klären, dass sich Frauen in unserer Kultur nicht allein über die Familie definieren und stärker ihren eigenen Interessen und Bedürfnissen nachgehen können. Im familiären Kontext eine andere Verteilung der Aufgaben kennenzulernen, war für die Jugendlichen eine wichtige Erfahrung. Sie konnten selbst erleben, wie die Aufteilung der Erwerbstätigkeit, aber auch der Hausarbeit zwischen ihren neuen Eltern geregelt wurde.

Abschließende Bemerkungen

Das Fazit der Supervisionsgruppe ist durchaus positiv. Es nutzten nicht alle Eltern die Gruppe, aber es entstand mit der Zeit ein Kern von Personen, die sehr regelmäßig kamen und den Austausch und das gemeinsame Reflektieren sehr schätzten. Die Hilfsbereitschaft untereinander war groß, auch korrigierende Erfahrungen wurden eingebracht, um manch verfahrene Situation bewältigen zu können.

Der Beitrag, den die Familien zur Integration der unbegleiteten minderjährigen Flüchtlinge leisteten, ist gewaltig. Auch wenn nicht alle Beziehungen glücklich auseinandergingen, so hatten beide Seiten doch die Möglichkeit, voneinander zu lernen. Und manche Jugendlichen und Pflegeeltern näherten sich nach einer »Auszeit« auch wieder auf einer anderen Ebene an, die weniger intensiv, aber dauerhaft war. So wie das auch bei den leiblichen Kindern oft der Fall ist.

Schlussfolgerungen

KATHARINA GLAWISCHNIG

Rückblickend betrachtet war und ist die neu geschaffene Form der Unterbringung von geflüchteten Kindern und Jugendlichen in Pflegefamilien ein großer Erfolg. Einerseits, da systemische Änderungen vorgenommen und damit eine neue Betreuungsform eingeführt wurde, und andererseits, da sehr viele Personen von diesen neuen Möglichkeiten profitiert haben:

- Viele geflüchtete Minderjährige fanden eine neue Heimat und wurden von autochthonen Familien aufgenommen, die ihre Herzen und Türen öffneten.
- Es entstanden Chancen für junge Menschen, die Jahre zuvor noch für unmöglich gehalten wurden.
- Es wurden Brücken zwischen Kulturen und Religionen gebaut, die nicht mehr eingerissen werden können.
- Es konnten Träume verwirklicht werden, die andernfalls bereits beim Aussprechen verstummt wären.
- Das Leid von geflüchteten Kindern wurde gemindert.
- Schrecken der Vergangenheit wurden bearbeitet und Resilienzmechanismen gefunden.
- Integration fand in einem bislang kaum bekannten Ausmaß und einer beispiellosen Intensität statt.
- Viele Lebenswege nahmen eine positive Wendung.
- Kinderrechte wurden geachtet und eine Gleichstellung zwischen geflüchteten und autochthonen Minderjährigen erwirkt.
- Es fanden sich viele neue Familien, die ihren Lebensweg nun gemeinsam beschreiten.

Auch wenn die vorangegangenen Kapitel nicht nur Schönes zu berichten wussten, so liegt dies nicht zuletzt daran, dass die Erfahrungsberichte aus der Betreuung und Begleitung durch die resultierende Arbeitstätigkeit dort intensiver waren, wo Heraus-

Ich muss sagen, dass die Aufnahme von Ahmed sehr gewinnbringend war, weil es eine Chance war, jemanden, den man sonst nie so kennengelernt hätte, in seiner Familie zu haben. Wir sind bereits eine multikulturelle Familie, trotzdem sehr österreichlastig, und es war etwas Besonderes, hier noch eine Kultur dazuzubekommen und somit in unser Leben zu integrieren. Auch auf der Gefühlsebene war es sehr bereichernd. Natürlich ist es etwas anderes als ein Baby als Pflegekind aufzunehmen, das fühlt sich wahrscheinlich doch mehr wie ein eigenes Kind an. Trotzdem ist Ahmed sehr wichtig für mich, er sagt Mama zu mir, auch wenn es immer etwas anders bleibt als bei unserem eigenen Kind. (Pflegemutter von Ahmed)

forderungen bestanden und der Einblick in die Familienfreuden weniger Platz einnahm.

Nach den beiden allgemeinen Kapiteln veranschaulichte das Kapitel »Aufnahme eines Kindes und weiterführende Begleitung« die Herausforderungen in diesem Bereich. Es sollte aufzeigen, worauf man achten sollte, und dafür sensibilisieren, in welchen Fällen die Unterbringung eines Kinderflüchtlings in einer Pflegefamilie sinnvoll ist und wann eine andere Betreuungsform adäquater erscheint. Es sollte auch Lösungsmöglichkeiten skizzieren und mit der Thematik befassten Personen Anstöße zur Reflexion bieten. Im Kapitel »Erfahrungen von Vertrauenspersonen« gaben die AutorInnen Einblicke in ihre spezifischen Tätigkeiten. Dieses neue Begleitinstrument für geflüchtete Minderjährige brachte eine neue Interventionsform im Bereich der Kinder- und Jugendhilfe hervor. Abseits der professionalisierten Unterstützung erhalten Schutzbedürftige AnsprechpartnerInnen, die sie als ihresgleichen ansehen können, die als Vorbilder fungieren und ihnen in einer herausfordernden Zeit zur Seite stehen. Trotzdem heben sie sich von ehrenamtlichen UnterstützerInnen ab.

Auch in der Kinder- und Jugendhilfe fanden Veränderungen statt. Vorhandene Strukturen wurden angepasst; für zukünftige Entwicklungen stehen nun Prozessabläufe bereit (siehe S. 117ff.). Sich gegenseitig zu helfen, sich auszutauschen und mit Ideen und Rat einander zur Seite zu stehen, war ein wichtiger Aspekt, den Pflegefamilien in Austauschgruppen und bei Supervisionseinheiten erleben konnten (siehe S. 125ff.).

Bei der Evaluation nach nunmehr sechs Jahren brachte ein Großteil der Befragten ein hohes Maß an Dankbarkeit zum Ausdruck. Jene Familien, die die Gelegenheit gehabt hatten, eine tragfähige Beziehung aufzubauen, äußerten sich retrospektiv positiv, selbst wenn die gemeinsame Wohnsituation weniger lang angedauert hatte, als sie es ursprünglich erwartet hatten. Jene Personen, bei denen dies nicht der Fall war, reagierten entweder nicht auf Kontaktversuche oder äußerten sich dahingehend, dass sie sich mit der Thematik nicht weiter befassen wollten, ein Aspekt, der zukünftig besser bearbeitet werden sollte.

In der Pubertät ist bei Jugendlichen vieles im Umbruch, sie beginnen, ihre eigene Welt aufzubauen. Diese Lebensphase unterscheidet sich bei geflüchteten und autochthonen Minderjährigen nicht und es konnte vorkommen, dass die von Pflegeeltern erhoffte Dankbarkeit von Seiten der Minderjährigen ausblieb, obwohl man ihnen sehr viel Gutes angedeihen ließ. Aus der Familienbegleitung und dem Erleben des Familiengefüges aus der Distanz kann jedoch deutlich gesagt werden, dass die Pflegekinder die Dankbarkeit, auch wenn sie nicht so deutlich verbalisiert wird, jedenfalls verspüren.

Jedes Projekt ist ein Lernprozess. Die neue Form der Unterbringung von geflüchteten Minderjährigen in Pflegefamilien hat Zukunft. Adaptierungen in den Bereichen Auswahl, Schulung, Vermittlung und Begleitung werden zukünftig die Qualität verbessern. Auch die Erfahrungen aus der Vergangenheit werden dazu beitragen, gut vorbereitet neue Wege zu beschreiten.

> Wenn ich gedanklich die Zeit zurückdrehe – ja, ich würde Emran, ohne mit der Wimper zu zucken, nochmals aufnehmen. Natürlich möchte ich ihn in meinem Leben nicht missen, er ist mein Sohn und somit nicht ersetzbar. Ob ich die Kraft hätte, erneut ein Kind aufzunehmen, kann ich nicht sagen. Jedenfalls ist es manchmal gut, wenn man nicht weiß, wie hoch der Berg ist, auf den man gerade steigt. (Pflegemutter von Emran)

> Dankbarkeit darf man sich keine erwarten, man braucht auch nicht zu glauben, dass man unbedingt etwas Gutes tut. Eine/n UMF aufnehmen sollte man dann, wenn man *etwas tun* möchte, mehr darf man sich von dieser Tätigkeit nicht erwarten. (Pflegemutter von Umida)

Der zweite Teil des Buchs enthält die gesammelten Erfahrungen von 18 AutorInnen aus 16 Familien, die sich die Zeit genommen

Ich würde Ahmed sofort nochmal als Pflegekind nehmen, vielleicht nicht ganz so unvorbereitet. Es war eine wirklich gute Erfahrung, trotzdem kann ich mir nicht vorstellen, noch einmal mit einem anderen Kind neu zu beginnen. Ich würde das Ahmed gegenüber nicht fair finden, er braucht uns immer noch. (Pflegemutter von Ahmed)

haben, ihre Geschichte niederzuschreiben. Damit bieten sie Einblicke in ihr Leben mit den neuen Familienmitgliedern und stellen auch für zukünftig Interessierte mehr Vorbereitungsmaterial zur Verfügung.

TEIL 2
FAMILIENGESCHICHTEN

Der Mut hat sich gelohnt

Pflegemutter von Fawad

Es ist ein wunderschöner Sommertag 2021. Für uns ist es einer der schönsten Tage seit Mai 2017, dem Zeitpunkt, an dem Fawad, ein siebzehnjähriger geflüchteter Afghane, Mitglied unserer Familie wurde. Wir feiern den erfolgreichen Abschluss seiner Ausbildung an der Handelsschule. Drei intensive Jahre lang hat er, nach einem Übergangsjahr, in dem er den Hauptschulabschluss nachholte, alle Hindernisse überwunden, um nun – im Anzug und mit einem strahlenden Lächeln – in der Reihe jener Jugendlichen zu stehen, die es geschafft haben.

Als Fawad einige Jahre zuvor am Ende seiner Flucht in Österreich angekommen war und hier – es war der Silvestertag – überall lautes Krachen hörte, hatte er Angst bekommen, dass wohl auch im friedlichen Österreich schwere Unruhen herrschten, wie er mir später erzählte. Zum Glück war die Sorge unbegründet. Nach kurzer Zeit im Flüchtlings-Erstaufnahmezentrum Traiskirchen kam Fawad in ein Containerdorf am Rande Wiens, wo ich ehrenamtlich Deutschunterricht abhielt und ihn dabei kennenlernte: einen freundlichen, lernbegierigen und außerordentlich höflichen Jugendlichen.

Woche für Woche begegneten wir uns im Unterricht, bis schwere gesundheitliche Probleme ihn an einer weiteren Teilnahme hinderten. Es sollte Monate dauern, bis eine definitive Diagnose erstellt werden konnte und eine Überstellung in eine Unterbringung angestanden wäre, in der man seinen Bedürfnissen besser gerecht werden hätte können. Eine Übersiedlung hätte möglicherweise bedeutet, dass Fawad seine Freunde im Camp, Bekannte aus der Umgebung und nicht zuletzt auch den Kontakt zu mir und damit auch ich ihn aus den Augen verloren hätte.

Wir waren beide unendlich traurig und ich dachte, dass es doch einen anderen Weg geben musste. Eine Nacht noch wollte

ich darüber schlafen, dann rief ich bei der Kinder- und Jugendhilfe an, im Referat für Adoptiv- und Pflegekinder. Ich wurde auf
den Verein KUI und Katharina Glawischnig hingewiesen, die ich
sofort kontaktierte. Meinen Entschluss, Fawad als Pflegekind aufzunehmen, setzte Katharina Glawischnig (ich darf sie ohne Über-
treibung meine »Retterin in Not« nennen, so verzweifelt war ich
damals) zielstrebig um und ebnete für uns sämtliche Behördenwege. Wir werden ihr und dem Team ewig dafür dankbar sein!

Seitdem Fawad eingezogen ist, essen wir täglich gemeinsam
zu Abend, erzählen uns, wie der Tag war, welche Laus uns über
die Leber gelaufen ist und welche Highlights wir erlebt haben.
Wir freuen uns, dass wir gelegentliche Meinungsverschiedenheiten schnell klären können und
das Zusammenleben so harmonisch ist. Gemeinsam wird der
Alltag organisiert, die Arbeit in
Haus und Garten erledigt, jeder
weiß, wo er anpacken kann. Unglaublich, wieviel Fawad schon in
Kinderjahren gelernt hat: Putzen,
Kochen, Nähen, Wäschewaschen,
alle möglichen Dinge reparieren.
Ich hätte nie gedacht, dass jemand
in so jungem Alter schon so viele Fertigkeiten erworben haben
könnte.

> Ich denke, dass es bei uns so gut funktio-
> niert hat, weil wir sehr viel miteinander
> reden, wir besprechen alles. Wir bringen
> einander sehr viel Respekt entgegen,
> das ist für mich zentral. Es gibt keine
> Geheimnisse. Ich bin davon überzeugt,
> dass das Gelingen auch daran liegt, dass
> es gefühlsmäßig passt, dass die Chemie
> stimmt. (Fawad)

Kümmerte ich mich anfangs noch um die schulischen, be-
hördlichen und medizinischen Belange, so regelt er mittlerweile
seine Angelegenheiten selbst, vereinbart selbstständig Termine und
spricht beim Arzt oder bei Behörden allein vor. Während meiner
Abwesenheiten kümmert er sich um Haushalt, Post, Blumengießen
und alles, was sonst noch zu tun ist. Das ist im Vergleich zu den
vier Jugendlichen, die ich in früheren Jahren während ihres Aus-
landsjahrs aufgenommen habe, ein riesengroßer Unterschied in
puncto Selbstständigkeit und Verantwortungsbewusstsein.

Fawad hat zu meiner gesamten Großfamilie ein ausgezeichnetes
Verhältnis, er hilft mit, wo er kann, und zeigt besonders unserer Oma gegenüber sehr viel Geduld und Einfühlungsvermögen.

Mein zweijähriges Enkelkind liebt ganz besonders seine Späße und sein Interesse an Autos und Maschinen. Die beiden können sich stundenlang miteinander amüsieren.

Seinen alten Vater, der nach dem Tod der Mutter als letztes Familienmitglied in Afghanistan verblieben ist, kontaktiert er regelmäßig. Die Umstände in seinem Heimatland versetzen Fawad immer wieder in große Angst. Auch die finanzielle Unterstützung, die er ihm zukommen lassen muss, da der Vater nicht mehr in der Lage ist, zu arbeiten, verlangt Fawad große Sparsamkeit und Geduld ab. Seinen Traum, einmal irgendwo ein kleines Häuschen zu besitzen, auf das er eisern spart, muss er derzeit noch aufschieben.

Die psychischen Auswirkungen von jahrelangem Leben unter traumatisierenden Umständen sowie jene der Flucht zeigen sich dennoch immer weniger. Er wurde seit der Aufnahme in unsere Familie zunehmend ruhiger, zuversichtlicher und wirkt jetzt insgesamt weniger belastet. Musste ich ihn anfangs noch ermutigen, allein in ein Geschäft zu gehen, um eine Winterjacke zu probieren, so sind die Ängste, vom Verkaufspersonal womöglich herabgewürdigt und verjagt zu werden, verschwunden. Fawad hat in den letzten Jahren im Kontakt mit Menschen und durch seine schulischen Erfolge immer mehr Selbstvertrauen und Mut gefasst und weiß heute, dass er als Mensch und angehender Techniker sehr geschätzt wird.

> Ich bin glücklich, dass ich in die Pflegefamilie gekommen bin. Bei all den Schwierigkeiten, die ich hatte, war ich so froh, wieder eine Familie zu haben, die mich unterstützt, und sogar einen Bruder und eine Schwester. Die Geborgenheit war und ist für mich besonders wichtig. (Fawad)

Von Teenager-Allüren habe ich in all den Jahren nichts gesehen. Manchmal scheint mir, dass er die Abgeklärtheit und Reife eines 40-Jährigen hat. Wie ich – die ich seine Oma sein könnte – liebt er Spaziergänge, Natur, schöne Wolkenstimmungen und Dokumentarfilme. Den Urlaub verbringen wir am liebsten frei von allen Zwängen des Alltags: mit Camping im Zelt, Kochen in freier Natur, ganz einfach und gemütlich. Und weil er nicht nur mit mir »alter Frau«, wie ich oft spaßhaft sage, rumsitzen soll, ermutige ich ihn, öfter rauszugehen, Jugendliche zu treffen und »etwas zu erleben«. Vielleicht kommt ja das alles noch: mit

Gleichaltrigen verreisen, Festivals besuchen und unbeschwert Spaß miteinander haben.

Wenn ich überlege, welche Entwicklung Fawad in den vier Jahren bei uns durchgemacht hat, freue ich mich ungemein. Er ist für mich ein wunderbarer Mensch, den ich ins Herz geschlossen habe. Besonders glücklich war ich, dass er, nachdem ihm der Asylstatus gewährt wurde, entschieden hat, auch noch das letzte Schuljahr an der Handelsschule zu wagen – obwohl er unendlich Angst davor hatte, die Abschlussarbeit nicht zu schaffen – und nicht schon in das Erwerbsleben zu wechseln. Und dass er jetzt noch eine Lehre in einem Mangelberuf begonnen hat, die seine technischen Begabungen zur Geltung bringt und ihm schon im ersten Lehrjahr tolle Noten und höchste Anerkennung der Ausbildenden zuteilwerden lässt.

Wo er heute steht, welche beruflichen Aussichten er hat, all das ist das Ergebnis seiner integren Persönlichkeit, seines Mutes, seines Ehrgeizes, seiner Anstrengungen, Vergangenes zu überwinden, und seiner Entschlossenheit, die Chancen von Schule und Lehre zu nutzen. Und auch mein Mut hat sich zu hundert Prozent »gelohnt«. Ich bin froh, vor vier Jahren den entscheidenden Schritt gewagt zu haben, dem Risiko eines Scheiterns meinen Glauben ans Gelingen entgegengesetzt zu haben.

Eine andere Familie kann ich mir aus heutiger Sicht gar nicht mehr vorstellen. (Fawad)

Der Erfolg hat uns beiden Stärke gegeben, und wir werden damit auch zukünftige Hürden überwinden – davon bin ich überzeugt.

Aus zwei mach vier

Pflegemutter von Omar und Rachid

Wir haben uns im Herbst 2015 aufgrund der großen Anzahl der in Österreich eintreffenden Migranten und Migrantinnen entschieden, Pflegeeltern für ein geflüchtetes Kind zu werden. Nach kurzer Ausbildung und dem Auswahlverfahren durch die MAG ELF der Stadt Wien haben wir im Februar 2016 unseren Pflegesohn Omar kennengelernt und uns umgehend füreinander entschieden. Der Bub war klug und aufmerksam und lernte schnell unsere Sprache, nachdem er gleich einen Schulplatz an einer sehr engagierten Schule in Wien gefunden hatte. Sein ebenfalls aus Syrien stammender Freund Rachid zog über Umwege kurze Zeit später ebenfalls zu uns; seither betreuen wir die beiden sehr unterschiedlichen Kinder.

Es war für mich ein lange unerfüllter Wunsch, eine eigene Familie zu haben, und mein Mann hat sich meinem Entschluss trotz dessen Gewagtheit nicht entgegengestellt. Es war dies eine schöne Möglichkeit, unsere Familie von zwei auf vier zu vergrößern, und wir haben die Entscheidung nicht bereut. Ganz im Gegenteil sagte mein Mann neulich, dass das mit der Arbeit ja alles ganz nett wäre, aber das mit den Buben doch das Sinnvollste wäre, was wir je gemacht hätten!

Beide Buben überraschen uns täglich mit ihrer Kreativität und ihrem Humor; das Familienleben hat sich mittlerweile bestens eingespielt, alle sind mit großer Lust dabei. Aber wie bei allen verwandtschaftlichen Konstellationen gibt es neben der Idylle auch Komplikationen, und unsere waren sicher ähnlich wie bei allen Eltern von pubertierenden Knaben. Dennoch war die Akkulturation natürlich eine andere als in Zentraleuropa, und viele Aspekte der Erziehung sind mit 14 Jah-

> Wenn man neu in eine Familie kommt, dann muss man sich anschauen, was der Familie wichtig ist, welche Kultur sie leben. Sie unterscheidet sich oft gar nicht so stark von der, die man von zuhause gewohnt ist. (Omar)

ren bereits fest verankert. Soweit wir es beurteilen können, sind beide Buben in stabilen familiären Verhältnissen aufgewachsen und gefestigt in ihrem Selbstbild, sodass Traumata sich nach so kurzer Zeit zumindest noch nicht bemerkbar gemacht haben, wie es eigentlich zu befürchten gewesen war. Ganz im Gegenteil scheint uns heute, dass das sehr ausgeprägte Selbstbewusstsein eines männlichen arabischen Kindes viel von der Tragödie dieser Buben auffangen konnte, die, allein geflüchtet, viele grauenhafte Erlebnisse verkraften mussten.

> Damit eine Pflegefamilie gut funktionieren kann, müssen die Eltern wirklich Zeit haben und man muss zusammenpassen. (Rachid)

Dasselbe Selbstbewusstsein jedoch war einer der für uns besonders schwer verständlichen Charakterzüge beider Buben, die weder familiäre Aufsicht noch Autorität anzuerkennen gewohnt waren. Und so gab es anfänglich viele Missverständnisse über die Strukturen, denen zu folgen hier gang und gäbe ist. Das österreichische Kind ist vorwiegend in der Schule und zuhause, wenn nicht bei ausgewiesenen Unternehmungen, während die arabischen Buben gewöhnt sind, sich vorrangig außer Haus aufzuhalten, und darüber niemandem Rechenschaft ablegen möchten. Daran haben wir viel gearbeitet und es war sehr schwer, dem Freiheitsdrang vernünftigen Einhalt zu gebieten, sodass die Kinder nicht unnötig eingesperrt waren, aber ihren Anteil am häuslichen Gestalten trotzdem zu geregelten Zeiten übernahmen. So wurden zahlreiche Unternehmungen (Gitarre und Trommel lernen, Schwimmen und Turmspringen, Karate und Reiten, Fußball und Pfadfinden) ausprobiert, bis das Familienleben schließlich für alle zufriedenstellend geklappt hat.

> Durch viele Unternehmungen sind wir zusammengewachsen und eine richtige Familie geworden. (Omar)

Ein anderes Problem, das die Missachtung gegenüber allem Weiblichen betrifft, konnten wir inzwischen deutlich verringern, und sowohl Lehrerinnen wie Chefinnen und Pflegemutter haben sich ihre Autorität glücklich erarbeitet; das für sie gänzlich unbekannte *Ladies first* hat gegriffen und wird stolz den unwissenden Freunden vorgeführt (»Bist du deppert, du kannst dir doch nicht zuerst nehmen …«). Natürlich war es gut, dass wir beide schon ein bisschen älter sind und unsere Vorstellungen auch mit fröhlicher Konsequenz durchzusetzen bereit waren. Die Regeln lauteten: zwei Stunden Handy am Tag, um zehn ins Bett, gemeinsames Essen etc., was bei den 20-Jährigen inzwischen natürlich überflüssig ist.

Beide Buben sprechen inzwischen gut Deutsch und haben sich in ihrer Schule und ihren Ausbildungen sehr bemüht. Am Familienleben nehmen sie teil und arbeiten auch schon mal im Haushalt mit, wenn es sich nicht vermeiden lässt. Sogar der sonntägliche Ausflug (allseits mit Murren aufgenommen) hatte sich eingespielt, solange noch Zeit dazu war. Auf diese Weise haben sie viel von Wiens Umgebung kennengelernt. Besonders vergnüglich ist es für sie, wenn es zuhause viele Besucher gibt, dann sind sie ganz in ihrem gastgeberischen Element und wunderbare Unterhalter.

> Unsere Pflegeeltern sind mit uns immer irgendwo hingefahren, wir haben so viele Ausflüge gemacht. Wir haben uns Sehenswürdigkeiten angeschaut, wie waren in der Oper, im Konzert, in der Natur, wir waren in anderen Ländern. Das war am Anfang sehr anstrengend, es hat uns auch nicht interessiert, aber wir haben uns dadurch wirklich gut kennengelernt. (Rachid)

Von Beginn an waren wir uns unserer Statthalterrolle bewusst, denn sobald der Familiennachzug glückt, sind Pflegeeltern nicht mehr nötig. Aber »Tante« und »Onkel«, die wir für die Buben sind, bleiben wir auch weiterhin, und so haben wir der Ankunft der ersten Familie mit viel Elan vorgearbeitet. Rachids Familie ist nun seit vier Jahren hier, die drei Geschwister haben gute Schulplätze, und die Eltern haben sich schon bewundernswert in die neue Welt gefügt; auch in die Entscheidung ihres ältesten Sohnes, bei uns bleiben zu wollen. Das auch deshalb, weil sie selbst in der »Neuen Welt« offenbar keine Mitwirkungsmöglichkeit mehr für sich sehen und ein bisschen in

> Meine Pflegeeltern sind nun wie meine richtigen Eltern, sie verhalten sich genau gleich, haben dieselben Vorstellungen für mich und sie erwarten von mir dasselbe. Sie sind meine zweite Familie und ich kann es mir überhaupt nicht mehr anders vorstellen. Meine leiblichen Eltern sagen immer, ich soll machen, was Tante und Onkel mir sagen, und dass ich so ein Glück hatte, dass ich in diese Familie gekommen bin. (Omar)

Als meine Familie nach Wien gekommen ist, haben wir uns alle zusammengesetzt, meine Eltern, meine Pflegeeltern und ich, und haben beschlossen, dass es in diesem Moment besser wäre, vorläufig bei meinen Pflegeeltern zu bleiben. Einerseits wären wir sonst zu sechst in einer Zwei-Zimmer-Wohnung gewesen und andererseits war ich gerade dabei, meinen Pflichtschulabschluss zu machen. In meiner leiblichen Familie hätte ich kaum Deutsch gesprochen, das wäre sicher nicht so gut gewesen. Ich habe immer schon Entscheidungen mit dem Verstand getroffen und weniger aus einem Gefühl heraus. (Rachid)

Depression versinken. Einen Teil des Wochenendes gehen beide Buben dann zur anderen, der arabischen Familie, und werden dort ebenso liebevoll aufgenommen und umsorgt wie bei uns. Die Zeit von Freitag bis Samstagabend verbringen sie immer bei ihr.

Rachid fällt bis heute alles leicht und er sieht seinen Weg klar vor sich. Er hat vor kurzem seine Lehre zum pharmazeutisch-kaufmännischen Assistenten beendet: als »Lehre mit Matura«, sodass er später noch Pharmazie studieren kann, was mit den noch nicht perfekten Deutschkenntnissen an einem normalen Gymnasium nicht zu schaffen gewesen wäre. Inzwischen hat er das Mathematikmodul der Matura geschafft. Er muss jetzt mit seinen beiden Familien klarkommen, was auch nicht immer einfach ist. Seine diesbezüglich tollste Leistung ist es, die beidseitige Beglückung durch Festessen schlussendlich nicht mit Adipositas, sondern vielmehr mit einer gut trainierten Figur durchzustehen. Er ist ein vernünftiger junger Mann, dem seine halbjährige Kinderhaft in Ungarn zu einer bewundernswerten Menschenkenntnis und Vernunft verholfen hat und der sich nicht mehr so leicht aus dem Tritt bringen lässt.

Mittlerweile bin ich 20 Jahre alt. Jetzt wäre es eher Zeit auszuziehen und eine eigene Wohnung zu haben. Ich werde nun wohl auch nicht mehr zu meiner leiblichen Familie zurückziehen. Für meine Mutter war das nicht ganz so einfach, aber sie hat sich daran gewöhnt. Derzeit bleibe ich noch bei meinen Pflegeeltern, ich werde erst ausziehen, wenn ich die Matura geschafft habe. (Rachid)

Für Omar war alles viel schwieriger. Dabei haben sich die beiden immer gegenseitig unterstützt, geschubst und getröstet. Er hat in erster Instanz kein Asyl bekommen, sodass seine Familie nicht nachkommen konnte, woraufhin ihm diese täglich das Leben mit Nachfragen schwer machte, warum er es wohl nicht schaffe, sie zu holen.

> Rachid ist wie ein Bruder für mich geworden. Er hat mir immer geholfen und wir waren füreinander da. (Omar)

Mithilfe von zahlreichen Anwälten ist es schließlich gelungen, in zweiter Instanz Asyl zu bekommen, doch das Bundesamt für Fremdenwesen und Asyl hat alles so lange hinausgezögert, bis der Familiennachzug nicht mehr möglich war. Das alles hat dazu beigetragen, dass die viel fragilere Konstitution des Buben den schwierigen Verhältnissen nicht immer standgehalten hat. Er ist erstaunlich aufmerksam und elektrisiert von allem, was ihm begegnet, versteht sehr gut und ist sprachlich sehr gewandt, aber viel reizbarer und aufbrausend, vom Zuspruch der Gleichaltrigen abhängig. Das hat in der Schule zu zahlreichen Problemen geführt, von denen jedes langsam und konsequent abgebaut wurde, bis das nächste auftauchte und er schließlich der Schule verwiesen wurde.

Das waren recht schwierige Zeiten, in denen wir manchmal auch nicht mehr wussten, was wir tun sollten. Die insgesamt sechs gravierenden Vorfälle, die an vielen Stellen juristisch wieder geglättet werden mussten, haben uns auf Trab gehalten. Beim letzten haben wir uns dann sogar entschlossen, unsere Pflegekinderaufsicht und die Eltern in der Türkei miteinzubeziehen, nachdem alles gute Zureden nicht funktioniert hat. Das sind jene Eltern, die auch noch nie persönlichen Kontakt zu uns gefunden haben, sondern nur zu ihrem Sohn – Gründe dafür wird es sicher geben, sie sind uns aber nicht klar. Auf unbekanntem Weg haben die Eltern seine älteste Schwester geschickt, die sich nach anfänglichen Umwegen mittlerweile bestens eingelebt hat, nun ebenfalls zur Familie gehört, schon gut Deutsch spricht und das Sprachniveau B2 erreicht hat. Erstaunlich war für uns stets, dass die eigenen Familienmitglieder dieser beiden Geschwister, zwei Brüder des Vaters, die leiblichen Großeltern und mehrere Geschwister der Mutter, in Österreich leben und sich nicht um die Kinder kümmern wollten, der Kontakt wurde schnell abgebrochen.

Nach dem Schulverweis haben wir den Unterricht privat fortgesetzt und mit seinem guten Hauptschulabschluss eine Wunsch-Lehrstelle für ihn gefunden. Denn er ist außerhalb seiner Krisen-

Ohne unsere Pflegeeltern hätten wir nicht so viel aus uns gemacht. Im Vergleich zu anderen Jugendlichen haben wir es wirklich gut erwischt. (Omar)

zeiten ein überaus bewundernswerter, genauer und zuverlässiger junger Mann, der sich auch diesmal unglaublich bemüht hat, alles gut hinzubekommen. Er hat 2020 seine Ausbildung als Optiker begonnen und sich inzwischen bestens eingefunden. Dabei halfen ihm ein Therapieplatz beim Verein Hemayat und die Zusammenarbeit mit der Kinder- und Jugendhilfe. Die Unterstützung und Organisation ist bewundernswert, wir schwärmen allen Leuten von den Wiener Verhältnissen vor.

Für uns und unsere Lebenssituation ist die Zeit mit Rachid und Omar eine lustige und sehr schöne, bunte, turbulente und höchst zufriedenstellende, die freilich uns allen – den Erwachsenen ebenso wie den Buben – nicht wenig abverlangt hat, denn schließlich war für beide Gruppen ein Höchstmaß an Anstrengung notwendig, um dieses Projekt zum Gelingen zu bringen, auf das wir alle stolz sind. Das Glück, in unserem Alter noch ein paar Jahre eine Familie zu vereinen, ist riesengroß. Ein neuer Kulturkreis hat uns dadurch alle berührt, und wir konnten zahlreiche neue und interessante Menschen kennenlernen. Wir werden uns ein wenig traurig anschauen, wenn die Buben nicht mehr bei uns wohnen.

Unsere Pflegeeltern haben gesagt, wir können bei ihnen wohnen, bis wir dreißig sind. Bis ich mit der Berufsschule fertig bin, werde ich jedenfalls bei den Pflegeeltern bleiben. Dann sollte ich wohl irgendwann ausziehen. Ich denke, die beiden brauchen auch mal ein bisschen Ruhe von uns. (Omar)

Neben den Buben sind seit einigen Jahren nun auch oft andere Kinder bei uns. Die Geschwister »unserer« Buben durfte ich durch ihre Ausbildung in Österreich begleiten. Rachids Bruder beendet derzeit sein erstes HTL-Jahr, die Schwester findet sich in der dritten Klasse Gymnasium inzwischen ganz ohne Begleitung der »Tante« zurecht, und auch der kleinste Bruder wird ab Herbst das Gymnasium besuchen.

Die große Schwester von Omar wird ebenso wie er ab dem Herbst die Optikerschule beginnen. Beide zusammen wollen später ein Geschäft aufmachen. Da passt es nun prima, dass gerade seine Eltern und die übrigen Geschwister auf einem UNHCR-Ticket nach Deutschland gekommen sind.

Tun, tun, tun ...

DARIA

19 Jahre, Lehrling

Ich bin 2016, so wie viele andere auch, nach Österreich gekommen. Als afghanische Staatsbürgerin habe ich im Iran gelebt, von wo ich nach Österreich geflüchtet bin. Über Traiskirchen kam ich nach Wien in eine Wohngemeinschaft und von dort weiter zu meiner Pflegemutter.

Nachdem wir uns kennengelernt hatten, verbrachten wir einige Tage miteinander, machten Ausflüge, ich schaute mir die Wohnung an und entschied mich nach zwei Wochen schließlich für den Umzug. Wir waren uns gleich am Anfang sympathisch. Ich konnte zwar noch nicht so viel Deutsch, aber es hat irgendwie funktioniert. Für Missverständnisse oder in Fällen, in denen es gar nicht klappte, bekamen wir manchmal Hilfe durch einen Dolmetscher.

Meine Pflegemutter hat von Anfang an gesagt, dass ihr Bildung sehr wichtig sei. Solange ich mich in der Schule anstrengen würde, hätten wir wahrscheinlich keine Probleme miteinander. Ich habe begonnen in die Schule zu gehen, was mir sehr gut gefallen hat. Ich habe es so gesehen, dass wir eigentlich dasselbe wollten. Mir war immer klar, dass ich in Österreich nur mit einer guten Ausbildung weiterkomme.

Es wurde dann aber immer stressiger, meine Pflegemutter wollte, dass ich immer lerne und noch mehr lerne. Ich hatte das Gefühl, dass sie nie mit mir zufrieden war, sie hat mich immerzu kritisiert und mit mir geschimpft. Da ging es um Kleinigkeiten im Alltag, insbesondere um die Schule und wie viel ich zu lernen hätte. Meine Pflegemutter gab mir fortwährend zu verstehen, dass ich nie genug mache, dass Fehler niemals okay sind, und erinnerte mich ständig daran, dass ich nicht im Iran bin und dass in Österreich Leistung das Allerwichtigste ist. Selbst wenn ich eine gute

Note bekam, zählte das nichts. Zum Beispiel freute ich mich einmal sehr, als ich erfuhr, dass ich den zweitbesten Geografietest der Klasse geschrieben hatte. Die Freude wischte meine Pflegemutter einfach damit weg, dass das nichts wert wäre, wenn sich mein Deutsch nicht verbessern würde.

Für mich war dieser Druck eine große Belastung, ich hatte den Wunsch nach mehr Zeit für mich und wollte alles etwas langsamer angehen. Ich wollte einfach mal frei haben. Für mich war das auch kulturell nicht so einfach: Ich kannte es von zuhause so, dass man am Nachmittag Pause macht, zum Beispiel für ein Schläfchen, und auch generell wurde da nicht so extrem viel Wert auf Leistung gelegt.

Mir war schon klar, dass meine Pflegemutter es nur gut mit mir meinte, und ich wollte ja auch später erfolgreich sein. Sie machte sich Sorgen, dass ich den Schulwechsel nicht schaffen würde. Als ich einfach nicht mehr konnte, bat ich unsere FamilienbetreuerInnen, mir zu helfen. Es gab dazu einige Gespräche, zumindest bekam ich dann etwas mehr Freizeit, hatte nicht mehr einen so durchorganisierten Tag und durfte auch gelegentlich ohne Begleitung wohin gehen. Allein konnte ich leider nicht mit meiner Pflegemutter über meine Probleme reden; einerseits war mein Deutsch noch nicht gut genug und andererseits sagte sie mir, dass sie mit mir nicht diskutieren wolle, weil sie älter wäre und daher auch mehr Erfahrung hätte.

Im Gespräch wurde kommuniziert, dass die Angebote, die die Pflegemutter bereits gesetzt hat – Therapien, Behandlungen, Freizeitangebote, Nachhilfe, Schule, Lehrstelle –, bewundernswert und ausreichend sind und es dem Mädchen überlassen bleiben muss, was davon sie annehmen möchte und kann. Weiters thematisierten wir, dass auch sie als Pflegemutter lernen muss, Daria Gestaltungsfreiraum für ihr eigenes Leben zu geben. (Dokumentation KUI, 2017)

Ich habe auch Familienmitglieder in Österreich. Anfangs gab es ein gutes Auskommen, später wollte meine Pflegemutter nicht mehr so viel Kontakt, und auch meinen Kontakt mit der Familie wollte sie einschränken. Zum Beispiel war es auch ein Problem für sie, dass ich immer wieder mit meiner Mutter telefonierte. Sie meinte, ich solle endlich in Österreich ankommen. Sie selbst telefonierte aber jeden Abend mit ihren Familienmitgliedern. Ich fand das sehr unfair und ich konnte ihr auch dann nicht mehr so richtig glauben, dass der Kontakt zu meiner Mutter nicht gut für mich wäre. Meine Mutter freute sich doch, dass ich in einer Familie war und jemanden hatte, der sich um mich kümmerte! Sie fand es ebenfalls wichtig, dass ich lerne und in die Schule gehe.

Schließlich sagte meine Pflegemutter auch, dass ich mein Interview (die Einvernahme im Asylverfahren) nicht schaffen würde, wenn ich nicht ausreichend Deutsch könnte. Unsere FamilienbetreuerInnen erklärten mir, dass ich Deutsch nicht für das Interview, sondern für meine Zukunft lernen und beim Amt ohnehin eine Dolmetscherin haben würde. Irgendwie konnte ich meiner Pflegemutter nicht mehr vertrauen und es wurde immer unruhiger.

Ich wollte einfach nur meine Ruhe haben. Die Geschwindigkeit, mit der diese Frau ihr Leben lebte, konnte ich nicht aushalten. Es ging immer nur ums Tun. Tun, tun, tun … Ich konnte das nicht ertragen, es war für mich schließlich auch eine psychische Belastung. Meine Pflegemutter und auch unsere FamilienbetreuerInnen organisierten eine Therapie für mich, ich war beim Arzt, aber ich hielt es alles nicht mehr aus. Ich wollte daher wieder zurück in die Wohngemeinschaft. Schließlich durfte ich ausziehen. Ich kam zuerst in eine andere Wohngemeinschaft und dann wieder dorthin zurück, wo ich vorher gewesen war.

Kontakt wollte ich mit meiner Pflegemutter zu diesem Zeitpunkt keinen mehr haben. Heute wäre das für mich nach all der Zeit okay, aber ich denke, sie selbst möchte das nicht mehr. Wir sind uns einmal auf der Straße begegnet, aber sie hat mich nicht gegrüßt und sich weggedreht.

Wenn ich zurückschaue, finde ich, dass die Zeit in der Familie meinem Deutsch sehr gut getan hat. Ich habe auch viele andere Menschen kennengelernt und Perspektiven bekommen. Trotzdem bin ich froh, dass ich wieder in die Wohngemeinschaft gegangen bin. Ich konnte meine Schule weitermachen, obwohl meine Pflegemutter gesagt hatte, dass es eine Privatschule wäre und ich nicht mehr hingehen könnte, wenn sie nicht mehr zahlen würde. Im Anschluss an die Privatschule wollte ich gerne in eine andere Schule gehen, war dann aber um ein Jahr zu alt und wurde nicht mehr aufgenommen.

Nachdem ich Asyl bekommen hatte und achtzehn geworden war, konnte ich in eine kleine Gemeindewohnung übersiedeln und jetzt mache ich eine Lehre. Das gefällt mir und ich bin doch in Österreich »angekommen«, obwohl ich auch mal ein bisschen Pause gemacht habe.

Unser Mädel

Pflegemutter von Souzan

Ich verfolgte 2015 die Situation rund um die Überstellung von geflüchteten Mädchen aus dem Lager Traiskirchen in ein sicheres Wohnheim in Wien. Es war beruhigend zu wissen, dass einige Mädchen in unserer Nähe ein sicheres Zuhause bekommen würden. Doch als laut Medienberichten nicht alle Mädchen in Wien angekommen waren, hatte ich das dringende Bedürfnis, wenigstens *einem* Mädchen nach den Fluchterfahrungen einen guten Start in Österreich zu bieten. Mein Vorschlag wurde vom Familienrat angenommen. Eines unserer Kinder war ausgezogen, das Zimmer stand leer und es gab keinen Einwand, ein Flüchtlingskind aufzunehmen. Wir dachten, ein Mädchen im Alter unserer Tochter würde gut in die Familie passen.

Über den Kontakt zu Katharina Glawischnig wurde uns nach der Pflegeelternausbildung ein mögliches neues Familienmitglied vorgeschlagen. Wir waren alle sehr aufgeregt, machten mit Shabnam einen Ausflug und sie verbrachte einen Tag bei uns, entschied sich allerdings gegen ein Zusammenleben mit uns. Es war sichtbar, dass die Vorstellungen von einem Familienleben zu unterschiedlich waren. Wir waren enttäuscht, mussten allerdings nicht lange warten, bis wir unser Mädel Souzan kennenlernen durften.

Es war ein kalter, regnerischer Tag. Der Treffpunkt war ein Kaffeehaus. Souzan und ihr älterer Bruder gingen mit hochgezogenen Schultern in dünnen Jacken am Fenster vorbei. Mein Mann und ich waren neugierig auf unsere weitere Tochter. Souzan blickte finster, die Situation war sichtlich unangenehm für sie. Ihr Bruder konnte schon recht gut Deutsch, er war vor seiner Schwester und seinem jüngeren Bruder aus Afghanistan vor den Taliban geflüchtet und hatte bereits Asyl erhalten. Souzan konnte einige Worte Englisch und kaum Deutsch. Anscheinend waren wir vertrauenerweckend genug, um sie zu einer Besichtigung ihres potenziell zukünftigen Zuhauses zu bewegen.

Souzan wollte es probieren, auch wenn wir uns noch nicht wirklich verständigen konnten. Nachdem die bürokratischen Hürden gemeistert waren, durften wir unser Mädel von Traiskirchen abholen. Ich werde dieses Bild nie vergessen. Umringt von einigen anderen Frauen und Mädchen hat Souzan mit einer Menge Plastiksäcken und Taschen auf uns gewartet. Es gab Tränen zum Abschied und Angst, was dieses neue Leben bedeuten würde. Wir stellten alle Sachen daheim ab und fuhren einkaufen: türkisches Essen, Sportschuhe und vieles, was vierzehnjährige Mädchen brauchen …

In den Wochen, bevor Souzan einzog, begab ich mich auf die Suche nach einem Schulplatz. Ein schwieriges Unterfangen, gegen Ende der Schulzeit, ohne Vorzeugnisse mit nur sechs Jahren Schulbesuch in einem vierzehnjährigen Leben. Souzans größter Wunsch war es, ins Gymnasium zu gehen und später zu studieren. Wir haben es geschafft, dass sie trotz nicht vorhandener Deutschkenntnisse im Gymnasium aufgenommen wurde. Souzan hat schnell gelernt, nach zwei Jahren wurde sie in allen Gegenständen benotet, hat die Matura geschafft und studiert heute. Anfangs waren schlechte Noten schlimm für sie, der Vergleich mit deutschsprechenden Kindern für sie normal. Sie hatte Angst, dass wir nicht mit ihr zufrieden sein würden, konnte nicht verstehen, dass wir bei jeder geschafften Prüfung unglaublich stolz auf sie waren, auch wenn es keine 1 oder 2 war, so wie es in ihrer Herkunftsfamilie erwartet wurde. Parallel zur Schule besuchte unser tapferes Mädel Deutschkurse und lernte mit einer Freundin von mir, die auch zum Omaersatz für sie wurde, Englisch.

Die ersten Wochen waren für Souzan eine große Herausforderung. Als muslimisches Mädchen mit einem fremden Mann in einem Haushalt zu leben, war für sie schwierig. Zunächst trug sie nur langärmelige Blusen und lange Hosen, die Haare waren immer zu einem Zopf gebunden. Nach einiger Zeit wurden die Ärmel kürzer und nach drei Monaten war sie gekleidet, wie es ihr gefiel.

Das Thema Essen war anfangs nicht einfach. Die afghanische Küche ist definitiv nicht mit der europäischen vergleichbar. Zusätzlich essen wir kaum Fleisch und das Kochen muss bei uns schnell gehen. Ich habe mich bemüht, einige afghanische Gerichte zu lernen, die aufwendigen wurden gekocht, wenn die Brüder zu Besuch kamen, die einfacheren zwischendurch. Langsam probierte sie Dinge, die sie davor nicht kannte.

Die Angst war ein ständiger Begleiter. Zu Beginn war Souzan sehr schreckhaft, konnte nicht schlafen oder nur mit Licht. Nähe und Distanz waren ebenfalls schwierige Themen. Als sie Grippe mit hohem Fieber hatte, durfte ihre neue Schwester zu ihr ins Bett, sonst waren körperliche Berührungen ungewohnt. In schwierigen Situationen und abends hatte sie große Sehnsucht nach ihrer verstorbenen Mutter. Wir gingen mit ihr in die Kirche und zündeten Kerzen für die verstorbenen Familienmitglieder an. Dieses Ritual hat ihr bei der Bewältigung der Trauer geholfen, über das Geschehene sprechen wollte sie nicht. Unser Hund war eine tolle Ressource, er schlief oft bei ihr im Zimmer und gab ihr Sicherheit.

Es war uns wichtig, dass Souzan regelmäßig Kontakt zu ihren leiblichen Brüdern hatte. Die Kommunikation der österreichischen und afghanischen Kinder miteinander war anfangs sehr lustig. Es wurde in unterschiedlichen Sprachen in Brocken gesprochen, gezeichnet und das zu Beschreibende pantomimisch dargestellt. Es war ein Genuss zu sehen, welches Interesse und welchen Spaß die Kinder hatten.

Da nach fast einem Jahr in der Familie immer noch keine Ladung zur Einvernahme im Asylverfahren kam, habe ich interveniert. Für Souzan und ihren Bruder waren die Ungewissheit und die Angst, abgeschoben zu werden, unerträglich. Nach mehreren Telefonaten wurden die Kinder geladen. Souzans Gespräch lief in einem humanen, sicheren Rahmen ab und war nach einer Stunde beendet. Ihr Bruder hingegen wurde vier Stunden lang immer wieder dasselbe gefragt und musste immer wieder den Tod der Mutter schildern, was zu einem Zusammenbruch und zur Retraumatisierung geführt hat. Zwei meiner Freundinnen kümmerten sich als Patinnen um ihn und fingen ihn auf. Er hat seinen Platz in Österreich gefunden, arbeitet und bringt sich in die Gesellschaft ein.

Der älteste Bruder hat eine technische Lehre absolviert und ist ein angesehener Mitarbeiter in einem innovativen Unternehmen.

Souzan hat wie jedes österreichische Kind ihre Pubertät ausgelebt, in Afghanistan wäre es nicht möglich gewesen, in diesem Ausmaß gegen die Eltern zu rebellieren. Durch die neuen Geschwister hat sie gesehen, dass es erlaubt ist, sich eine eigene Meinung zu bilden. Sie musste lernen, dass nicht immer alles im Leben angenehm ist, dass nicht alles gekauft werden muss, was gefällt, dass Wünsche nicht sofort befriedigt werden müssen.

Wie wir es uns gewünscht hatten, ist Souzan langsam in unsere Kultur eingestiegen, ohne die ihr wichtigen Anteile aus der Herkunftskultur zu verlieren. Sie lebt heute in einer eigenen kleinen Wohnung, studiert und arbeitet, hat selbst einen Hund, ihre Freundinnen kommen regelmäßig zu Besuch. Sie führt ein selbstbestimmtes Leben. Sie ist Teil unserer Familie und wir sind glücklich, dass sie ihren Platz in unserer Gesellschaft gefunden hat.

Vaterfreuden in der Pension

Pflegevater von Besart

Etwa zwei Jahre vor meinem Pensionsantritt begann ich mich um eine ehrenamtliche Tätigkeit umzusehen. Als ich dann zufällig im Oktober 2015 auf Radio Wien einen Aufruf hörte, dass Pflegeeltern für geflüchtete Kinder gesucht wurden, besuchte ich die angegebene Informationsveranstaltung und beschloss, einen Jugendlichen (da für mich als alleinerziehenden Vater eine weibliche Minderjährige nicht in Frage gekommen wäre) als Pflegekind aufzunehmen. Nach der Pflegeelternausbildung im Jänner war es dann Ende Mai soweit, die MAG ELF organisierte ein Treffen mit einem interessierten Jugendlichen, der zu dieser Zeit in einer Wohngemeinschaft untergebracht war. Geplant war, mehrere Wochenenden gemeinsam zu verbringen, um einander näher kennenzulernen und zu einer Entscheidung zu gelangen. Schon am zweiten Wochenende fragte mich Besart, ob er nicht gleich bei mir bleiben könne.

Mir war von Anfang an klar, dass es nicht einfach sein würde, mit einem pubertierenden Jugendlichen eine Vater-Sohn-Beziehung aufzubauen, da sich dieser seinem Entwicklungsstand entsprechend eigentlich in einer Ablösungsphase von den Eltern befinden würde. Ich hatte aber die Hoffnung, dass ein von seiner Familie getrennter Jugendlicher ein gewisses Bedürfnis nach einer stabilen Elternbeziehung hatte und sich eine solche doch aufbauen ließe, wenngleich die leiblichen Eltern wohl nie ersetzbar sind.

Hinzu kamen der kulturelle Unterschied und die eingeschränkte verbale Kommunikation, da Besart nur sehr rudimentär Deutsch sprach und ich, außer ein paar mir schnell angeeigneten Worten, kein Dari verstand. Immerhin hatte er in dem halben Jahr in Österreich unsere Schrift erlernt und machte in den Sommerferien, in denen er täglich mit mir Deutsch lernte, große Fortschritte. In diesem Zusammenhang möchte ich auch die große Hilfe vonseiten des Vereins KUI erwähnen. Das Team bestand aus einer

Psychologin und einem der Muttersprache von Besart mächtigen Betreuer. Sie konnten in der Anfangsphase so manches Missverständnis ausräumen und hatten positiven Einfluss auf Besart und unsere Beziehung.

Ich habe mir im Zuge der Abfassung dieses Texts die Entwicklungsberichte durchgelesen, die ich für die MAG ELF jährlich verfassen musste. Drei Monate nach Beginn meiner Pflegeelternschaft schrieb ich im Kapitel Sozialverhalten: »Besart fühlt sich in seinem neuen Zuhause offensichtlich wohl, er befolgt Anweisungen meist gewissenhaft. Er ist meistens ausgeglichen und lacht gerne. Er hat einige Freunde aus seinem Herkunftsland, speziell einen aus seiner früheren Wohngemeinschaft, mit denen er gerne die Freizeit verbringt.«

Zweieinhalb Jahre später klang das so: »Oftmals glaubt Besart, selbst alles besser zu wissen. Auf rationale Argumente reagiert er oft nicht oder akzeptiert sie zwar im Gespräch, um aber dann erst wieder das Gegenteil zu machen. Selbst auf sanften Druck reagiert er oft mit Trotz, Opposition oder schlichter Ignoranz. Er legt nach wie vor großen Wert auf sein Aussehen und verhält sich zunehmend egoistisch. Zuwendungen, ob emotionaler oder materieller Natur, nimmt er als selbstverständlich. Wenn er sich etwas in den Kopf gesetzt hat, versucht er dies oft mit allen Mitteln durchzusetzen, ohne Rücksicht auf mögliche Konsequenzen.« Da hatte die Pubertät wohl voll zugeschlagen. Sehr hilfreich war hier übrigens eine von der MAG ELF angebotene monatliche Supervisionsgruppe

Unsere familiäre Beziehung macht aus, was wir uns gemeinsam seit 2016 aufgebaut haben. Es gab Höhen und Tiefen, aber wir haben sie überwunden. (Besart)

mit dem Titel »Ich bin in der Pubertät ...«. Ich war zwar der einzige Teilnehmer mit einem UMF-Pflegesohn, aber die Probleme der anderen Pflegeeltern waren sehr ähnlich, und oft dachte ich mir nach so einer Gruppensitzung, dass ich eigentlich Glück mit meinem Pflegesohn hatte.

Das für mich herausforderndste Ereignis war Anfang September 2017, damals war Besart noch keine 16 Jahre alt. Er kam eines Abends ohne vorherige Ankündigung nicht nach Hause und war auch telefonisch nicht erreichbar, obwohl er normalerweise mit seinem Handy ein symbiotisches Verhältnis pflegte. Nach einer ziemlich schlaflosen Nacht informierte ich am nächsten Vormittag die MAG ELF, und mir wurde mitgeteilt, ich müsse eine Abgängigkeitsanzeige machen. Während ich zur Polizei unterwegs war, meldete sich Besart dann doch endlich telefonisch. Ich sagte ihm, er solle sofort nach Hause kommen. Aber er kam erst am Abend und erzählte irgendwelche Ausreden von »keine S-Bahn mehr gefahren« und »Handy-Akku leer«. Ich war entsprechend geladen und reagierte wohl zu laut und überschießend mit der Bemerkung, wenn er das noch einmal machen würde, könne er gleich wieder in die Wohngemeinschaft zurückgehen. Bei dem von der MAG ELF zeitnah initiierten Krisengespräch eröffnete er unserer Betreuerin unter vier Augen, dass er von mir weg in eine Wohngemeinschaft wolle, möglichst noch am gleichen Tag. Ich erfuhr also erst von der Betreuerin von seinem Vorhaben. Mit mir hatte er darüber überhaupt nicht gesprochen. Das traf mich emotional wirklich tief, ich empfand das als totale Ablehnung meiner Person und auch als Ignoranz gegenüber meinen Bemühungen, Besart ein liebevolles Zuhause zu geben. Glücklicherweise fand am gleichen Abend eine Pflegeelternrunde beim Institut für Erziehungshilfe statt, wo sich monatlich Pflegeeltern von Geflüchteten mit einem Psychologen zum Erfahrungsaustausch trafen. Das half mir sehr, das Geschehen zu reflektieren und einzuordnen.

> Für mich sind die Themen Distanz und Verständnis sehr wichtig. Man muss Kontakt aufbauen und sich Mühe geben, sich gegenseitig zu verstehen. Ich habe mich am Anfang sehr in eine Rolle und ein Verhalten gedrängt empfunden und mich dabei unwohl gefühlt. (Besart)

Unsere MAG ELF-Betreuerin reagierte übrigens sehr gut, sie spielte auf Zeit, indem sie Besart mitteilte, dass eine sofortige Aufnahme in eine Krisen-WG nicht möglich sei, und machte für die folgende Woche einen Termin mit dem Leiter des Krisenzentrums aus. Dieser erklärte Besart dann detailliert die Regeln in der Wohngemeinschaft, die viel strenger als meine waren. Daraufhin wollte Besart dann doch lieber bei mir bleiben, ein Gefühl der Enttäuschung blieb bei mir jedoch für längere Zeit zurück.

Eine weitere Herausforderung war der Umgang mit Handy- und Computerspielen, der fast suchtartigen Charakter annahm.

Aber das ist bestimmt kein UMF-spezifisches Problem, eher ein zeit(un)geistiges und heute allgemein jugendkulturelles. Mein erzieherisches Bestreben war immer, mit Motivation zu arbeiten, aber wenn alles Zureden nichts half, blieb nur mehr das Mittel der Sanktion. Da sind die Möglichkeiten von Pflegeeltern aber sehr eingeschränkt; außer Abschalten des WLAN, Deaktivieren der Spielekonsole und Kürzen des Taschengelds bleibt nicht viel, und Ersteres war durch die immer preiswerteren Datentarife der Telekombetreiber bald auch nicht mehr wirksam.

Für Besart war das schlimmste Ereignis sicher die Nachricht von der Ermordung seines Vaters. Nachdem er bis dahin keinen Kontakt zu seiner Familie gehabt hatte – auch der Suchdienst des Roten Kreuzes konnte nicht helfen – fand er, einen Tag vor der geplanten Abreise zu einem Ferien-Lerncamp, in einer afghanischen Facebook-Gruppe die Nachricht vom Tod seines Vaters. Das traf ihn sehr, sein Vater war wohl seine wichtigste Bezugsperson gewesen. Das einzig Positive an diesem Ereignis war, dass er den Kontakt zu seiner Restfamilie herstellen konnte. Aber auch für mich war das herausfordernd, ich musste für Besart professionelle Hilfe organisieren, und eine muttersprachliche Psychotherapie zu finden war gar nicht so einfach.

Die größte Bereicherung für mich waren oft kleine Ereignisse. Besart zeigte zu Beginn eindeutige Anzeichen einer Traumatisierung und war sehr introvertiert. Umso schöner war es für mich, wenn er bei gemeinsamen Ausflügen, z. B. ins Schwimmbad, mit seinem Freund offensichtlich Spaß hatte, herzlich lachte und so wirklich unbeschwert Kind sein konnte. Auch bei gemeinsamen Schiurlauben hatte er Freude. Bei mir weckte all das Erinnerungen an meine eigene Kindheit und die Winterferien mit meiner Familie.

Mein Pflegeelternverhältnis endete offiziell mit der Volljährigkeit von Besart, wobei für mich immer klar war, dass ich mein »Vater-Sein« nicht aufgrund einer bürokratischen Entscheidung beenden konnte oder wollte. Besart ist mit 18 (inoffiziell) ausgezogen, lebt aber seit einigen Monaten wieder bei mir. Er ist emotional eindeutig gereift und sieht vieles aus der heutigen Distanz mit anderen Augen. Wir haben nun öfters längere Gespräche über seine Zukunftspläne, aber auch über seine teils konfliktbehaftete Zeit als Pflegesohn. Sehr berührt hat mich seine Aussage bei einem Gespräch mit meiner Nichte im Rahmen eines Familienfestes. Er sagte: »Mein Pflegevater war das Beste, was mir passieren konnte.« Für mich ist das eine Bestätigung, dass ich vieles richtig gemacht habe. Was ich heute anders machen würde? Mit mehr Gelassenheit an Konflikte herangehen, falls mir das dann auch gelingen würde.

Wenn ich nicht wieder zu meinem Pflegevater zurückgezogen wäre, wäre ich vielleicht auf der Straße gelandet oder hätte schlechte Leute kennengelernt. Jedenfalls hätte ich bestimmt nicht so viel aus mir gemacht wie durch seine Unterstützung. (Besart)

Exkurs Asylverfahren

Wie wahrscheinlich bei den meisten geflüchteten Jugendlichen war auch bei Besart das Asylverfahren ein Spießrutenlauf. Erst zwei Jahre nach der Erstbefragung wurde ihm mittels Bescheid durch das Bundesamt für Fremdenwesen und Asyl subsidiärer Schutz zugesprochen. Endlich konnten wir einen Fremdenpass beantragen, um auch ins Ausland reisen zu können, was vor allem mir wichtig war. Nach einer Beschwerde wegen der Nicht-Zuerkennung des Asylstatus dauerte es weitere zwei Jahre (und eine Säumnisbeschwerde), bis das Bundesverwaltungsgericht eine Verhandlung anberaumte und die Beschwerde prompt in einer Form ablehnte, die mich an unserem Rechtssystem zweifeln ließ. Einer daraufhin eingebrachten Beschwerde beim Verfassungsgerichtshof wurde nach einem weiteren Jahr stattgegeben. Inzwischen war vom Bundesamt für Fremdenwesen und Asyl nach Erreichen der Volljährigkeit der subsidiäre Schutz aberkannt worden, nach einer weiteren Beschwerde durch das Bundesverwaltungsgericht wurde er jedoch wieder um zwei Jahre verlängert. Der Asylstatus wurde erneut nicht zuerkannt.

Sich verständigen, wenn die Sprache fehlt

JALIL

19 Jahre, Abendschüler und Angestellter

Ich komme aus Afghanistan. Dort ging ich ein paar Jahre in die Schule, aber da ich in einem Dorf aufwuchs, war es mir nicht möglich, eine Fremdsprache zu erlernen. Als ich 2015 nach Österreich kam, beherrschte ich daher natürlich weder die deutsche Sprache noch Englisch. Die einzige Sprache, die ich sprach, war Dari, meine Muttersprache. Mein größtes Glück war, dass mich eine österreichische Pflegefamilie aufnahm. Die erste Zeit in Österreich verbrachte ich noch in der Bundesbetreuung, dort war es kaum möglich, mehr zu lernen als: »Hallo, ich heiße Jalil. Ich komme aus Afghanistan. Wie geht es dir?« Eine andere Antwort als »Gut!« konnte ich nicht geben. Wir waren praktisch alle dazu gezwungen, Google Übersetzer oder andere Mittel zu benutzen, um uns zu verständigen. Google Übersetzer funktionierte aber nicht sehr verlässlich, was wiederum die Kommunikation erschwerte.

Über unsere erste Kommunikation mit Google Übersetzer lachen wir noch heute. Jalil zeigte mir Folgendes: »Bitte! Wo ist Bügeleisen?« Er wirkte total ratlos und ich war etwas verwirrt, auch wenn ich wusste, dass unser Bügeleisen tatsächlich schwer zu finden ist. Heute weiß ich, er wollte wirklich dringend bügeln, da er es gewohnt war, niemals mit ungebügeltem Gewand aus dem Haus zu gehen. Bis heute bügelt er seine Sachen selbst. (Pflegemutter von Jalil)

Nach ein paar Monaten Aufenthalt in Österreich konnte ich zu meiner Pflegefamilie ziehen. Aber als ich nach dem ersten Wochenende ins Gymnasium kam, fühlte ich mich wieder vor dieselben Herausforderungen gestellt. »Wie kann ich mich mit meinen Mitschülern verständigen, wie soll ich reagieren, wenn mir jemand eine Frage stellt, oder was soll ich mit dieser Aufgabe oder mit diesem Zettel machen?« Oder: »Wie soll ich mich verhalten, ich kann sie ja nicht verstehen?!« Über solche Fragen zerbrach ich mir jeden Tag den Kopf, obwohl ich innerlich wusste, dass es keinen Sinn hatte, aber ich tat es trotzdem. In weiterer Folge bekam ich dann aber die Möglichkeit, Deutschkurse sowohl in der Schule als auch außerhalb der Schule zu besuchen, und meine Pflegefamilie half mir enorm beim Deutschlernen.

In einer neuen Welt, in einer neuen Familie zu sein, ist zwar am Anfang sehr schön, aber da ich die Sprache nicht konnte, fühlte es sich für mich oft wie eine Erniedrigung an. Es war egal, worüber die Menschen rund um mich geredet oder gelacht haben: Solange ich sie nicht verstehen konnte, habe ich es so interpretiert, als ob sie über *mich* sprechen oder lachen würden, auch wenn es nicht so war. Jede Kleinigkeit führte dazu, dass ich mich ausgegrenzt und beleidigt fühlte. Solche Situationen machten mich sehr traurig und das logische Resultat war, dass ich mich immer wieder zurückzog und tagelang mit keinem Menschen redete. Damals nahm ich mir vor, dass ich die Sprache so schnell wie möglich lernen werde, und das tat ich auch. Ich besuchte über ein Jahr lang dreimal in der Woche einen Deutschkurs außerhalb der Schule und in der Schule hatte ich zweimal in der Woche Deutschförderung bei meiner Deutschlehrerin. Auch zu den Zeiten, in denen ich keinen Deutschkurs hatte, war ich stets bemüht, mich zu verbessern und etwas Neues zu lernen. Ich setzte mich an Wochenenden hin und versuchte, wichtige Sätze wie Zitate und Sprichwörter auswendig zu lernen, und hoffte auf eine Situation, in der solche Sätze angebracht waren und ich sie benutzen konnte.

Ich hatte sehr viel Glück, denn in einem Flüchtlingsheim oder in einer Wohngemeinschaft zu leben, macht es viel schwerer, sich zu integrieren oder die Sprache zu erlernen. Dort leben viele Personen gemeinsam, die dieselbe Sprache sprechen, und somit brauchen sie Deutsch gar nicht so oft anzuwenden. Außerdem hat man in diesem Fall nicht dieselben Ressourcen, eine Sprache perfekt

> Der Prozess des Sich-Verstehens ist ein langer, man braucht viel Geduld. Es sind viele sehr kleine Schritte notwendig. Jalil ist mit 13 Jahren zu uns gezogen und hatte davor ganz anders gelebt. Auch nach sechs Jahren sehe ich den Prozess noch nicht als abgeschlossen. Immer wieder verstehen wir einander besser, wissen genauer, wie der andere funktioniert. (Pflegemutter von Jalil)

zu lernen oder sich zu integrieren. Im Flüchtlingsheim hat man nur sehr eingeschränkte Perspektiven. Die Jugendlichen können einen Deutschkurs besuchen, aber mehr Möglichkeiten haben sie dort nicht. Ich würde mir in dieser Hinsicht mehr Offenheit bzw. auch mehr Verständnis den Jugendlichen gegenüber wünschen.

Ich weiß, dass viele (potenzielle) Pflegefamilien Angst haben, ein minderjähriges Flüchtlingskind aufzunehmen, weil sie denken, dass sich das Kind in der Familie nicht anpassen könnte oder dass das Kind der Familie eher mehr Sorgen als Freude bereiten wird. Diese Sorgen sind alle verständlich und legitim, aber man darf nicht vergessen, dass jeder Anfang schwer ist. Es wird Streit zwischen dem Pflegekind und den Pflegeeltern geben, wie es in jeder Familie vorkommt. Aber trotzdem hoffe ich, dass die Eltern immer im Hinterkopf haben, dass die Kinder sehr froh sind, in eine Familie aufgenommen worden zu sein, auch wenn sie es vielleicht nicht so gut ausdrücken können.

Auch die Lebensweise ist eine Form des Sich-Verstehen-Lernens. Jeder nimmt gegenseitig etwas voneinander an. Ein Beispiel: Es gibt bei uns immer dieselbe Geburtstagstorte. Jalil schmeckte diese Torte überhaupt nicht, an seinem Geburtstag hat er sie sogar ausgespuckt. Heute muss ich die Torte vor ihm verstecken, weil er sie sonst auf einmal aufessen würde. Hier hat er einen Teil von uns angenommen. Ich hingegen habe begonnen zu bügeln. Inzwischen gefällt mir das gebügelte Gewand sogar an mir selbst besser. (Pflegemutter von Jalil)

Was ich in den letzten Jahren erreicht habe, verdanke ich zum größten Teil meinen Pflegeeltern. Sie begleiteten mich durch gute und schlechte Zeiten und sind mir in jeder Situation beigestanden. Ich kam als Minderjähriger nach Österreich und habe genau da eine Familie gebraucht, in der ich mich gemocht, geliebt und wertgeschätzt fühlte, so wie ich war und bin. Dank ihnen habe ich nicht nur ein Dach über dem Kopf, sondern noch viel mehr – eine Zukunft.

Anweisungen von Zuhause

Pflegemutter von Irfan

Unsere Familie hat sich im Herbst 2015 entschieden, einen unbegleiteten minderjährigen Flüchtling aufzunehmen, um nicht nur ständig die Vorgangsweise der Regierung zu kritisieren, sondern aktiv einen Beitrag zur aktuellen Situation und zur Integration zu leisten. Wir verließen unsere Komfortzone, um einem Kind oder einem/einer Jugendlichen die Möglichkeit zu geben, sich in unserer Gesellschaft und ohne seine/ihre Familie zurechtzufinden, weil wir Kinder und Jugendliche lieben. Wir lernten Irfan Anfang 2016 kennen, und als wir ihn zum ersten Mal in seiner Wohngemeinschaft sahen, wussten wir sofort, dass er zu uns passen würde. Er wurde uns als Zehnjähriger vorgestellt, hatte aber bereits einen Flaum über den Lippen und war körperlich sehr gut ausgebildet. Wir haben damals nicht an den Informationen des Jugendamts in Bezug auf sein Alter gezweifelt, was ich später aber schwer bereute.

Zuhause wurde alles vorbereitet und die ganze Familie holte Irfan zwei Wochen später ab. Wir ließen ihm Zeit zum Eingewöhnen, sicherten seinen Schulbesuch in einer Volksschule in unserer Nähe und bereiteten alles vor, um mit ihm den Stoff der ersten drei Klassen nachzuholen. Seine Volksschullehrerin förderte Irfan sehr, erkannte sofort, dass er sehr intelligent und wissbegierig war, und half uns, wo es nur ging. Das Nachlernen der ersten drei Klassen Volksschule war in einigen Monaten erledigt und Irfan wurde fit für eine Neue Mittelschule gemacht.

Er gewöhnte sich gut ein, versuchte alles so zu machen, wie es von ihm erwartet wurde, lernte sehr schnell, was Manieren und Umgangsformen betraf, und begann, ein wenig Freude am Leben – auch ohne seine Familie – zu entwickeln. Sein Zusammenleben mit unserer jüngeren Tochter im Teenageralter half ihm, ein »anderes« Frauenbild kennenzulernen, als er es gewohnt

Mein kleiner »Riesen-Bruder« Irfan beeindruckte mich vom ersten Tag an. Er kam allein als Kind nach Österreich, konnte kein Deutsch, geschweige denn Englisch, Schwimmen oder komplexe Mathematik. Nun hat er bessere Noten als seine österreichischen KlassenkollegInnen. Das ist nicht nur eine beträchtliche Leistung für einen Schüler an sich, sondern vor allem für einen Schüler, der erst seit so kurzer Zeit in einem fremden Land mit einer sehr anderen Kultur als der, in der er aufwuchs, lebt. (Sandra, Pflegeschwester von Irfan, 21 Jahre)

war, und die beiden unterstützten sich, wo es nur ging, kuschelten miteinander vorm Fernseher und wurden ein sehr inniges »Geschwisterpaar«, was sie bis heute geblieben sind. Ab und an gab es Momente, in denen ich merkte, dass Irfan sich gerne so richtig aussprechen würde, sich aber den letzten Ruck dazu nicht abringen konnte, da immer wieder die Anrufe von seinem Zuhause im Iran dazwischenkamen.

Irfan hatte regelmäßig telefonischen Kontakt zu seiner Familie im Iran und die Situation wurde zunehmend schwieriger, nachdem er ein Telefonat geführt hatte. Er wurde von seiner Familie unter Druck gesetzt, Geld zu schicken, es wurden ihm Horrorgeschichten aufgetischt, warum Geld unbedingt notwendig sei (z. B. weil der Vater verschollen sei). Niemals sprach er über sein Zuhause und es war unmöglich, ihm bei diesem Thema nahezukommen. Dieser Zustand erschwerte unser Familienleben zusehends, aber die Unterstützungsabende für UMF-Eltern halfen mir sehr, damit halbwegs umzugehen. Irfan war stets misstrauisch, wenn wir Behördentermine hatten, hatte teilweise Angst und rastete manchmal auch ohne erkennbaren Grund aus. Immer wieder hatte man das Gefühl, dass er einfach nicht aus seiner Haut herauskonnte, aber so viel Kraft und Energie in sich hatte. Wir versuchten diesen Zustand mit Sport zu kompensieren, Irfan spielte sehr gerne Tennis und lernte Schi- und Snowboardfahren. Er war mit seinen beiden afghanischen Freunden mit seinem Skateboard unterwegs und wir unternahmen gemeinsam viele Ausflüge und auch Urlaube. Zu anderen Jugendlichen suchte er wenig Kontakt und wir erinnerten uns sehr oft daran, dass er zu Beginn, als er zu uns kam, das Wort »fremd« mit »böse« gleichgestellt hatte. Er hatte gelernt, sich im Iran ständig als »U-Boot« zu verstecken, da seine afghanische Familie dort illegal leben musste. Er war gewohnt, alles heimlich zu machen und keine Kontakte mit anderen zu pflegen, um nicht täglich von iranischen Jugendlichen verprügelt zu werden – das haben wir allerdings erst später erfahren.

Da mein Exmann zu dieser Zeit bereits anderwärtig beschäftigt war, verlor er immer mehr das Interesse an Irfan. Das hatte zur Folge, dass Irfan häufig ausrastete und ich mit ihm allein zurechtkommen musste. Als mein Exmann uns dann 2018 verließ, war Irfan sehr hilfsbereit und »der Mann im Haus«. Wir waren uns sehr nahe, aber ein Leben mit ihm allein konnte ich mir immer weniger vorstellen, obwohl wir manchmal wochenlang gut miteinander auskamen. Er vermisste deutlich die männliche Gesellschaft und ich hatte Angst vor jeder neuen »kritischen Situation«, was ich auch dem Jugendamt mitteilte. Wir beide waren gleichermaßen aufbrausend, sturköpfig und nachtragend, was die Situation nicht gerade entschärfte. Ich schlug damals eine Unterbringung Irfans für einige Wochen in einem Krisenzentrum vor, eine Auszeit. Das wurde aber von unserer Betreuerin der Kinder- und Jugendhilfe strikt abgelehnt, obwohl es bei einem anderen Buben, den ich kenne, Wunder bewirkt hatte. Ich hatte den Eindruck, dass sie Irfan nicht gönnte, wie gut er eigentlich untergebracht war und was ich ihm ermöglichte, und somit wurde auch keine Lösung für das Problem gesucht, sondern ein »Schlechtmachen« meinerseits vorgezogen.

Nach einem neuerlichen, schweren Ausraster Irfans – er war mittlerweile in Wirklichkeit nicht 14 sondern bereits 18 Jahre alt – habe ich mich schweren Herzens dazu entschlossen, ihn der Kinder- und Jugendhilfe zu übergeben. Ich wurde behandelt wie eine »Verbrecherin«, hatte keinerlei Unterstützung vonseiten der Kinder- und Jugendhilfe, durfte bei den Gesprächen mit den Sozialarbeiterinnen ausschließlich allein erscheinen – ich saß einem dreiköpfigen Jugendamtsteam gegenüber – und das eigentliche Problem wurde weder angesprochen noch erkannt. Irfan wurde regelrecht gegen mich aufgehetzt und wir hatten ab diesem Zeitpunkt für längere Zeit keinen Kontakt mehr miteinander. Wenn ich gewusst hätte, wie alt Irfan bereits war, als wir ihn zu uns nahmen, hätte ich ihn von Anfang an anders behandelt bzw. erzogen. Das kreide ich dem Jugendamt bis heute an.

Der Kontakt zu Irfan hat sich in der Zwischenzeit wieder norma-

Auch menschlich habe ich Respekt vor ihm. Seit er in eine betreute Wohngemeinschaft gezogen ist, schafft er es, die Dinge, die er gelernt hat, als er noch bei unseren Eltern gewohnt hat, selbstständig in seinem Alltag umzusetzen. Das sind Fähigkeiten wie Eigenständigkeit, sowohl was das freie Bewegen in der Stadt als auch das Lernen für die Schule betrifft, und vor allem sein Interesse für die ganze Welt. Ich habe den Eindruck, dass er in seinem Kopf ständig dabei ist, ein Puzzle zusammenzusetzen, das sein weiteres Leben sein könnte. Er sucht die fehlenden Informationen und spürt sie auf, wobei er zusätzlich auf immer neue Themen und Möglichkeiten stößt, welche er dann ebenfalls verfolgt. (Sandra, Pflgeschwester von Irfan, 21 Jahre)

lisiert; er kommt gerne zu mir, wir lernen zusammen oder führen einfach nur interessante Gespräche, kaufen notwendige Dinge für ihn ein und verbringen gerne Zeit miteinander. Wir sind uns mehr und mehr ans Herz gewachsen.

Irfan hat auch nach wie vor Kontakt zu seiner Familie, die ihm Druck macht, sie nachzuholen, aber leider nicht über die notwendigen Papiere verfügt, um den Prozess in die Wege zu leiten. Er zerbricht sich ständig den Kopf, wie er dieses Problem für seine Familie lösen könnte, ist zeitweise sehr verzweifelt. Ich hoffe, dass er trotzdem seinen Weg machen, die HTL beenden und auch auf sich achten wird, und dass sich sein Familienproblem eines Tages zum Guten wendet.

Irfan hat unser Leben sehr positiv verändert, wir wurden für andere Kulturen offener, lernten mit ganz neuen Situationen umzugehen und schätzten bzw. schätzen heute noch seine Liebenswürdigkeit und Fürsorge, die er unserer Familie gegenüber an den Tag legt. Er ist verlässlich, geradlinig und ein sehr fleißiger junger Mann, der unser Leben bereichert hat und es noch immer macht. Der Kontakt zu seinen »Schwestern« ist innig und er fehlt niemals bei einer Familien- oder sonstigen Feier. Trotz aller Probleme, die ich hatte, würde ich es wieder machen, allerdings anders bzw. altersgerechter.

Irfan passt so gut in unsere Kultur und nach Wien, in seinen Freundes- und Familienkreis, in unser Schul- und Lehrsystem und auch in das Leistungssystem, da er eine große Freude daran hat, seine Ziele zu erreichen, sich zu verbessern, wenn nicht sogar der Beste in etwas zu sein. (Sandra, Pflegeschwester von Irfan, 21 Jahre)

Ich wollte ein neues Leben beginnen

GHULAM

22 Jahre, Lehrling

Es gibt viele Dinge, auf die ich nicht zurückblicken wollte, weil sie mir schwere Traumata beschert haben. Als ich nach Österreich gekommen bin, wollte ich meine Vergangenheit nur mehr hinter mir lassen, ein neues Leben beginnen. Nach meiner Ankunft kam ich über die Erstaufnahmestelle Traiskirchen nach Wien in eine Wohngemeinschaft. Dort erhielt ich die Möglichkeit, mich für eine Pflegefamilie zu melden.

Bereits in der Wohngemeinschaft litt ich unter Schlafstörungen und Unruhe. Ich war auch sehr reizbar und merkte, dass in mir Wut und Aggressionen hochkochten. Selbstwertprobleme, Unsicherheiten und Angstzustände haben mein Leben durchzogen.

Ich hatte das Glück, dass ich mir beim Deutschlernen immer leichtgetan habe. In der Schule konnte ich mich aber oft nicht konzentrieren. Regelmäßig war ich unausgeschlafen, weil mich immer die gleichen Albträume weckten. Auch die Versuche, am Nachmittag zu schlafen, waren nicht erfolgreich. Für die Schule habe ich schließlich eine Bestätigung über meine psychischen Probleme gebraucht. Mir wurde eine komplexe Posttraumatische Belastungsstörung mit Hypervigilanz und Depressionen attestiert.

Ich hatte die Hoffnung, dass es durch den Umzug in eine Pflegefamilie besser werden würde, da ich nicht mehr ständig von meinen Landsleuten umgeben sein würde. Aber meine Vergangenheit ließ mich nicht in Ruhe. Es gab auch hier immer wieder Trigger, die meine Probleme hochkommen ließen. Ich konnte nicht ohne Anspannung über diverse Themen, wie z. B. mein Heimatland, sprechen. Und irgendwann wurden die körperlichen Belastungen zu groß, ich habe es nicht mehr ausgehalten und hatte Suizidgedanken.

Meine Pflegeeltern waren sehr hilfreich, sie haben sich darum gekümmert, dass ich eine Therapie beginnen konnte. Sie haben hier richtig reagiert, indem sie mir diese Option vorgeschlagen haben, mir gesagt haben, dass es helfen kann, aber auch nicht jedem hilft. Ich hatte keinen Druck von ihnen, eine Therapie zu beginnen. Wäre in irgendeiner Form Druck aufgebaut worden, hätte ich mit Sicherheit sofort abgelehnt. Die Redewendung »Du musst« löst bei mir sofort Abwehr aus.

Die Therapeutin, die meiner Pflegemutter empfohlen wurde und zu der ich schließlich über mehrere Jahre ging, war sehr gut. Ich hatte eine gute Verbindung zu ihr. Anfangs ging ich zweimal die Woche hin. Gegen Ende der Therapie wurden die Intervalle größer, nach zwei oder drei Jahren war ich nur mehr einmal im Monat bei ihr.

Das Reden war nicht so einfach für mich zu erlernen. Am Anfang habe ich immer meine Therapeutin gefragt, wie es ihr geht. Sie hat dann jedes Mal gemeint, dass es nicht um sie, sondern um mich geht. Später hatte ich mehr Übung, über mich zu sprechen, und heute bin ich so weit, dass ich recht gut über mich reden kann. Wenn mir jemand anderer etwas Belastendes erzählt, bin ich aber oft unsicher, wie ich reagieren soll.

Wenn ich an meine Vergangenheit denke, so würde ich sagen, dass 40 Prozent meines Traumas die Flucht betreffen und 60 Prozent meine Kindheit. Ich bin im Kontakt mit meiner leiblichen Mutter und ich sehe, wie sehr sie ebenfalls eine Therapie bräuchte. Wie so viele unserer Landsleute lehnt sie das ab. Sie meint, sie wäre nicht verrückt, es gehe ihr gut. Ich habe ihr erzählt, dass ich eine Therapie mache, aber danach hat sie sich nur noch mehr Sorgen um meine Gesundheit gemacht.

Ich selbst bin sehr froh, dass ich meine Therapie auf Deutsch gemacht habe. Wenn ich die Therapie in meiner Muttersprache gemacht hätte, hätte ich meine Gefühle gar nicht so ausdrücken können. Ich wollte ein anderer Mensch werden und daran hätte mich meine Muttersprache gehindert. Meine Therapeutin hat mir sehr gut erklärt, dass ich meine Vergangenheit und mein »inneres Kind« nicht vernachlässigen darf. Dass meine Vergangenheit auch immer ein Teil von mir sein wird. Für andere Menschen mag es anders sein, sie tun sich in der Muttersprache leichter, weil sie sich so besser ausdrücken können.

Ich bin meiner Pflegefamilie sehr dankbar für all ihre Unterstützung und natürlich auch für die Möglichkeit, eine Therapie machen zu können. Wäre ich in einem Wohnheim geblieben, hätte ich nicht gewusst, woher ich das Geld dafür hätte nehmen sollen. Neben meiner Pflegefamilie, die das alles mit mir durchgemacht hat, tut mir oft auch meine Freundin leid; sie muss mich aushalten oder ganz oft nachfragen, was gerade wieder mit mir los ist. Manchmal denke ich auch darüber nach, wo ich ohne mein Trauma heute wäre. Ich habe zweimal die Schule gewechselt, weil ich mich nicht ausreichend konzentrieren konnte. Es liegt nicht daran, dass ich kognitiv nicht in der Lage bin, den Lernstoff zu bewältigen, sondern dass ich durch meine Beeinträchtigungen nicht fähig war, mich zu konzentrieren. Heute könnte ich bereits die Matura haben und würde studieren. Auch wenn mich das manchmal unzufrieden macht, bin ich froh, dass die Therapie bei mir gewirkt hat. Ich wollte keine Medikamente nehmen, aber ich hätte es gemacht, wenn ich keine andere Möglichkeit gefunden hätte. Der Erfolg der Therapie ist langsam gekommen. Ich kann nicht sagen, ab welchem Zeitpunkt. Ich habe einfach gemerkt, dass mich gewisse Situationen irgendwann nicht mehr so aufgeregt haben. Ich habe fünf Jahre gewartet, bis ich Asyl bekommen habe. Seither sind meine Beschwerden deutlich weniger geworden, ganz weg sind sie nicht. Mein Trauma lässt sich natürlich nicht heilen, aber ich habe gelernt damit zu leben.

Anderen Jugendlichen kann ich nur raten, eine Therapie auszuprobieren. Pflegeeltern sollten ruhig und sachlich erklären, was eine Therapie bringen kann, aber auch nicht zu viele Hoffnungen machen. Wenn die Erwartungen zu groß sind und es dann nicht funktioniert oder sich nicht schnell genug Besserung einstellt, tut das allen Beteiligten nicht gut. Ganz wichtig ist natürlich auch, dass die Beziehung zum Therapeuten oder der Therapeutin passt. Und hier habe ich es einfach gut erwischt.

Perfekte Übereinstimmung
in perfider Bedrohung

Pflegemutter von Ghulam

Hamburg, ein Sommerabend 2021. Wir warten darauf, dass unsere reservierten Plätze im Restaurant frei werden. Inzwischen machen wir Selfies vor der imposanten Kulisse des Hamburger Hafens. Wir, das sind mein Mann und ich, unser erwachsener »Gast«-Sohn[1] Ghulam und seine Freundin.

Ohne »Gast« vor dem Sohn wäre diese Szene nicht wirklich berichtenswert. Naja, vielleicht als netter Höhepunkt einer ersten Auslandsreise nach längerer Corona-Pause. Aber das hier ist Ghulams *allererste* Auslandsreise, seit er in Österreich ist.

Vor einem Jahr noch ein unerreichbarer Traum, kann Ghulam nun mit seiner Freundin eine bedeutende deutsche Stadt mit einem ganz anderen Akzent in der Sprache erkunden.

Wir lernen uns kennen

Im September 2015 kam Ghulam als 15-Jähriger nach Österreich. Ursprünglich kommt er aus Afghanistan und 2015 flüchtete er nicht zum ersten Mal. Bereits als Kind musste er mit seinen Eltern die Heimat Richtung Iran verlassen. Im Iran bekam Ghulam noch jüngere Geschwister. Doch ist die Familie auch nach 20 Jahren im Iran noch nicht legalisiert. Niemand von ihnen hat Dokumente; das bedeutet, sie sind offiziell inexistent.

---

[1] In diesem Beitrag wird der Begriff Gastsohn verwendet, da es sich organisatorisch um eine sogenannte Gastfamilie handelte. Das sind Familien, bei denen die Finanzierung des Pflegeelterngeldes über die Grundversorgung abgewickelt wurde und nicht über die Kinder- und Jugendhilfe. Aus juristischer Perspektive handelt es sich, wie bei allen anderen Familien, um eine Pflegefamilie. Näheres hierzu auf S. 24f.

Wir lernten Ghulam zehn Monate nach seiner Ankunft kennen. Wir, das sind in diesem Fall mein Mann, ich, unsere bereits erwachsenen Kinder und der Freund unserer Tochter.

Unsere Tochter und ihr Freund planten ihren Auszug. Das Zimmer unserer Tochter sollte daher in absehbarer Zeit frei werden. Die Idee, eine/n unbegleitete/n jugendliche/n Geflüchtete/n aufzunehmen, hatten wir schon länger. Also machten wir im Sommer 2016 eine vorbereitende Schulung. Wir waren schon gespannt, wen sie uns vorstellen würden.

An einem Sonntag fuhren wir gleich alle fünf zum vereinbarten Treffpunkt in einer Wohngemeinschaft. Wir waren etwas nervös, aber der junge Mann, der uns dort erwartete, machte einen noch viel nervöseren Eindruck. Wir konnten uns sofort ohne Probleme verständigen, denn Ghulam konnte schon ziemlich gut Deutsch nach dieser eigentlich noch nicht so langen Zeit in Österreich.

Rückblickend war es – wenn es denn so etwas gibt – »Liebe auf den ersten Blick«, oder besser noch: »a perfect match«. Ghulam konnte zu diesem Zeitpunkt nicht nur sehr gut Deutsch und auch Englisch, er war sehr reflektiert und wirklich sehr reif für sein Alter. Als Einziger seiner Wohngemeinschaft besuchte er damals eine reguläre AHS-Klasse. Im gleichen Schuljahr sollte er seinen Pflichtschulabschluss machen.

Wir vereinbarten zunächst einmal, dass uns Ghulam jeweils am Wochenende besuchen sollte. Wir aßen gemeinsam, wir loteten unsere Geschmäcker aus. Ghulams Vorlieben entsprachen ziemlich den meinen. Bei jeder neu entdeckten Übereinstimmung dachte ich mir und sagte es auch manchmal: »Mein Kind«. Ghulam probierte so ziemlich alles aus, auch Schweinefleisch, Schinken, Wurst, Wein, Bier etc.

Er machte alles mit, was wir an den Wochenenden geplant hatten. Wir fuhren einkaufen oder zur Verwandtschaft nach Ober-

Anfangs hat Ghulam noch nicht so viel gesprochen. Er konnte schon sehr gut Deutsch, aber ich würde sagen, er ist manchmal ein Perfektionist. Ich erinnere mich noch sehr gut an unsere erste lange Unterhaltung, er fragte mich, was Freiheit für mich bedeutet. Ich habe mich bemüht, einfach und klar meine Ansicht zu erklären, und war anschließend überrascht, wie gut er sich ausdrücken konnte und wie reflektiert er war. (Pflegevater von Ghulam)

Ghulam entdeckte bei uns seine Liebe zu gutem Wein. Später wagten wir uns auch an Hochprozentiges. Als wir gemeinsam Rum verkosteten, hatten wir genau den gleichen Geschmack und bewerteten sehr ähnlich.

Früher hatte ich bei den Kindern die Reste aufgegessen und diesmal habe ich, nachdem Ghulam ins Bett gegangen war, unsere ganzen Kostproben ausgetrunken. (Pflegevater von Ghulam)

österreich – was für Ghulam sicher eine zusätzliche sprachliche Herausforderung bedeutete –, wir machten Ausflüge in Weingebiete und besuchten gemeinsam den Friedhof.

Einzig die Renovierung der Wohnung unserer Tochter zog sich in die Länge. Dennoch nahmen wir Ghulam nach drei Monaten ganz bei uns auf. Noch weitere drei Monate sollte er im Wohnzimmer »campieren«, bis sein zukünftiges Zimmer endgültig frei war.

Dabei besuchte Ghulam weiterhin die gleiche AHS, nun mit einem wesentlich längeren Schulweg, und spielte Fußball in diversen Gruppen. Endlich konnte er mit unserer Zustimmung, da wir die Vertretungsbefugnis von der Kinder- und Jugendhilfe übertragen bekommen hatten, auch in einem Fitnesscenter trainieren.

Wir vertrauen einander –
Ghulam erzählt uns seine Geschichte

Es dauerte nicht lange und Ghulam begann, über seinen Fluchtweg – er nannte es immer »meine Reise« – und seine Beweggründe zur Flucht offen zu sprechen.

Wie erwähnt, hatte Ghulams Familie nach wie vor keine Aufenthaltsberechtigung im Iran. Seine Eltern und Geschwister konnten nur in den informellen Strukturen einer Erwerbstätigkeit nachgehen bzw. die Schule besuchen. Beide Eltern verdienen den Lebensunterhalt, die Mutter von zuhause aus, der Vater oft auch auswärts. Die Familie hatte damit einen ausreichenden Lebensunterhalt im Iran.

Ghulams Familie, vor allem der Vater, ist streng religiös. Ghulam wurde für eine geistliche Laufbahn vorgesehen.

Für Ghulam gab es keine vorschulische Bildung. Mangels anderer Möglichkeiten für Afghanen im Iran besuchte er ab dem Alter von siebeneinhalb Jahren eine von Afghanen privat organisierte Grundschule. Über Umwege konnte er eine Regelschule besuchen. Aus einer weiterführenden Schule wurde er entfernt und in eine Koranschule geschickt. Ghulam hinterfragte die religiösen Inhalte und löste damit Konflikte mit den Autoritäten aus. Nach diesen Erfahrungen begann Ghulam im Alter von 14 Jahren gemeinsam mit seinen Verwandten zu arbeiten.

Es folgte ein weiterer Versuch der schulischen Bildung in einer religiösen Institution. Nach wiederholter Hinterfragung der religiösen Lehrinhalte eskalierte die Situation. Ghulam wurde mit ausdrücklicher Einwilligung seines Vaters mehrfach körperlich bestraft und dabei schwer misshandelt.

Der Vater selbst pflegte einen sehr autoritären und, insbesondere gegenüber Ghulam, gewalttätigen Erziehungsstil. Durch die in seinen Augen religiösen Verirrungen des ältesten Sohnes fühlte er sich besonders provoziert. Doch Ghulam fiel es immer schwerer, die vermittelten religiösen Vorschriften und die religiöse Praxis im Alltag als sinnvoll und nachvollziehbar zu erachten. Der Prozess der Abkehr vom Islam war für Ghulam unumkehrbar.

Der Direktor in der Schule schlug dem Vater vor, Ghulam zur Läuterung in den Kampf nach Syrien zu schicken. Der Vater hielt das für eine gute Option. In der Moschee wurden junge, mehr oder minder Freiwillige hauptsächlich aus afghanischen Familien rekrutiert, oft mit dem Versprechen, gut zu zahlen und/oder den Status der Familie im Iran zu legalisieren.

Wir konnten von Anfang an gut und offen miteinander reden. Ghulam hat noch nicht so lange bei uns gewohnt, als er mir das erste Mal von seiner Vergangenheit erzählte. Er begleitete mich zur Apotheke und dort ergab sich ein Gespräch, bei dem die Apothekerin meinte: »Ein Vater bleibt immer ein Vater.« Dieser Satz war sein Auslöser, er sagte, er müsse mir noch etwas erzählen. Damals erfuhr ich von seiner schweren Vergangenheit und davon, wie grausam *sein* Vater war. (Pflegevater von Ghulam)

Einige Freunde Ghulams wurden auf diese Weise in den Kampf nach Syrien geschickt. Keiner von ihnen kam lebend zurück. Was konkret seinem Vater in diesem Zusammenhang versprochen wurde, weiß Ghulam nicht genau. Ihm wurde der Kampfeinsatz in Syrien als letzte Chance zu Läuterung und Sündenerlass dargestellt.

Der Plan wurde nicht umgesetzt, weil der Vater damals aufgrund beruflicher Verpflichtungen nicht zuhause war. In diesem knappen Zeitfenster organisierte Ghulams Mutter die Flucht aus dem Iran. Welche allfälligen Konsequenzen seine Mutter für ihre Beihilfe zu seiner Flucht tragen musste, hat er bis heute nicht erfahren.

Der Vater hat Ghulam seit seiner Flucht verstoßen und möchte nichts mehr mit ihm zu tun haben. Ghulam hat sporadisch telefonischen Kontakt mit der Mutter und den Geschwistern. Obwohl er große Sehnsucht nach seiner Mutter und seinen Geschwistern hat, hat Ghulam nie den Wunsch geäußert, seine Familie nach Österreich nachkommen zu lassen.

Seit wir ihn kennen, bezeichnet sich Ghulam immer als Agnostiker. Das ist auch die beste Beschreibung dessen, was auf alle unsere Familienmitglieder zutrifft. Um Konflikte zu vermeiden, geht Ghulam Menschen mit fanatischen religiösen Überzeugungen und starren Gesinnungen konsequent aus dem Weg.

Wir wachsen zusammen und warten…

… auf das Asylverfahren.

Nach seinem Pflichtschulabschluss wurde Ghulam an einer HTL aufgenommen. Trotz des Altersunterschieds zu den meisten anderen Mitschülern hatte er einen guten Start in der neuen Schule. Der weitere Bildungsweg schien vorgezeichnet zu sein.

Dass das Asylverfahren, d. h. die Befragung vor dem Bundesamt für Fremdenwesen und Asyl, so lange auf sich warten ließ, war einigermaßen belastend. Ghulam klagte zunehmend über Unruhe und Schlafschwierigkeiten. Nach Beratung durch die Schulpsychologin begann er mit einer Traumatherapie.

Ich selbst hatte in der Zwischenzeit begonnen, Farsi/Persisch zu lernen. Nicht weil es notwendig gewesen wäre – Ghulam konnte ja Deutsch –, sondern weil ich die Chance, mit einem Native Speaker zusammen zu wohnen, einfach nutzen wollte. Ghulam unterstützte mich sehr während der zweieinhalb Jahre meiner intensiven Beschäftigung mit der persischen Sprache.

Nach fast zweieinhalb Jahren Aufenthalt in Österreich, als Ghulam bereits volljährig war, fand dann die lange erwartete Befragung beim Bundesamt für Fremdenwesen und Asyl statt. Es waren lange fünf Stunden, geführt von einem jungen Mitarbeiter, der leider sehr wenig Ahnung hatte. Der Begriff »Traumatherapie« schien ihm nicht geläufig zu sein, denn sprach immer von »Traumtherapie«. Auch Ghulams Erläuterung zu seinen Fluchtgründen kam bei ihm nicht an, denn ohne jegliches Vor- und Hintergrundwissen konnte er nichts verstehen. Auch die Dolmetscherin war keine Hilfe, sprachlich war sie sicher gut, schien aber kein Wissen über religiöse Praktiken und Hintergründe zu haben.

Wenig später kam dann der negative Asylbescheid. Vor uns tat sich ein Abgrund auf.

Ich habe beruflich viel mit Texten zu tun, aber so etwas wie den Bescheid, die erste Entscheidung im Asylverfahren, habe ich noch nie gelesen. Die Argumentation war so unerhört, ich bin richtig aggressiv geworden. Nach dem Lesen musste ich mich hinlegen. (Pflegevater von Ghulam)

Vorläufige Perspektive: Bedrohung

Ghulam reichte fristgemäß eine Beschwerde gegen den Asylbescheid ein und war damit bis zur Verhandlung in der nächsthöheren Instanz beim Bundesverwaltungsgericht vor einer Abschiebung geschützt. Aber das Gefühl der Bedrohung dominierte, nicht zuletzt wegen der Zusammensetzung der damaligen türkis-blauen Bundesregierung und ihres Innenministers.

Kurz vor seiner Flucht aus dem Iran war Ghulam gefoltert worden. Seine Ersthelfer in Österreich konnten sich erinnern, dass 2015 bei ihm Verletzungen sichtbar waren. Sie konnten sie jedoch damals nicht als Folterspuren deuten, denn Ghulam sprach nicht darüber. Ghulam und ich suchten einen Spezialisten für Folterspuren auf. Dieser konnte nach drei Jahren keine eindeutige Diagnose mehr stellen. Doch diese Konsultation im Krankenhaus, bei der Ghulam genau den Vorgang der Folterung schilderte und ihn mit seinem Körper darstellte, hat sich für immer in mein Herz eingebrannt.

Aufgrund der guten Leistungen vor dem negativen Asylbescheid schaffte Ghulam die erste Klasse HTL problemlos. Während der zweiten Klasse und somit nach dem Asylbescheid nahmen die Nächte mit massiven Schlafstörungen zu und damit auch die

Fehltage in der Schule. Ghulam versäumte somit sehr viel vom Unterricht. Die therapeutische Begleitung nahm er weiterhin in Anspruch.

Nach einem weiteren Schulwechsel und pandemiebedingtem Homeschooling war Ghulam auch in dieser Zeit der Bedrohung ein geselliger Mensch, er machte weiterhin Sport. Aber die weniger strukturierten Zeiten im Jahr, sprich: die Ferienwochen, waren immer die Zeiten, wo er am meisten in sich gekehrt war. Wir hätten ihm so gerne einen Führerscheinkurs ermöglicht, doch das war mit seinem Status als Asylwerber ausgeschlossen.

Zu Beginn der Pandemie lernte Ghulam seine heutige Freundin kennen. Das war ein echter Lichtblick in dieser Zeit der Bedrohung. Seine Freundin unternahm im Sommer 2020 noch zwei Reisen ins europäische Ausland, die schon länger geplant waren. Ghulam konnte als Asylwerber nicht mit.

Aber wir haben immer wieder von Reisen ins Ausland geträumt. Amsterdam, Hamburg oder Madrid, die Heimstadt von Ghulams favorisiertem Fußballclub Atlético Madrid, waren seine ersten Wunschziele.

Im Herbst 2020 kam dann endlich die Ladung zur Verhandlung beim Bundesverwaltungsgericht. Sie sollte Anfang November stattfinden. Wir organisierten einen fachkundigen Anwalt. Dieser beriet Ghulam, welche Zeugen er für die Verhandlung benennen sollte. Schließlich waren es mein Mann, seine Freundin und ein Priester aus einer katholischen Pfarre, in der Ghulam bereits 2015 mit dem Fußballspielen begonnen hatte. Dieser Priester konnte von Ghulams Einstellung zu Religion vom Beginn seines Aufenthalts in Österreich berichten, denn nach dem Fußballspielen gab es in dieser Pfarre immer Gesprächsrunden mit den Jugendlichen.

Wegen Erkrankung des Richters fand die Verhandlung erst einen Monat später statt. Nach der Verhandlung war klar, dass Ghulam in Österreich bleiben durfte, aber ob mit der sogenannten Aufenthaltsberechtigungskarte Plus oder mit Asyl, war noch nicht klar.

Kurz vor Weihnachten 2020, und somit nach mehr als fünf Jahren Aufenthalt in Österreich, vier Jahre davon bei uns, kam der positive Asylbescheid. Eine ganze Steinlawine fiel uns vom Herzen.

Welt, was willst du mehr? ...

... Eigentlich eine Pandemie weniger.

Mitten in der zweiten Welle der Corona-Pandemie waren alle notwendigen Amtswege doppelt so lang und gefühlt doppelt so kompliziert. Aber wir ließen uns nicht von den sogenannten Mühen der Ebene abschrecken. Ghulam war jetzt sicher. Das war das Allerwichtigste.

Wir merkten nun noch einmal deutlich, wie widersprüchlich dieses Asylsystem in Österreich organisiert ist: Vor dem Asylbescheid hätte Ghulam nicht unselbstständig erwerbstätig sein dürfen, nach dem Asylbescheid musste er sofort dem Arbeitsmarkt zur Verfügung stehen. Hätte er seine HTL-Laufbahn wie ursprünglich geplant fortgesetzt, hätte er mitten in der 4. Klasse von der Vollzeitschulform in eine berufsbegleitende Form wechseln müssen. Absurd, oder?

Ghulam hat mittlerweile einen Konventionspass. Mit diesem und einer vollständigen Corona-Immunisierung war seine erste Auslandsreise nach Hamburg möglich. Aktuell macht er auch den Führerschein. Den Theoriekurs und die ersten Fahrstunden hat er bereits absolviert, wir warten gerade auf die Berechtigung für das »L-Taferl« (die in Österreich vorne und hinten am Fahrzeug angebrachte Kennzeichnung, die zu Übungs- und Prüfungsfahrten berechtigt).

Seit kurzem wissen wir, dass seinem Antrag auf Änderung seines Namens stattgegeben wurde. Er trägt nun offiziell den Nachnamen meines Mannes.

Ghulam ist diesen Sommer aus unserer Wohnung in eine Wohngemeinschaft mit zwei Studierenden gezogen und fängt eine Lehre als IT-Techniker an. Ja, unser Sohn macht seinen Weg.

Ghulam und seine Freundin einfach in Hamburg treffen zu können, war wunderschön.

Mutter der unerfüllten Wünsche

Pflegemutter von Parwana

Seit 2009 bin ich im Asylbereich tätig, das heißt, der Umgang mit Geflüchteten ist für mich Alltag, einige wurden auch zu FreundInnen oder besseren Bekannten. Mein späteres Pflegekind Parwana, damals 14 Jahre alt, lernte ich 2016, ca. acht Monate nach ihrer Ankunft in Österreich kennen. Sie war mit einer Freundin zu einem Fest gekommen. Ich war fasziniert, ihre Ausstrahlung war freundlich, sie wirkte gut gelaunt und glücklich. Sie spielte ausgelassen mit meiner Tochter, die beiden hatten sichtlich Spaß, was dazu führte, dass ich sie recht schnell ins Herz schloss. Wir tauschten schließlich die Kontaktdaten aus und so kam es zu weiteren Treffen, da wir auch nicht weit voneinander wohnten. Es entwickelte sich schnell ein enges Verhältnis, regelmäßig unternahmen wir etwas oder sie kam zu uns auf Besuch.

Ich wusste, dass Parwana gerne in einer Familie wohnen würde, am liebsten gemeinsam mit ihrem Bruder, der ebenfalls in Wien lebte. Eine Aufnahme zu uns kam zunächst aufgrund unserer Wohnsituation nicht in Frage, aber wir hatten den Gedanken, uns in den nächsten ein bis zwei Jahren eine größere Wohnung zu suchen. Ich habe diese Idee – mit dem Hintergedanken, Parwana bei uns aufzunehmen – ab diesem Zeitpunkt etwas intensiver verfolgt. Mein Lebensgefährte wusste um meine Intentionen, wenngleich ich heute weiß, dass er meine Idee damals nicht besonders gut fand. Hätte er es mir zum damaligen Zeitpunkt gesagt, ich hätte an meinem Entschluss wahrscheinlich nichts geändert, ich war viel zu sehr mit meiner Idee beschäftigt.

Es kam daher der schöne Moment, als ich mit den beiden Mädchen eislaufen war und die frohe Botschaft verkünden konnte, dass wir eine größere Wohnung haben würden und Parwana bei uns aufnehmen könnten, sie sogar ein eigenes Zimmer bekommen würde. Das war wunderschön und wir konnten es alle nicht mehr erwarten, dass es endlich so weit war. Es fehlten noch ein paar Formalitäten, die jedoch im Vergleich zu anderen Dingen nicht so schwer zu bewältigen waren. Auch von Seiten der leiblichen Mutter war das Einverständnis da, dass ihr Kind zu uns ziehen dürfe, ich habe das persönlich mit Hilfe einer Dolmetscherin erfragt. Dieses Nachfragen war von mir wohl eher als Geste der Höflichkeit gemeint, die Mutter wusste natürlich bereits Bescheid und wollte, dass ihr Kind glücklich ist.

Wenige Wochen vor dem Umzug wurde Parwanas Familie durch einen Schicksalsschlag, der eines ihrer Geschwister betraf, schwer getroffen. Es war nicht der erste Schicksalsschlag, kam jedoch sehr unerwartet. Ich weiß gar nicht mehr, wann oder wie ich es erfahren hatte, jedoch musste ich die schlechte Botschaft im Beisein von Parwana an ihren jüngeren Bruder übermitteln. Beide Kinder sind zusammengebrochen.

Die Wohngemeinschaft, in der Parwana damals noch wohnte, erhöhte daraufhin den Druck, dass der Umzug bald vonstattengehen sollte. Ich gehe davon aus, sie glaubten, dass Parwana dadurch leichter ablenkbar wäre. Ich reduzierte meine Berufstätigkeit um ein paar Stunden und beschleunigte den Umzug. Doch mir war klar, dass das Glück nicht gleich zurückkommen konnte. Da sich im Asylverfahren noch nichts getan hatte, schrieb ich ein E-Mail an das Amt mit der Bitte, doch das Verfahren voranzutreiben. Wenigstens das funktionierte, wir hatten sehr bald einen Ladungstermin. Mit dem jüngeren Bruder gab es wenig Kontakt: Da beide Kinder die gleiche Schule besuchten, liefen sie sich zwar immer wieder über den Weg, Unterstützung waren sie einander jedoch kaum.

Es folgte die Zeit des Wohnung-Einrichtens, schön und anstrengend zugleich. Schwierig war es, mit Parwana einkaufen zu gehen, sie war sehr wählerisch; es sollte immer das Schönste sein, aber am besten nicht viel kosten. Mich hat das durchaus etwas Nerven gekostet. Heute würde ich das anders machen: selbst entscheiden und das Kind vor vollendete Tatsachen stellen. Um sie glücklich zu machen, war natürlich ihr Zimmer als Erstes fertig. Wir schliefen etwas länger auf Matratzen auf dem Boden, bevor wir ein Bett bekamen oder Lampen die Wohnung wohnlicher machten. Mich störte das nicht so sehr, meinen Lebensgefährten schon.

Er meinte, ich würde meinem Pflegekind zu viel Aufmerksamkeit schenken. Ich wollte den Schmerz lindern, den ich sehen konnte, und war gefangen in einem Hamsterrad von Verpflichtungen und dem Konflikt, dass es für Parwana nie genug zu sein schien.

Ich wusste im Vorfeld, dass ich ein traumatisiertes Kind aufnehmen würde, dass mein Mädchen regelmäßig Medikamente nehmen und dass ich das ständig im Blick behalten musste. Zu meiner Überraschung musste ich feststellen, dass abgesehen von verschriebenen Psychopharmaka von Seiten der Wohngemeinschaft nicht viel passiert war. Es gab keine organisierte Freizeitgestaltung, keine regelmäßige Therapie, keine strukturierte Lernbegleitung und gleichzeitig hatte Parwana einige körperliche Beschwerden, die noch nicht ordentlich untersucht worden waren. Also habe ich das alles organisiert und die Termine mit Parwana absolviert. Die Medikamentendosis wurde verdoppelt, was gleich mal ordentlich schiefging, Dauermüdigkeit und vermehrter Schwindel waren die Folge, aber das erkennt man im ersten Moment ja noch nicht und rotiert weiter. Psychotherapie beantragten wir bei der MAG ELF, der Kinder- und Jugendhilfe. Ich organisierte zwei Freizeitaktivitäten: Kampfsport und das Spielen eines Instruments, zwei bis dahin ewig unerfüllte Wünsche. Ich war richtig stolz auf mich, was ich in so kurzer Zeit alles hinbekommen hatte. Aber es war eigentlich noch immer nicht genug. Es gab immer noch zu viel Zeit, in der Parwana nachdenken, trauern und leiden konnte. Mit meiner Tochter spielte sie kaum mehr, die erwünschte große Schwester, auf die meine Kleine sich so sehr gefreut hatte, war immer nur traurig. Natürlich wollte ich das bei meinem leiblichen Kind auch ausgleichen, jedoch war ich auch noch berufstätig und die Wohnung war noch nicht ganz fertig eingerichtet. Von meinem Umfeld kam nicht so viel Unterstützung, wie ich es mir erwartet hatte. Eigentlich wohnten Großeltern ums Eck, aber sie hatten zu diesem Zeitpunkt wohl selbst andere Dinge, die sie beschäftigten. Hilfe kam nur punktuell und nur, wenn ich dezidiert mit Datum und Uhrzeit darum gebeten hatte. Dass die beschriebene Situation der eigenen Beziehung und der Gesamtfamiliendynamik nicht besonders gutgetan hat, brauche ich wohl lediglich der Vollständigkeit halber zu erwähnen.

Viele Hamsterraddrehungen später hat Parwana eines Abends zu viele Tabletten eingenommen – ein weiterer Krankenhausbesuch und ein Polizeieinsatz waren die Folge. Zum Glück waren es nur Schmerztabletten, die »Überdosis« verursachte lediglich mehr Schmerzen als dass sie dagegen half, und ich bekam das Kind nach einem Gespräch auf der Kinder- und Jugendpsychiatrie umgehend wieder nach Hause. Ich hatte auf eine stationäre Aufnahme gehofft, aber mein Mädchen konnte glaubhaft versichern, dass sie sich zuhause wohl fühlte und die Einnahme der vielen Tabletten nur ein verzweifelter Versuch gewesen war, die Kopfschmerzen zu beseitigen.

Nun, da waren wir wieder zuhause. Das Kind wollte nur noch schlafen gehen, ich war erledigt und mein Lebensgefährte war gereizt. Er war weniger in Sorge als dass er das Verhalten von Parwana als undankbar bezeichnete. Meine leibliche Tochter hat zum Glück alles verschlafen.

Natürlich musste ich den Vorfall der Kinder- und Jugendhilfe melden und wurde auch sofort zu einem Gespräch bestellt. Ich war ratlos, wie es weitergehen sollte. Kurzum, mit unserer Sozialarbeiterin stimmte für mich persönlich die Chemie nicht ganz, fachlich hatte sie wahrscheinlich den richtigen Riecher. Bei ihrem ersten Hausbesuch nach dem Einzug war sie bei uns am Tisch gesessen, wir waren alle versammelt, Eltern und beide Mädchen, und sie sagte zu meinem Lebensgefährten, dass die Beziehung zwischen ihm und Parwana nicht funktionieren werde, da sie ihn nicht als Autoritätsperson anerkennen würde. Das war ein ziemlicher Schlag ins Gesicht. Wäre es nicht besser gewesen, ihn darin zu unterstützen, ein besseres Verhältnis zu dem Mädchen aufzubauen? Oder wäre es nicht sinnvoller gewesen, diesen Kommentar zumindest in Abwesenheit der beiden Mädchen abzuladen?

Bald waren wir beim dritten Krisengesprächstermin (zuerst ich alleine; dann Parwana alleine; zu diesem Gespräch wurde ich später hinzugerufen und dann schließlich auch mein Lebensgefährte). Fazit: Parwana wollte unbedingt bei uns bleiben und bat uns, ihren »Fehler« doch zu verzeihen. Ich war absolut überfordert und mein Lebensgefährte war sehr betroffen vom Gespräch mit der Sozialarbeiterin. Sie hatte ihm erklärt, dass Parwana die

Beziehung zwischen ihm und meiner Tochter gefährden würde. Ich hatte das Gefühl, mich zwischen Pflegekind und Beziehung entscheiden zu müssen. Mein Herz hätte das Kind gewählt, mein Verstand wählte die Beziehung.

Für Parwana ging es in ein Krisenzentrum, von dort weiter in eine neue WG, von dort weiter in eine betreute Wohnung. Was mich tröstet, ist, dass die nachfolgenden Stationen alle besser waren als die Wohngemeinschaft, in der sie vorher gewesen war und in die sie nicht zurückkonnte, da kein Platz frei war.

> Ich habe nicht so lange in der Pflegefamilie gewohnt und es liegt schon weit zurück. Wenn ich nun zurückblicke, kann ich sagen: Obwohl ich damals so weit weg von meiner leiblichen Familie war, habe ich mich bei meiner Pflegefamilie sicher und zuhause gefühlt. (Parwana)

Meine nächste Station waren die zwei Wochen Urlaub, die wir eigentlich in Italien verbringen wollten. Ich hatte ein massives Burnout, wir sind nicht auf Urlaub gefahren und ich habe diese zwei Wochen hauptsächlich geschlafen. Mein Lebensgefährte hat die Zeit mit meiner Tochter verbracht, ich ging regelmäßig ins Krisenzentrum, um Parwana zu besuchen. Es war eine elende Zeit, ich hatte starke Schuldgefühle, doch wusste ich auch, dass es so nicht weitergehen konnte. Die Sozialarbeiterin hatte schon recht mit ihrer Überlegung, dass ich nicht die Kapazitäten für ein hochgradig traumatisiertes und teilweise suizidales Kind gehabt hätte. Ich konnte sie nicht den ganzen Tag an der Hand nehmen, und wer würde ihren Zustand überwachen, wenn ich arbeiten war?

Es war mir wichtig, den Kontakt zu halten, auch wenn ich zwischendurch das Bedürfnis hatte, diesen Teil meines Lebens hinter mir zu lassen. Wir haben uns von da an ungefähr alle drei bis vier Wochen gesehen, bei Treffen, die großteils positiv verliefen. Speziell kontaktierte mich Parwana, wenn sie Fragen hatte oder sich in einer Angelegenheit nicht ganz auskannte. Sie wusste, dass sie mir vertrauen konnte und dass ich mich im Asylbereich so gut auskannte, dass ich ihre Unsicherheiten aufklären konnte oder wusste, bei welcher Stelle ich nachfragen konnte. Parwana war und ist nach wie vor bei allen Familienfeiern eingeladen, es ist mir wichtig, ein Kontinuum für sie zu sein. Sie bedeutet mir immer noch sehr viel, jedoch würde ich sagen, dass sich mein Zugang zu ihr verändert hat. Früher hatte ich sehr mütterliche Gefühle, heute fühlen sie sich eher freundschaftlich an. Ab dem Umzug in ihre erste eigene Wohnung war es für mich auch wieder leichter, Kontakt zu halten. Ich fühlte mich gegenüber der Wohngemeinschaft eher wie eine Mutter, die versagt hatte. Das wurde nie ausgesprochen, aber das Gefühl konnte mir keiner nehmen. Im betreuten Wohnen wurde ich mehr als Ressource gesehen und ich hatte einen guten Kontakt zu ihrer Betreuerin. Mittlerweile ist Parwana volljährig, sie hat ihre ganz eigene Wohnung und steht knapp vor dem Lehrabschluss, es ist toll, wie sie ihren Weg gemeistert hat!

Einen kleinen Schwenk möchte ich nochmal zum Asylverfahren machen. Nach der Einvernahme beim Amt kam lange keine Antwort. Acht Monate später habe ich Parwana darin bestärkt, eine Weihnachtskarte an den Referenten zu schicken. Vielleicht war das der Grund, vielleicht war es auch Zufall, die Entscheidung kam kurz darauf. Es war nur subsidiärer Schutz und nicht Asyl, es ging somit in die »nächste Runde«. Weitere eineinhalb Jahre später bekamen Parwana und ihr jüngerer Bruder Asyl. Parwana wurde einige Monate später volljährig, die Familienzusammenführung war daher realistisch nur mehr über den Bruder möglich, ein weiterer Krimi. Es hat funktioniert – zwei Monate, bevor der Bruder volljährig wurde, durfte die Mutter mit den jüngeren Geschwistern nach Österreich einreisen (eine volljährige Schwester blieb zurück). Abgesehen von der wieder »unendlichen« Bearbeitungsdauer hat die Familie einmal den Flug verpasst, einmal hätte ein positiver COVID-Schnelltest beinahe alles zunichte gemacht, es war Anspannung bis zum Schluss. Am Flughafen haben wir natürlich gemeinsam gewartet, ich bin selbst beim Schreiben noch immer gerührt ob dieses emotionalen Moments. Sieben Jahre hatten diese Kinder ihre Mutter nicht gesehen! Nach der Ankunft und der Begrüßung lag Parwana weinend in meinen Armen, der Stress durfte abfallen. Die Mutter verstand die Welt nicht ganz und meinte, sie wäre doch endlich da. Ich habe in diesem Moment die Verbindung zum Kind, nicht nur zur Freundin, wieder gespürt.

Heute hat die Mutter eine eigene Wohnung, die jüngeren Geschwister gehen in die Schule. Man könnte sagen, alles ist gut. Fast. Parwana ist mit ihrer Familie sehr intensiv beschäftigt, Arztbesuche,

Moschee, Schule der Geschwister, gemeinsame Feste, diverse Behördenwege, dolmetschen etc. Das Leben gleicht in meinen Augen manchmal mehr »Kleinafghanistan«, das Kopftuch ist zurück, österreichische Freunde rücken in den Hintergrund, ihre Hobbies hat sie aufgegeben. Jedoch besteht der Unterschied zu ihrem ehemaligen afghanischen Leben, dass hier niemand um sein Leben fürchten muss, dass gesundheitliche Beschwerden behandelt werden können, dass sich die weiblichen Familienmitglieder allein auf der Straße bewegen können und dass die Kinder hier eine Perspektive auf eine ordentliche Zukunft haben.

Wenn ich persönlich zurückblicke, muss ich mich fast der Frage von Parwana anschließen: »Kann nicht einmal etwas glatt laufen? Muss es immer ein Problem geben?« Nicht ganz einfach zu beantworten. Mit dem Wissen, das ich heute habe, würde ich mich nicht erneut für diese Familienkonstellation entscheiden, damals wäre es wohl besser gewesen, in einem Patenschaftsverhältnis zu bleiben. Es hätte mir ein Burnout erspart, meinem Lebensgefährten wären vielleicht ein paar graue Haare weniger gewachsen und meine Tochter hätte das wohl auch weniger durcheinandergebracht. Hätten wir aber diesen Schritt nicht gemacht, wäre bei mir, und ich denke auch bei Parwana, immer das Gefühl da gewesen, dass etwas fehlt. Vielleicht hätte das Zusammenleben ohne den Schicksalsschlag geklappt, wer weiß? Zum Glück ist alles schon lange her und es hat sich doch auch wieder sehr viel Schönes seither getan.

An Parwana mag ich besonders gerne, dass sie sehr nett ist und dass sie manchmal was mit uns unternimmt. Sie kommt ja aus einem anderen Land, aber das war nie schwierig für mich. Wenn ich mich erinnere, finde ich, dass es am schönsten war, als wir gemeinsam im Zoo waren, weil sie da mit uns gemeinsam Spaß hatte. Ich kann mich nicht daran erinnern, wie es war, als Parwana bei uns eingezogen ist. Ich weiß, dass ich das damals halb-halb gut gefunden habe. Warum sie eigentlich bei uns gewohnt hat, weiß ich nicht. Aber gut war, dass sie schon gerne bei uns war. Ich glaube, dass sie wegen einem Streit wieder ausgezogen ist. Sie gehört nun zur Familie. Wenn jetzt jemand anderer einziehen würde, würde ich das schon komisch finden. Ich finde es besser, dass Parwana nun eine eigene Wohnung hat. Würde sie wieder bei uns wohnen, hätte Mama weniger Zeit. (Barbara, Pflegeschwester von Parwana, 9 Jahre)

Ein weiterer Bruder?

PAUL

Pflegebruder von Abdi, 23 Jahre, Student

Ich war ca. 16 Jahre alt, als meine Eltern über einen Artikel in der Zeitschrift *Falter* auf den Verein KUI aufmerksam wurden. Zusammen haben wir besprochen, ob wir uns vorstellen könnten, einen unbegleiteten minderjährigen Geflüchteten bei uns aufzunehmen. Ich war von Anfang an von der Idee überzeugt; wir besuchten zu dritt einen Informationsabend und es dauerte nicht lange, bis wir Abdi kennenlernten. Er war ein afghanischer Junge meines Alters, der mit seinem jüngeren Bruder Emran nach Österreich geflüchtet war. Bei unserem ersten Treffen in seiner Wohngemeinschaft plauderten wir beide ein wenig; natürlich wollte auch er einiges von uns und meinen Eltern wissen. Kurze Zeit später gingen wir zu fünft – auch mein großer Bruder, der bereits ausgezogen war, kam mit – gemeinsam Minigolf spielen und Abdi besuchte uns in unserer Wohnung. Wir lernten uns dabei recht gut näher kennen. Uns allen war schnell klar, dass wir uns gut verstanden und zusammenpassten, und innerhalb von – ich glaube – zwei Wochen zog Abdi bei uns ein. Er bewohnte von da an das ehemalige Zimmer meines großen Bruders, das seit dessen Übersiedlung im Jahr zuvor leer stand.

Ich erinnere mich an viele anfängliche, wahrscheinlich nicht ungewöhnliche Schwierigkeiten. Herausfordernd war erwartungsgemäß die Kommunikation. Abdi war noch nicht lange in Österreich und hatte gerade erst angefangen Deutsch zu lernen, trotzdem schafften wir es immer auf irgendeine Art und Weise, uns zu verständigen. Grundsätzlich erwies sich das Zusammenleben in unserer Familie aus meiner Sicht als sehr einfach. Mit der Zeit kamen wir uns näher und konnten gut miteinander plaudern. Für mich war es interessant, einiges über Abdis bisheriges Leben zu erfahren, und ich hatte Freude daran zu beobachten, wie sich seine sprachlichen Fähigkeiten immer mehr verbesserten.

In meinen Augen haben sich meine Eltern sehr um Abdi gekümmert, ich war aber deshalb nicht eifersüchtig, sondern sah es als Notwendigkeit. Gefühlt gab es unglaublich viel organisatorischen Aufwand, von gesundheitlichen Angelegenheiten über Anmeldungen zu Deutschkursen und Weiterbildungsoptionen bis hin zu finanziellen Plänen und dem Asylverfahren. Ich war in diese Angelegenheiten recht wenig involviert, hatte jedoch das Gefühl, dass die Kommunikation zwischen meinen Eltern und Abdi immer recht gut ablief. Natürlich gab es hin und wieder Konflikte, da teilweise auseinandergehende Interessen bestanden, jedoch gab es trotzdem nie nennenswerten Streit.

Als Abdi bei uns einzog, veränderte sich auch abseits meiner Familie sehr viel in meinem Leben. Insbesondere lernte ich neue FreundInnen kennen und begann am Wochenende fortzugehen. Ich habe mich nur selten getraut, Abdi zu meinen Unternehmungen einzuladen. Ich hatte Angst davor, dass er es verurteilen könnte, dass meine FreundInnen und ich auch Alkohol tranken, und ich wollte Abdis und meine Beziehung damit nicht belasten. Zu diesem Zeitpunkt war Abdi streng religiös, er hielt sich strikt an muslimische Vorgaben, lehnte Alkohol ab, betete und fastete während des Ramadans.

Im Gegensatz zu mir hat mich Abdi regelmäßig zu verschiedenen Feiern und Aktivitäten eingeladen, an denen er selbst teilnahm oder die er organisierte. Er veranstaltete zum Beispiel Treffen mit seinen diversen Deutsch-, Schul- und Lehrlingsklassen, organisierte große Geburtstagsfeiern, wir gingen zusammen essen und besuchten seine Freunde. Dabei hatten wir gemeinsam echt viel Spaß und ergänzten uns gut. Es hat mir viel Freude bereitet, mehr über seine afghanische und hazarische Kultur zu lernen. Für mich waren diese gemeinsamen Aktivitäten eine wirkliche Horizonterweiterung. Es wird mir besonders in Erinnerung bleiben, wie wir zusammen Jelabi, eine spezielle Süßspeise, für sein Geburtstagsfest zubereiteten. Während des Ramadans habe ich auch einmal einen Tag mit Abdi gefastet. In unserem ersten gemeinsamen Sommer unternahmen wir mit meinem Vater und Abdis kleinem Bruder Emran, der in einer anderen Pflegefamilie wohnte, eine mehrtägige Fahrradtour. Was mich rückblickend wundert, ist, dass sich die beiden Brüder, als Abdi bei uns wohnte, gar nicht so häufig trafen, obwohl sie gemeinsam geflüchtet waren. Ich vermute, dass sie beide zu sehr mit ihrer Ausbildung beschäftigt waren. Abdi war immer sehr aktiv und sportlich, das hat ihm bestimmt dabei geholfen, in Österreich Fuß zu fassen. Für Abdi war das Fitesscenter genauso interessant wie beispielsweis eine Wanderung mit mir und seinen Freunden in den Ötschergräben. Die gemeinsame Zeit möchte ich keinesfalls missen und ich bin froh, dass wir uns als Familie für den Schritt entschieden haben, einem Jugendlichen bei uns ein Zuhause zu geben. Rückblickend hätte ich Abdi vielleicht öfter in mein Freizeitprogramm einbinden sollen.

Abdi hat, wohl aufgrund seiner guten Integration in Österreich, eine Aufenthaltsberechtigung bekommen. Das Asylverfahren habe ich als sehr stressig erlebt. Vor allem, als die Regierung ein Abschiebeabkommen mit Afghanistan schloss, machte ich mir große Sorgen um Abdi. Im Zusammenleben war auch für mich immer im Hinterkopf, dass seine Familie immer noch in Afghanistan und später Pakistan lebte, während sich die Sicherheitslage dort in den letzten Jahren kontinuierlich verschlechterte. Als Abdi zu Beginn des ersten COVID-Lockdowns entschied, seinen Job zu kündigen, um die Lehrstelle zu wechseln, war mir sehr mulmig zumute; immerhin ist meines Wissens sein Aufenthaltsstatus an seine Arbeitstätigkeit geknüpft.

Ich bin mit 19 Jahren von meinen Eltern ausgezogen, Abdi ist ebenfalls ein halbes Jahr später in eine eigene Wohnung übersiedelt. Durch den Aufenthaltstitel hatte er die Erlaubnis zu arbeiten und konnte eine Lehre als Koch beginnen. Mit seinem Verdienst konnte und kann er sich heute ein eigenständiges Leben leisten. Dadurch, dass ich selbstständiger wurde, verringerte sich unser Kontakt deutlich, wir plauderten zwar regelmäßig, wenn ich meine Eltern besuchte, aber es war von da an weniger intensiv. Seit wir nun beide unsere eigene Wohnung haben, treffen wir uns verhältnismäßig selten, sicher hat auch COVID hiermit etwas zu tun. Wenn wir uns jedoch treffen, dann ist es stets sehr nett zusammen. Abdi fühlt sich zwar nicht an wie mein Bruder, dafür haben wir uns zu spät kennengelernt; im Vergleich zu meinem Bruder, mit dem ich doch lebenslange Erinnerungen und gemeinsame Erfahrungen teile, kann ich Abdi vom Familiengefühl her mit einem Cousin gleichsetzen. Ich ziehe für mich eine wirklich positive Bilanz: Abdi als meinen Pflegebruder bei uns aufzunehmen, war die richtige Entscheidung.

1 Huhn, 3 Küken, 2 Hasen, 1 Mops

Pflegemutter von Zimraan

In der »Flüchtlingsmisere« 2015 bin ich insofern aufgeblüht, als ich endlich Hilfe leisten konnte, die sofort ankam. Gleichzeitig habe ich mich in dem daraus resultierenden Helfersyndrom völlig verloren. Ich war zu blauäugig und zu ahnungslos, was das österreichische Asyl- und Rechtssystem betrifft, und hatte null/niente/nada Erfahrung im Umgang mit Kindern und Teenagern. Heute kann ich sagen: Man braucht eine gefestigte Persönlichkeit, die kein Problem mit Konflikten und persönlichen Angriffen hat, die für sich selbst einsteht und auch mal Zeit für eigene Erholung und Reflexion einfordert. Man muss die Gabe besitzen oder sich antrainieren, zu gewissen Dingen Distanz zu wahren. Und genau so eine Person war ich zum Zeitpunkt der Aufnahme meines Pflegekindes nicht. Würde ich heute mein »2015-Ich« treffen, ich würde es zu einem intensiven Pädagogikkurs schicken.

Ich habe meinen Jungen schon drei Monate gekannt, bevor eine Aufnahme bei mir zum ernsthaften Thema wurde. Allgemein betrachtet ist es sicher von Vorteil, wenn man den/die Jugendliche/n im Vorfeld schon kennt. Als ich Zimraan kennenlernte, vermittelte dieses Kennenlernen kein tatsächliches Bild seines Charakters, seiner Reife und seiner Eigenheiten. Zu frisch waren die Traumata der Trennung von der leiblichen Familie und die Erlebnisse der Flucht. Zu groß war die Angst, im Zuge eines Dublin-Verfahrens in ein anderes EU-Land, wo er Furchtbares erlebt hatte, wieder zurückgeschoben zu werden, weil ihm sein Alter nicht geglaubt worden war und ihm bereits in einem anderen Land Fingerabdrücke abgenommen worden waren. Zimraan hat deshalb so reif gewirkt, weil er es zu diesem Zeitpunkt sein musste. In Anbetracht seiner Erlebnisse war kein Platz dafür, so zu sein, wie er gewesen wäre, wenn man ihm all diese Sorgen genommen hätte. Ich nahm also Zimraan bei mir auf, weil ich ihn als selbstständig, reif und liebenswert kennengelernt hatte, er meinen Mutterinstinkt getriggert hatte und ich die Voraussetzungen gegeben sah, dass ein Zusammenleben gut funktionieren würde.

Allein die bürokratischen Hürden, die zu überwinden waren, damit er zu mir ziehen konnte, waren »mind-blowing« – und das nicht im guten Sinn. Es kamen viele Faktoren zusammen: Die Flüchtlingssituation 2015 im Land war neu und es gab für viele Abläufe noch keine klaren Regelungen. Zimraan wurde vom Flüchtlingslager Traiskirchen zu seinen Brüdern nach Vorarlberg verlegt, obwohl er sich noch im sogenannten Dublin-Verfahren befand, in dessen Rahmen unklar war, ob Österreich ihn als minderjährig anerkennen würde, wie dies seine Geburtsurkunde auswies, oder ob er als Erwachsener behandelt werden würde und daher in das andere Land zurück müsste, in dem er registriert worden war. In diesem Zusammenhang kam die Schwierigkeit dazu, dass ein Altersgutachten dem Alter auf seinem Ausweis widersprach. Ein weiteres Gutachten bestätigte jedoch seine Aussagen.

Ungeachtet dieser Komplikationen wollte er unbedingt zu mir nach Wien ziehen. Er dachte, dass ich ihn vor allem Bösen, das ihm widerfahren könnte, schützen könne. Seine Verzweiflung und seine Sehnsucht nach mir – seiner »Ersatzmama« – haben gereicht, um mich alle Hebel in Bewegung setzen zu lassen, die ansatzweise in meiner Reichweite waren. Rückblickend weiß ich nicht mehr, woher ich die Energie und den Schlaf genommen habe, um gleichzeitig einem 40-Stunden-Job nachzugehen, jedes zweite Wochenende nach Vorarlberg zu pendeln, eine Drei-Zimmer-Wohnung in Wien zu finden, einzurichten, zu bezahlen und eine schwere persönliche Krise durchzustehen.

Schlussendlich konnte er zu mir ziehen. Damit startete unsere Zwei-Personen-Familie und das war für mich ein ordentlich böses Erwachen. Die ersten drei Monate hatte ich gefühlt eine unbekannte Person in meinem Haushalt. Das war nicht Zimraan, das war eine kleine, fiese, übellaunige »Krätzn«, die nur verlangte, schimpfte, kein Nein akzeptierte, sondern mich mit tagelangem Schmollen und Schweigen bestrafte. Wenn ich ihm in der Anfangszeit alles gegeben hätte, was er wollte, hätten wir in unserer 63-Quadratmeter-Wohnung Folgendes untergebracht: 1 Huhn, 3 Küken,

2 Hasen (einer schwarz, einer weiß), 1 Mops, 1 Husky, 1 Papagei, 1 Aquarium, 1 Schildkröte, 1 Zimmer nur mit Bekleidung für ihn, einen eigenen Fernseher für ihn, ein neues Handy und einen Laptop. Er hat in dieser Zeit das gesamte emotionale Spektrum zwischen einem Vierjährigen und einem Teenager durchlebt und das in so schnellem Wechsel, dass man fast ein Schleudertrauma bekam. Nach jeder Phase der Wut oder des Schweigens kam die Reue, wobei er sich unter Tränen für sein Verhalten entschuldigte. Ich wusste, dass die Entschuldigungen ernst gemeint waren, er konnte einfach nicht aus seiner Haut. Erst durch die sichere Umgebung bei mir gab es die Voraussetzung für ihn, dass alle furchtbaren Erlebnisse des vorangegangenen Jahres an die Oberfläche kommen konnten. Faszinierenderweise habe ich mich im Vergleich zu dem, was ich aus Erzählungen anderer Pflegeeltern erfuhr, trotz aller Auf und Abs mit ihm als Person immer gesegnet gefühlt. Nach den ersten drei Monaten und viel neu erlernter und gleich angewandter Pädagogik meinerseits wurde die Situation zwischen uns beiden viel entspannter. Viele Konflikte wären leichter vermeidbar gewesen, wenn ich nicht so viel Mitleid mit ihm gehabt und ihm viel weniger Dinge erlaubt hätte – ich war statt mitfühlend einfach mit-leidend. Das war in Nachhinein betrachtet ein blinder Fleck von mir, den ich mittlerweile genau im Auge behalte.

Obwohl er schon mit seiner Fluchtgeschichte bestraft genug war, gingen wir in den darauffolgenden dreieinhalb Jahren mit den österreichischen Behörden durch die Hölle. Eines Tages sagte sogar die Betreuerin der Kinder- und Jugendhilfe zu mir, Zimraan hätte leider das Pech, dass sein Fall in den notwendigen Asylverhandlungen vor menschenhassenden Entscheidern gelandet war. Seine Brüder, die die gleiche Familiengeschichte haben, haben Asyl in Österreich bekommen. Zimraan hatte einen anderen Richter

Zimraan wirkt halbwegs gefasst, nimmt aber Medikamente, um schlafen zu können, und berichtet von seiner Panik und Verzweiflung, von seiner Wut darüber, dass seine ganzen Anstrengungen, sich hier ein Leben aufzubauen, nichts zählen. Er kann nicht weinen und wundert sich selbst darüber. Ich erkläre ihm, dass seine Psyche wahrscheinlich gerade eine Blockade dagegen errichtet hat, damit er nicht ganz zusammenbricht. (Dokumentation KUI, 2017)

und dieser hat auf 100 Seiten detaillierter Bösartigkeit negativ über sein Aufenthaltsrecht entschieden. Im Herbst 2019 lief Zimraan verzweifelt nach Frankreich davon, um einer drohenden Abschiebung in seine Heimat zu entgehen. Unsere kleine Zwei-Personen-Familie, in der es Liebe, Streit, Nähe, Lachen, die Idee seiner Zukunft in Österreich gegeben hatte, war zerstört.

Nur mit der Unterstützung meiner privaten Therapeutin, die ich schon seit Jahren kannte, mit den BetreuerInnen von KUI, den Pflegeelterngesprächsrunden und mit zahlreichen unterstützenden Gesprächen aus meinem Umfeld konnte ich die Zeit, als Zimraan zu mir zog, und die darauffolgenden Jahre mit dem Asylverfahren im Nacken überstehen. Ohne professionelle Begleitung wäre ich psychisch sicher zerbrochen – das gilt für die ersten drei Monate nach seinem Einzug ebenso wie für die Jahre, die mit ihm und seiner Problematik folgten. Unsere Situation war meines Erachtens herausfordernder als jene in anderen Pflegefamilien. Der Betreuungsaufwand, den ich hatte, hätte wohl jede andere Familie gesprengt. Umso mehr war und bin ich dankbar, dass die Betreuung durch KUI und die Kinder- und Jugendhilfe, die Betreuung durch meine Therapeutin und auch durch jene von Zimraan in der Qualität und Quantität, wie wir sie manchmal benötigten, nie schwankte. Von anderen Pflegefamilien weiß ich, dass die Unterstützung durch Verwandtschaft und FreundInnen entweder nur gering oder gar nicht da war. Bei Zimraan und mir war es das genaue Gegenteil. Alle haben geholfen, sich gesorgt. Die Hilfsbereitschaft von allen Seiten war enorm, auch wenn dies nicht gereicht hat, um seinen Aufenthalt in Österreich sicherzustellen. Obwohl er nun in Frankreich ist, weiß Zimraan trotzdem nach wie vor, dass es hier in Österreich FreundInnen gibt, die immer für ihn da sind.

Letzten Freitag organisierten seine Freunde eine Überraschungsparty, was bei ihm allerdings eine Panikattacke auslöste. Die Freunde läuteten Sturm an der Wohnung, er hatte Angst, es könne die Polizei sein, um ihn abzuschieben. (Dokumentation KUI, 2017)

Zimraan und ich sind weiterhin eine kleine Familie, auch wenn wir nicht mehr im selben Land wohnen. Er bleibt mein kleiner Bub und ich bleibe seine »Ersatzmama«. Auch wenn die Zeit mit ihm bei mir eine düstere

Zeit war – nicht seinetwegen, sondern wegen der abscheulichen Weise, wie das Bundesamt für Fremdenwesen und Asyl und Richter des Bundesverwaltungsgerichts in Österreich ohne Konsequenzen handeln dürfen, möchte ich ihn als Menschen nicht missen. Durch ihn sind auch Menschen in mein Leben getreten, die jetzt genauso Bestandteil meines Lebens sind wie er.

Wie es weiterging

Heute lebe ich in Frankreich, ich habe subsidiären Schutz bekommen und darf nun hierbleiben. Ich arbeite mittlerweile in der Gastronomie, das Kellnern macht mir Spaß. Einen Tag die Woche habe ich frei, an diesem Tag telefoniere ich sehr viel. Bevor ich gearbeitet habe, habe ich jeden Tag mit meiner Pflegemutter oder Freunden aus Österreich telefoniert. Ich vermisse Österreich sehr. Sprachlich habe ich in Frankreich kein großes Problem, ich konnte vorher schon so viele Sprachen und es ist noch ein bisschen Platz für eine weitere Sprache.

Meine Pflegemutter hat mich bereits mehrmals besucht. Meine Brüder waren noch nicht hier, werden mich aber besuchen, wenn sie die zweite COVID-Impfung bekommen haben. Ich konnte bis jetzt nicht nach Österreich fahren, da ich noch keine Dokumente habe, die mir das Reisen ermöglichen. Sobald ich diese habe, werde ich mir sofort Urlaub nehmen.

Als meine Pflegemutter das letzte Mal bei mir in Frankreich zu Besuch war, haben wir auch mit meinen Eltern telefoniert, sie haben sich immer wieder bei ihr bedankt. Ganz am Anfang war die Beziehung zu meiner Pflegemutter noch freundschaftlich, heute empfinde ich für sie gleich wie für meine eigene Mutter.

Ich wünsche mir nichts mehr als nach Österreich zurückzukönnen. Sobald ich die französische Staatsbürgerschaft habe, werde ich kommen. (Zimraan)

Zwei Kulturen und zwei Religionen

KARIM

23 Jahre, Angestellter

An einem Freitag im August 2015, einen Monat, nachdem ich nach Österreich geflüchtet war, lernte ich Johanna in Traiskirchen, dem Erstaufnahmezentrum für Geflüchtete in der Nähe von Wien, kennen. Sie war dort mit ihrer Familie ehrenamtlich für *connect.traiskirchen* tätig. Wir kamen ins Gespräch – ich konnte ein bisschen Englisch – und im Laufe dessen erzählte ich ihr, dass ich gerne Deutsch lernen würde. Damals war das Lager in Traiskirchen sehr überfüllt und ich musste auf der Wiese in einem Zelt schlafen. Es gab keine Deutschkurse oder Ähnliches. Johanna bot mir spontan an, mich zu unterrichten, da sie Pädagogin ist. Ich war anfangs unsicher, ob dieses Angebot ernst gemeint war. Doch sie gab mir ihre Telefonnummer und wir verabredeten uns für Sonntag. Ich hatte schon viele Enttäuschungen, die das Verhalten von Menschen betreffen, erlebt und daher fragte ich am Samstag telefonisch nach, ob sie es ernst gemeint hätte. Und das hatte sie. Am Sonntag holten Johanna und ihr Mann mich ab und luden mich zu sich nach Wien ein. In der Wohnung erwarteten mich auch ihre beiden Töchter.

Von da an half mir Johanna nicht nur beim Deutschlernen, sondern auch bei allem anderen. Sie schaffte es, dass ich in Wien in einer Wohngemeinschaft unter-

Karim hat von Anfang an nicht versucht sich besser darzustellen. Natürlich war er freundlich, aber er hat keine verfälschte Dankbarkeit an den Tag gelegt, sondern klargemacht, was ihm wichtig war. (Johanna)

Wir haben am Anfang nicht alles von ihm gewusst, trotzdem war von Beginn an ein tiefes Vertrauen in Karim als Person für uns spürbar. Es war einfach ein Bauchgefühl, dass es passen wird. Es war, als hätte uns das Schicksal zusammengeführt. Auch mit allen anderen Familienmitgliedern hat es von Anfang an gepasst. (Johanna)

gebracht wurde, und begleitete mich zu diversen Behörden. Diese Zeit war sehr schwer für mich. Ich konnte niemandem vertrauen, ich hatte Angst, Stress und die Befürchtung, nicht bleiben zu können. Ich hatte Schlafstörungen, Panikattacken und fühlte mich vollkommen fremdbestimmt. Die Unklarheit über meine Zukunft war für mich fast nicht auszuhalten. Damals war mir noch nicht klar, dass dieses Gefühlschaos mein ständiger Begleiter für die nächsten fünf Jahre und zwei Monate meines Lebens sein sollte – so lange dauerte es, bis ich endlich erfuhr, dass ich in Österreich bleiben durfte. Johanna begleitete mich zu Befragungen durch das Bundesamt für Fremdenwesen und Asyl und zur Altersfeststellung, die für mich ein absoluter Albtraum war. Ich reagierte mit Panik und konnte die Untersuchungen fast nicht ertragen, körperlich wie psychisch. Auf besonders belastende Momente reagierte ich mit Rückzug in den Schlaf. Das bedeutet, ich konnte von sofort auf gleich einschlafen. Es war wie ein Schutz für mich, der Realität zu entfliehen. Ich glaube, Johanna hat sich damals große Sorgen um mich gemacht, darüber nachgedacht, welche Lösungen es geben und wie sie mir helfen könnte. Wenn es mir schlecht ging, hat sie mich immer zu sich geholt, hat gekocht und mit mir geredet. Das viele Reden und das viele Planen von Johanna ging mir damals ziemlich auf die Nerven, denn es war mir von zuhause völlig fremd. Ich hatte oft das Gefühl, ständig interviewt zu werden, war misstrauisch und fürchtete mich. Im Laufe der Zeit begann ich zu vertrauen und verstand, worum es ihr ging. Sie wollte sich für mich einsetzen, sie wollte wissen, wie es mir ging, und Lösungen für meine Probleme finden. Durch dieses Handeln von ihrer Seite gewann ich Sicherheit, obwohl ich mich fremdbestimmt fühlte. Sie ging nie weg, wenn es mir nicht gut ging. Sie war hartnäckig und richtig stur, auch wenn ich sie wegschicken wollte, weil ich lieber allein meinen Kummer gelebt hätte. Sie blieb so lange sitzen, bis ich dann mit ihr nach Hause ging,

Er hat nie mehr gewollt als er gesagt hat, und auch nicht mehr erwartet. So ist Karim bis heute. Ich bin ihm da wohl sehr ähnlich, deshalb passte es wahrscheinlich für uns so gut. (Johanna)

sie wollte mich nicht allein lassen. Und irgendwann verstand ich, wie gut sie es meinte, und dass sie gute Absichten verfolgte. Und so entschieden wir dann auch, dass ich zu ihrer Familie ziehen konnte, weil ich das auch wirklich wollte. Johanna stellte einen Antrag bei der Kinder- und Jugendhilfe, die zuständige Sozialarbeiterin erlaubte mir, auf Probe zu wohnen und schließlich bei Johanna und ihrer Familie einzuziehen.

In den folgenden Jahren erlebten wir alle miteinander viel Auf und Ab, nicht miteinander als Personen, sondern mit den Umständen, dem Asylverfahren, den damit verbundenen Schwierigkeiten, meinem negativen Bescheid in erster Instanz, dem Rassismus von vielen Menschen und den Meinungen anderer zu unserem gemeinsamen Leben. Wir konnten dem standhalten und haben alle fünf miteinander unser gemeinsames Leben aufgebaut. Johanna, ihr Mann und die beiden jüngeren Schwestern sind nun für mich meine österreichische Familie.

Der Anfang war nicht immer einfach, komme ich doch aus einer anderen Kultur. Es war durchaus fremd für mich, Frauen die Hand zu geben, geradezu unhöflich. Aber ich lernte dazu und kann mich heute sehr gut zwischen den Kulturen bewegen, ohne mich unwohl zu fühlen oder jemanden vor den Kopf zu stoßen. Manchmal gibt es immer noch Situationen, die kulturell bedingt zu Spannungen führen. Als wir neulich umgezogen sind, war die Wohnung auszumalen. Ich schickte Johanna weg, um die Arbeiten zu erledigen. Für mich gehört es sich so, dass die Männer die Arbeit erledigen und die Frauen sich dabei nicht schmutzig machen müssen. Johanna hingegen war beleidigt und fühlte sich ausgeschlossen. Zum Glück sind wir heute ein eingespieltes Team und können über solche Missverständnisse reden.

> Was mir noch immer auf die Nerven geht, ist, wenn er abschätzig mit der Zunge schnalzt, weil er etwas nicht gut findet. (Johanna)

Neben der Kultur ist es auch wichtig, das Thema Religion in unserer Familie zu beschreiben. Die Religionsfreiheit ist meiner Meinung nach generell sehr wichtig im Zusammenleben. Jeder hat dieselben Rechte, ob man nun gläubig ist oder nicht. So ist es auch in unserer Familie. Bei uns gibt es Familienmitglieder, die an das Christentum glauben, auch Atheisten und mich als Muslim. Wenn man einander so akzeptiert, wie man ist und glauben möchte oder eben auch nicht glaubt, wird das Zusammenleben gut und harmonisch funktionieren. In den nun bald sechs Jahren des Zusammenlebens mit meiner österreichischen Familie hatten wir diesbezüglich kein Problem miteinander. Ich bin durchaus religiös und auch froh, dass das für meine Familie kein Problem darstellt. Wir planen und feiern alle religiösen und nicht-religiösen Feste gemeinsam, wir essen gemeinsam und reden. Wir sehen keine großen Unterschiede zwischen den Religionen und den Glaubenseinstellungen. Was uns jedenfalls eint, ist der Glaube an Menschenrechte und gegenseitige Achtsamkeit und Respekt.

So sollte es bei allen sein, die jemanden aufnehmen! Ich möchte daher jedem Menschen, der sich überlegt, jemanden aufzunehmen, raten, darüber nachzudenken, ob und wie kulturelle Aspekte und Glaubenseinstellungen in der Familie gelebt werden möchten und können. Nur so kann eine Familie oder ein Gemeinschaftsleben gut funktionieren.

Steine

Pflegemutter von Danyal

Aufgrund der fürchterlichen Bilder, die in Österreich und anderswo im Fernsehen zu sehen waren, wollten wir helfen. Ich besuchte einen Informationsabend und danach fassten wir endgültig den Entschluss, dass wir zumindest einem Jugendlichen Sicherheit und Geborgenheit bieten wollten. Kurz darauf, im Herbst 2015, ist Danyal bei uns eingezogen. Wir haben uns aufgrund eines Vorschlags kennengelernt und sind sehr schnell zum gegenseitigen Einverständnis gekommen, dass wir es gemeinsam versuchen wollten. Ich holte ihn in der Früh aus einer Betreuungsstelle des Bundes ab, da er um 10 Uhr mit der Schule beginnen konnte. Der Direktor des Gymnasiums verschaffte ihm sehr kurzfristig einen Platz und ich durfte miterleben, wie die Klasse, die erst am Vortag davon erfahren hatte, Danyal einen herzlichen Empfang bereitete und alle vor dem Konferenzzimmer zusammenkamen, um ihn in die Klasse zu begleiten.

»Seither ist es so, dass Danyal als Person unser Familienleben bereichert. Von Anfang an ist er sehr bemüht, sich in unsere Familie einzuleben. Er unterstützt uns unaufgefordert bei den Dingen des alltäglichen Lebens: Er deckt den Tisch und räumt ihn ab, fragt in der Küche nach, ob er beim Herrichten der Mahlzeiten helfen kann, räumt den Geschirrspüler aus und das Geschirr weg etc. Man kann ihn auch jederzeit bitten, einem zu helfen, und er tut dies offensichtlich gerne.

Bei den Umgangsformen fällt mir auf, dass er ein sehr wohlerzogener junger Mann ist. Er hält mir die Türe auf, lässt mich vorausgehen und nimmt mir die Einkaufstaschen ab bzw. begleitet mich zum Einkaufen, damit er die Taschen tragen kann.

Trotz des Erlebten hat er nicht verlernt zu lachen und Späße zu machen. Er spielt mit seinem elfjährigen Pflegebruder genauso wie mit den Kindern von Familienangehörigen und Freunden. Bei Familienfeiern oder Besuchen ist er höflich zurückhaltend und bemüht sich, wenn er angesprochen wird, soweit es ihm möglich ist, auf Deutsch zu antworten.

Während des Schreibens merke ich, wie schwierig es ist, den Alltag in Worte zu fassen. Wir als Familie hatten zwar entschieden, einen unbegleiteten minderjährigen Flüchtling bei uns aufzunehmen, aber wir konnten nicht ahnen, was bzw. wer uns erwartete. Danyal macht es uns sehr einfach, ihn in unserer Familie willkommen zu heißen. Trotz seiner emotional sehr belastenden Situation gibt er tagtäglich sein Bestes.

Mehr und mehr versucht er, sich auf Deutsch verständlich zu machen. Er findet sich in Wien zurecht und erkennt Plätze wieder, an denen wir gemeinsam waren. Es gibt so viel Positives zu berichten, dass ich aufpassen muss, nicht von der sachlichen Darstellung in die Emotionalität abzurutschen. Vor allem aber ist Danyal ein sehr dankbarer Mensch, für den nichts selbstverständlich ist. Insbesondere nicht das, was wir für ihn machen. Man kann die Freude in seinen Augen ablesen, wenn er etwas bekommt.«

Diese Zeilen habe ich Anfang 2016 geschrieben. Seither ist viel Wasser die Donau hinuntergeflossen. Aus dem schüchternen, schmächtigen Sechzehnjährigen ist ein stattlicher Zweiundzwanzigjähriger geworden, der eine Arbeitsstelle gefunden hat, sich ein Auto leisten kann und viele Annehmlichkeiten in Österreich genießt. Es war aber kein einfacher Weg dorthin. Es war nicht immer rosig und schön, er war nicht immer dankbar und lustig.

Wir standen von Anfang an unter Zeitdruck, da Danyals Schwester bald volljährig wurde und somit ab diesem Zeitpunkt nicht mehr im Zuge der Familienzusammenführung mit nach Österreich hätte kommen können. Ich telefonierte viel, schrieb täglich E-Mails, ich war einfach ständig überall lästig, wo es möglich war. Danyal bekam einen Termin für die Einvernahme und schließlich Asyl. Eigentlich ein Grund zum Feiern, aber es musste alles schnell weitergehen. Was hätten die Eltern gemacht, wenn sie ihre Tochter nicht aus einem Kriegsgebiet mit nach Österreich nehmen hätten können? Ich möchte mir nicht vorstellen, in einer solchen Situa-

Obwohl meine Großeltern noch in Syrien sind, hätten meine Eltern mich niemals zurückgelassen. (Amal, Schwester von Danyal, 24 Jahre)

tion eine Entscheidung zwischen zwei Ländern und zwischen zwei Kindern treffen zu müssen.

Ich muss ehrlich gestehen, ich habe mir keinen Dank vom Staat Österreich für die Integration eines geflüchteten Jugendlichen erwartet, für uns war es damals selbstverständlich, unseren Teil beizutragen. Ich habe mir aber definitiv keine Steine erwartet, die man vor allem mir – da ich die administrativen Angelegenheiten regelte und Behörden an ihre Pflichten erinnerte – in den Weg legen würde. Verzögerungen beim Termin für die Einvernahme, weiters beim Bescheid, ein traumatisierendes Gespräch mit der Sozialarbeiterin, keine Weitergabe von Telefonnummern von arabisch sprechenden Psychotherapeuten … Es war zeitweise so, dass ich am liebsten an die Öffentlichkeit gegangen wäre, nur war die Lage schon ziemlich angespannt und somit hätte der Schuss ordentlich nach hinten losgehen können. So habe ich lieber geschwiegen. Drei Tage vor dem achtzehnten Geburtstag der Schwester – dem Tag der endgültigen Entscheidung durch das System, an dem es für die Schwester hätte heißen können, sie müsse allein in Syrien zurückbleiben – kam die Erleichterung: Über den Familienzusammenführungsantrag wurde positiv entschieden, die Eltern und die Schwester durften kommen. Die österreichische Botschaft im Libanon war sehr hilfreich und hat mich unglaublich unterstützt. Vielen Dank dafür! So hätte ich es mir auch von diversen Wiener Stellen erhofft.

Die ursprüngliche Schule war nach all den psychischen Turbulenzen nicht mehr das Optimum. Danyal wählte schließlich lieber eine Schule mit einer Stunde Anfahrtszeit als jene mit fünf Minuten Schulweg. Das Vorstellungsgespräch in der neuen Schule war fantastisch, die LehrerInnen und SchülerInnen ein Traum. Danyal war ganz glücklich, hin und weg. Er wollte gar nicht mehr weg von dort. Gleich am ersten Tag erzählte er mir, dass er mehr Deutsch gesprochen hatte als im vergangenen halben Jahr in der vorherigen Schule. Wir waren guter Dinge, endlich entspannte sich die Situation, der Stress durfte nachlassen. Wir wussten, es war nur mehr eine Frage der Zeit, bis wir Danyals Familie am Flughafen in Empfang nehmen durften.

Angesichts der nahenden Familienzusammenführung hatten wir einen Termin bei einer Sozialarbeiterin der Kinder- und Jugendhilfe, und ich weiß bis heute nicht, was dort passiert ist. Ein glücklicher und zufriedener Siebzehnjähriger ging in den Raum. Mir wurde gesagt, dass ich nicht mit hineinkommen durfte, weil er bereits über sechzehn war. Heraus kam ein verstörter, hoch aggressiver junger Mann, den ich nicht wiedererkannte. Ich versuchte herauszufinden, was mit ihm besprochen worden war, bekam aber keine Antwort von ihm. Sein aggressives Verhalten sprach Bände, das Gespräch konnte keine gute Wendung genommen haben. Da telefonisch niemand mehr erreichbar war, verfasste ich eine E-Mail mit der Bitte um Aufklärung darüber, was meinem Pflegesohn erzählt worden war, das ihn so außer Rand und Band geraten ließ. »Nichts«, war die lapidare Antwort.

Das folgende Wochenende war der blanke Horror. Zum Glück war er damals noch nicht so auftrainiert, wie er es heute ist. Er holte sich ein Messer und wollte sich ritzen. Wendig, wie er war, wollte er sich dann sogar aus dem Fenster stürzen, was aus dem dritten Stock eine Katastrophe gewesen wäre. Sein Pflegevater konnte ihn zum Glück am Boden fixieren. Katharina Glawischnig vom Verein KUI, die zum Glück auch am Sonntag ihr Telefon abhob, war die ganze Zeit bei uns. Wir wollten keine Polizei, wir wollten keine Psychiatrie, da Danyal den schlimmsten Teil des Asylverfahrens bereits hinter sich hatte. Mein leiblicher Sohn, damals zwölf Jahre alt, hat ganz viel von dieser Verzweiflung mitbekommen.

Irgendwann haben wir dann erfahren, dass die Sozialarbeiterin Danyal darauf hingewiesen hatte, dass es sein Vater sehr schwer in Österreich haben würde, weil er keinen Job finden würde. Für seine Mutter würde natürlich dasselbe gelten. Und auf seine Schwester würde er gut aufpassen müssen, bei all den ungezügelten Männern, die in Österreich leben. Danke für »Nichts«, Frau Sozialarbeiterin! Was erklären Sie einem Siebzehnjährigen, dessen Auftrag es war, seine Familie aus einem Kriegsgebiet zu retten? Was nehmen Sie sich heraus, bei einem Jugendlichen, den Sie noch nie gesehen hatten, wo Sie doch keine Ahnung hatten, wer und wie Danyal war!

Fortan war es vorbei mit unserem kurzfristigen Glück. Wie sollte sich Danyal auf die Ankunft seiner Familie freuen, wenn diese eigentlich ebenfalls nur Steine in Österreich zu erwarten hätte? Ich bat die Kinder- und Jugendhilfe um Namen von arabischsprachigen PsychotherapeutInnen. »Wir übernehmen dafür keine Kosten«, so das Jugendamt. »Das brauchen Sie auch nicht, das zahlen wir, wir wollen nur ein paar Namen!« – »Nein, wir übernehmen die Kosten nicht!« Es war wie eine Dauerschleife, kein Zuhören, nur beharrliches »Wir zahlen nicht«, wonach wir doch gar nicht gefragt hatten.

Die Familie kam schließlich am Anfang des Sommers 2016 in Österreich an, auch hier mussten wir eine Hürde nach der anderen überstehen. Wissend, dass bei uns in der Nähe in einem Flüchtlingsheim eine kleine Wohnung frei war, brachte man Danyals Familie – obwohl bekannt war, dass der Vater zuckerkrank war/ ist und eine spezielle Ernährung sowie einen Kühlschrank für die Medikamente brauchte – weit entfernt von uns in einem Zimmer unter: Gemeinschaftsduschen und Gemeinschafts-WCs inklusive. Der Kühlschrank im Betreuerzimmer wäre immer zugänglich, wurde mir versichert. Die Atmosphäre dort war fürchterlich, mein Pflegesohn hatte auch dort einen Nervenzusammenbruch, er wurde aggressiv, schrie und rannte mit dem Kopf gegen die Wand, weil er dieses Leben für seine Familie nicht wollte. Es blieb nichts anderes übrig als die Familie für die erste Nacht auf unserem Sofa einzuquartieren.

Gleich am nächsten Tag kontrollierte ich im Betreuerzimmer des Flüchtlingsheims den Zugang zum Kühlschrank und siehe da, die Türe war versperrt. Zum Glück schenkte mir eine Freundin einen Campingkühlschrank. Es geht nichts über gute und liebe FreundInnen, sie waren in dieser Zeit eine große Hilfe! Als es dann darum ging, eine Wohnung für die Familie zu finden, hat eine andere liebe Bekannte an uns gedacht und uns ganz viel Geschirr und Haushaltsutensilien geschenkt. Ihr war geholfen, weil sie das Haus ihrer Mutter räumen musste, und Danyals Mutter konnte gleich mit einer ausgestatteten Küche loslegen.

Aber noch kurz zurück zur Wohnungssuche; der steinige Weg sollte weitergehen: Jene Sozialarbeiterin, die für die Betreuung des Flüchtlingsheims zuständig war, erklärte mir, dass die Familie vier Monate Zeit hätte, eine Wohnung zu finden, sobald sie Asyl erhalten hatte. Ich dachte, dass es Aufgabe der Sozialarbeiterin wäre, der Familie zu helfen. Geschickt hat sie es auf mich abgewälzt und ich bin Klinken putzen gegangen, habe Wohnungen besichtigt und bin, sobald ich gesagt habe, dass die Wohnung nicht für mich sei, vor die Türe gesetzt worden. Bis ich endlich einen Vermieter gefunden habe, der meinte, dass es ihm egal sei, woher die Leute kämen, passen müsse es – und es passt bis heute! Im Nachhinein habe ich erfahren, dass es doch die Aufgabe der Sozialarbeiterin gewesen wäre, die Familie bei der Wohnungssuche zu unterstützen. Sie hätte dafür bezahlt bekommen, ich hingegen musste es mir hart von meinem Arbeits- und Lebensalltag als Selbstständige abzweigen. Das hat nur niemanden interessiert.

Fakt ist: Beide Eltern arbeiten in der Gastronomie, sind zufrieden mit ihrer Arbeit und machen sie gerne.

Die Schwester wollte studieren, sie hatte die Heimat wenige Tage vor ihrer Maturaprüfung verlassen, womit ihr Traum zerplatzte. Die türkis-blaue Regierung erschuf Steine, die diesen Weg nicht realisierbar machten. Sie bezahlte sich die Ausbildung zur Kosmetikerin, etwas völlig anderes, als sie ursprünglich wollte, da das AMS nur Deutschkurse unter der Woche bezahlt und nicht Weiterbildungen am Wochenende. Sie hat nun lange als Kosmetikerin gearbeitet und wird sich eventuell jetzt noch einmal umorientieren.

> Es ist unvorstellbar, im Krieg zu leben. Obwohl das Leben in Österreich mit vielen anfänglichen Schwierigkeiten verbunden war, hatte ich trotzdem genug Möglichkeiten: Ich habe die Matura nachgeholt, eine Ausbildung gemacht und verdiene mittlerweile mein eigenes Geld. Das alles wäre in Syrien nicht möglich gewesen. (Amal, Schwester von Danyal, 24 Jahre)

Danyal ist begeisterter Bodybuilder und arbeitet als Fitnesstrainer.

Trotz all der Höhen und Tiefen, trotz der zeitweise kulturell bedingt sehr unterschiedlichen Ansichten, trotz der Umstände mit den Behörden, der vielen Steine etc. will ich keine Minute missen. Ich bin gewachsen, ich bin unheimlich stark geworden durch all das. So schnell bringt mich nichts mehr aus der Ruhe, und meine Fähigkeit, auch steinige Wege zu gehen, ist besser denn je zuvor.

Ich habe heute eine erweiterte Familie und das ist wunderschön.

Meine »geliebten« Amtswege

AREZU

22 Jahre, Lehrling

Ich komme aus einem Land, wo die meisten Menschen nichts mit Papier zu tun haben. Lesen und Schreiben wird nur von bestimmten Leuten beherrscht. Aber auch die verstehen manchmal nicht, worum es geht, da bin ich mir sicher.

Als ich nach Österreich kam, war ich sechzehn Jahre alt. Ich wurde nach kurzem Aufenthalt in Traiskirchen nach Wien in ein Flüchtlingsheim für Minderjährige transferiert. Dort habe ich ein Zimmer mit zwei anderen Mädchen (aus Somalia und Eritrea) bewohnt. Ich habe dort meine ersten Amtswege gemacht. Die hat es eigentlich von Anfang an immer wieder gegeben, aber zu Beginn haben das meistens unsere BetreuerInnen für uns erledigt.

Vor meinem Asylbescheid hatte ich noch kaum mit Behörden zu tun. Erst danach hat es mich voll getroffen – oft mehrmals die Woche. Aber im Flüchtlingsheim habe ich meine Patenfamilie kennengelernt, die später meine Pflegefamilie geworden ist. Glück im Unglück!

Doch zum Thema Amtswege gibt es einiges zu erzählen …

Ich habe auch nette ReferentInnen getroffen, aber leider nur ganz selten. Zuerst konnte ich noch nicht gut genug Deutsch reden und verstehen, um mich zu verständigen, und in keiner Behörde gab es eine/n DolmetscherIn. Noch dazu waren jedes Mal viele Formulare auszufüllen, das war ein »Hammer«! Zum Glück hatte ich meine Pflegeoma und meinen Pflegeopa und daher musste ich bei einem Amtsweg nicht so viel Angst haben wie meine Freundinnen.

Allein zu einer Behörde zu gehen, um etwas zu erledigen, hatte am Anfang überhaupt keinen Sinn, denn ich wurde – so wie meine Landsleute – immer sehr schnell wieder weggeschickt. Was ich ja irgendwie verstehen kann, keine/r will Mehrarbeit durch Leute, die »nix verstehn«.

Wenn ich allein in ein Amt kam, habe ich anfangs leider nie etwas weitergebracht. Die ReferentInnen waren sehr unfreundlich zu mir und haben mich immer klein gemacht. Ich hatte das Gefühl, sie sahen in mir nur eine »Sache«. Später konnte ich schon besser Deutsch, aber da hatte ich mein Selbstbewusstsein verloren. Wenn mich jemand von meiner Pflegefamilie begleitete, dann verlief so ein Termin ganz anders: Freundliche und geduldige ReferentInnen erklärten alles und versuchten eine gute Lösung zu finden. Und zwar jedes Mal.

Mit der Zeit habe ich von meiner Pflegefamilie gelernt, alles in einer Mappe zu ordnen (von links nach rechts!), alles aufzuschreiben und gleich zu jeder Behörde mitzunehmen! Es hat aber trotzdem ohne Begleitung noch längere Zeit nicht funktioniert. Ich habe relativ lange gebraucht, um zu verstehen, warum man so viel Papier »sammeln« muss. Noch schwieriger war es zu verstehen, was die jeweilige Behörde eigentlich von mir wollte oder brauchte. Das war eine eigene, für mich zunächst rätselhafte Sprache, mit geheimnisvollen Listen – das kam in meinen Deutschkursen nicht vor!

Das Schlimmste, was ich erlebt habe, war aber die Kommunikation zwischen den Behörden. Nachdem ich meinen positiven Asylbescheid bekommen hatte, war ich zunächst noch bei der Caritas als Asylwerberin angemeldet. Ich musste mich dringend bei der Magistratsabteilung 40 (MA 40), zuständig für die bedarfsorientierte Mindestsicherung ab dem Erwachsenenalter anmelden, sonst hätte ich kein Geld mehr bekommen. Dazu muss man auch sagen, dass die MA 40 sehr lange brauchte, um die erste Überweisung zu aktivieren.

Einen Monat lang ging ich abwechselnd zur Caritas und zur MA 40. Ich brauchte eine Bestätigung von der Caritas, damit die MA 40 meine Anmeldung abschließen konnte. Ich war wie ein Pingpongball zwischen diesen zwei Behörden. Aber ich hatte ja meine Pflegefamilie, sonst hätte ich verhungern oder irgendwie anders versuchen müssen, an Geld zu kommen.

Am letzten Tag vor dem Ende der Frist, die mir die Behörde gesetzt hatte, ging mein Pflegeopa – ohne Termin! – zur Caritas und sprach dort mit einigen Mitarbeitern. Ein paar Tage später erhielt ich von der MA 40 einen Brief mit sehr interessantem Inhalt: »Nach einem telefonischen Kontakt mit der Caritas …« – jedenfalls wurde dann mein Antrag bewilligt. Ich frage mich: Warum haben sie das nicht von Anfang an so gemacht? Ich habe zwei Monate lang keinen Cent bekommen.

Inzwischen ist es sehr oft passiert, dass mir bzw. meinen Freundinnen oder Bekannten ohne einen verständlichen Grund für einen oder mehrere Monate kein Geld überwiesen wurde. In anderen Monaten wurden mir hingegen falsche (zu große?) Beträge überwiesen, und dann hatte ich plötzlich »Schulden«, die mir in Raten von den nächsten Monatszahlungen abgezogen wurden.

Immer wieder habe ich von der MA 40 und anderen Behörden Briefe bekommen. Sie verlangten von mir Unterlagen, die ich nie besessen hatte, oder versuchten, sonst etwas zu finden, damit ich kein Recht mehr auf die Mindestsicherung hatte – so kam es mir jedenfalls vor. Zum Beispiel wollten sie einmal wissen, wie viel Geld meine Pflegefamilie und insgesamt alle Personen, die im selben Haus in anderen Wohnungen wohnen, monatlich verdienen.

Für die Amtswege machten meine Pflegeeltern ein Training mit mir. Nachdem sie anfangs hauptsächlich für mich mit den ReferentInnen gesprochen hatten, saßen sie nach einiger Zeit nur mehr neben mir – ließen mich selbst reden oder diskutieren – und griffen nur ein, wenn es unvermeidlich war. Ich hatte auch immer mein kleines Notizbüchlein dabei, in dem ich alle Zahlungen der letzten Monate eingetragen und wichtige Informationen aufgeschrieben hatte. So wurde ich immer selbstsicherer und auch kompetenter.

Gott sei Dank, das ist nun vorbei! Ich verdiene jetzt mein eigenes Geld und begleite gerne ratlose Freundinnen zu Behörden – inzwischen habe ich das System so halbwegs verstanden, weiß viele Regeln und auch, wie man mit den ReferentInnen sprechen sollte.

Glück nach Unglück

Pflegemutter von Arezu

Gestern waren Arezu und ihr Freund zu Besuch, um mit meinem Mann und mir den Abschluss des Schuljahres zu feiern. Wir haben auf ihr Zeugnis angestoßen, das am Ende des dritten Lehrjahres in Informatik ausschließlich Einser aufweist, und auf seinen Pokal, mit dem er als einer der besten Lehrlinge im ersten Lehrjahr seiner Sparte »Tapezierer, Polsterer, Raumausstatter« ausgezeichnet wurde. Danach gab es ein gemeinsames Essen und ein paar Runden Kartenspiel. Nächste Woche werden die beiden erstmals allein auf Urlaub nach Kärnten fahren!

Was hat sich doch alles verändert seit unserem ersten Zusammentreffen im Frühjahr 2016! Damals trat uns in einer betreuten Wohngemeinschaft ein zartes, aber ein wenig streng dreinsehendes Mädchen entgegen, in einem fast bodenlangen Gewand und mit der traditionellen Kopfbedeckung – einem Häubchen unter dem sorgsam festgesteckten Kopftuch. Sie war siebzehn Jahre alt, und die äußerst engagierten BetreuerInnen der WG wiesen uns gleich zu Beginn darauf hin, dass Arezu sehr genau wisse, was sie wolle.

Wir hatten uns entschieden, eine Patenschaft für eine/n jungen Geflüchtete/n zu übernehmen. Meine Hauptmotivation war es gewesen, *einen* jungen Menschen intensiver zu unterstützen als es mir an meinem Gymnasium (einer Schule mit mehr als 95 % Kindern und Jugendlichen mit »Migrationshintergrund«) in gut zwei Jahrzehnten jemals möglich gewesen war. Denn das hatte mich all die Jahre immer wieder zutiefst frustriert …

Und jetzt saß sie da vor uns, erwartungsvoll, aber wohl auch skeptisch – wie auch wir. Die Unterhaltung mit ihr verlief größtenteils über Vermittlung der Heimleiterin und teilweise pantomimisch, sodass wir uns zu einem ersten Treffen verabreden konnten. Danach wurde mir erst so richtig bewusst, worauf wir uns eingelassen hatten – sie sprach ja noch kaum Deutsch und wusste wohl fast nichts über das Leben hier in Österreich. Sie, eine Jugendliche, die der Abhängigkeit möglichst schnell entwachsen sollte, wir hingegen zwei, wenn auch fitte, Endsechziger mit erwachsenen Söhnen. Doch wir waren ja im PatInnenkurs gut auf all das vorbereitet worden …

Die Kommunikation zwischen Arezu und uns funktionierte sehr bald großartig. Schon die erste Straßenbahnfahrt, die ich mit ihr quer durch Wien machte, war eine einzige intensive Deutsch- und Geografiestunde, mit Händen, Füßen, Deuten, Handy-Wörterbuch, Nachsprechen, Fragen, Missverständnissen und viel Gekicher. Die Reaktionen der anderen Fahrgäste reichten von wohlwollendem Lächeln bis zu demonstrativem Wegschauen oder Abrücken.

Arezus Stärken waren – von Anfang an – ihre Offenheit, ihre Neugier, ihr Ehrgeiz und ihr Humor. Es hat uns sehr oft über Gefühle des Nicht-Verstehens oder der Fremdheit hinweggeholfen, dass wir über dieselben Dinge oder Situationen lachen konnten. Unser beiderseitiges Glück: Wir fanden bald Anknüpfungspunkte und gemeinsame Interessen. Was sie brauchte, war zunächst das Erlernen unserer Sprache – ich hatte mein ganzes Berufsleben lang Deutsch unterrichtet und mich mit Deutsch als Fremdsprache bzw. Zweitsprache intensiv auseinandergesetzt. Sie interessierte sich bald brennend für Informatik – mein Mann hatte Mathematik studiert und in der EDV gearbeitet. Wir konnten viel freier über unsere Zeit verfügen als Berufstätige. Auch die Ausflüge, Wanderungen und kulturellen Aktivitäten, die wir unternahmen, machten ihr sichtlich Spaß. Und so kam es, dass am 24. Dezember 2017 ein junges Mädchen mit weißem Spitzenkopftuch unseren Weihnachtsbaum schmückte, schöner denn je – wir hatten eine neue Mitbewohnerin! Unsere beiden Söhne, von denen einer noch in unserem Haus lebt, haben unsere Entscheidung voll akzeptiert, herzlich, hilfsbereit, jeder auf seine Weise.

Der große Altersunterschied zwischen Arezu und uns manifestierte sich zunächst darin, dass es für sie sehr gewöhnungsbedürftig war, uns mit dem Vornamen anzureden – aber »Tante«, »Onkel« oder Ähnliches kam wiederum uns nicht adäquat vor. Arezu hat das in ihre Weltsicht so eingebaut, dass wir ihre »Großeltern« sind. Aber auch ihre FreundInnen.

Das alles ist nicht selbstverständlich und war auch nicht so geplant. Ich habe – zunächst noch als Patin – mitbekommen, dass andere Jugendliche aus den Wohngemeinschaften die meisten Freizeitangebote, die ihnen ihre BetreuerInnen machten, gar nicht annahmen oder nichts damit anfangen konnten. Nicht so Arezu. Besonders vor den Kopf gestoßen hat mich nach einem klassischen Konzert im Musikvereinssaal der halb ärgerliche, halb abfällige Vorschlag eines ihrer Mitbewohner, dem Dirigenten eine Tomate an den Kopf zu werfen. Die anderen waren schon in der Pause gegangen. Auch Arezu hatte zuerst kurz nach Beginn des Konzerts zu ihrem Mobiltelefon gegriffen, nach meinem Zeichen dann aber die MusikerInnen beobachtet, zugehört und zunehmend Gefallen an der (eigentlich für ein »erstes« Konzert viel zu schwierigen) Musik gefunden. Inzwischen war sie sogar schon allein in der Staatsoper! So haben wir uns langsam an viele, nicht nur für sie, sondern auch für uns »fremde« Bereiche herangetastet. Immer wieder sorgten die verschiedenen Vorstellungen aus unseren Kulturen für Lerneffekte, aber auch für große Heiterkeit bei uns allen, so zum Beispiel die Frage nach der Anzahl der Ehefrauen der habsburgischen Kaiser beim Schönbrunn-Besuch und ihr Erstaunen über Leben und Rolle der Maria Theresia.

Die wichtigste Voraussetzung für das Gelingen unserer Beziehung war wohl, dass wir ein tiefes Vertrauen zueinander aufbauen konnten. Auf den Händedruck zur Begrüßung legten wir sehr wohl Wert, aber darüber hinaus warteten wir ab, was von ihr kam. Die erste Umarmung zwischen »uns Frauen« gab es schon bald – die von Arezu für meinen Mann erst nach zwei Jahren, als Weihnachtsüberraschung.

Auch beim Thema »Kopftuch« wurden wir selbst nicht aktiv. In unserem Umfeld lernte sie zwanglos Menschen mit für sie ganz neuen und unkonventionellen »Outfits« und Lebensstilen kennen, vor allem durch unseren jüngeren Sohn und seine Partnerin. Die bald sehr herzliche Beziehung zu den beiden war sicher ein erster Eisbrecher. Das Eis brach aber anscheinend endgültig nach einem Besuch in Salzburg, wo wir mehrere Kirchen besichtigt und über Religion gesprochen hatten. Als wir uns eine Woche später vor einer Wanderung mit FreundInnen in unserem

Wohnzimmer versammelten, betrat plötzlich Arezu den Raum – ohne Kopftuch. Alle verbargen ihr Erstaunen, aber mein Mann und ich freuten uns unglaublich. Es blieb auch dabei, aber noch lange wagte sich Arezu nicht allein ohne Kopftuch an Orte, wo sie Landsleute treffen konnte. Vor allem wollte sie nicht die »blöden« und »frechen« Bemerkungen der Burschen im Jugendcollege riskieren, die sie dort, damals noch mit Kopftuch, oft genug über muslimische Mädchen ohne Kopftuch mitbekommen hatte. Die »Kontrolle durch Blicke« und die Scham der Betroffenen sind in diesem Umfeld übermächtige Instrumente der Einschüchterung. Vor allem Mädchen, die mit Familie hierherkommen, haben nach meiner Erfahrung oft nicht den Mut und/oder die Kraft, sich dieser ständigen Überwachung und Verurteilung zu widersetzen. Arezu hingegen trifft sich inzwischen jedes Jahr mit unserer Schwiegertochter und Co. bei der Regenbogenparade und Ähnlichem, behält aber ihren persönlichen, eher »mehrheitsfähigen« Stil bei. Sie hat Kontakt zu afghanischen Freundinnen aus der Zeit nach ihrer Ankunft, aber auch einen eigenen, bunten Freundeskreis.

Wir haben anfangs gar nicht nach Arezus Vorgeschichte gefragt, aber relativ bald konnten wir uns aus den Bruchstücken ihrer Erzählungen ein erstes Bild machen – von ihrer früheren Welt und dem, was sie durchgemacht hatte. Als immer mehr Tränen während der abendlichen Zwiegespräche zwischen uns beiden flossen (dazu kamen massive Schlaflosigkeit und Angst vor Dunkelheit), wurde klar, dass es über unsere Zuwendung hinaus professioneller Unterstützung bedurfte. Über den Verein Hemayat bekam Arezu psychologische Hilfe von der für sie idealen Therapeutin, einer älteren Frau iranischer Herkunft, mütterlich, aber energisch, bei der sie sich zunächst einige Male in ihrer Sprache ausheulen und mit der sie dann das Erlebte bearbeiten konnte. Neben dem vor und während der Flucht Erlebten war ihr größter Kummer die Abwesenheit der geliebten Mutter – und ist es noch immer, weil diese, inzwischen schwer krank und ohne ihre vier Kinder, die sie allein im Iran aufgezogen hat, zurückgeblieben ist. Auch eine von Arezus Stärken: Sie kann sich nun in ihren beiden Sprachen artikulieren und sie nimmt Hilfe an, sucht sie sogar. Da die Therapeutin vor Abschluss der Therapie in Pension gegangen ist, organisierte sich Arezu vor kurzem eine neue Betreuung.

Ihre panische Angst vor Wasser – ihr Flüchtlingsboot trieb eine Nacht lang leck und führerlos auf offener See – konnten wir hingegen, eher zufällig, in Eigenregie besiegen. Wir hatten sie mit ihrer Freundin für einige Tage nach Venedig eingeladen. Das Risiko wurde uns erst nach der Buchung der Zimmer bewusst! Beim Einsteigen in das Vaporetto an einem dunklen Winterabend fürchtete ich schon, wir müssten wieder umkehren – aber unsere beruhigenden Worte und die Umarmungen der Freundin halfen, und schon bei der ersten Fahrt am nächsten Tag verschwanden ihre Hände vor dem Gesicht und die Tränen wichen zunehmender Begeisterung über die wunderbare Stadt.

Natürlich verlief nicht immer alles glatt und einfach. Wenn wir Meinungsverschiedenheiten hatten, wurden diese während des Abendessens besprochen. Es ging meistens um die üblichen Banalitäten wie Zeiteinteilung, Übernahme von Verpflichtungen etc. Da konnte es schon passieren, dass sie plötzlich aufstand und bis zum nächsten Tag auf ihr Zimmer verschwand. Aber danach war so gut wie immer der Konflikt erledigt, meistens mit einer Lösung in unserem Sinne. Schließlich war sie von einem Leben mit sehr eingeschränkten Möglichkeiten in unsere oft überfordernde Freiheit geschlittert und befand sich mit achtzehn Jahren wohl in einer Situation der verspäteten Pubertät, und das in einer Welt ungeheurer Anforderungen und Versuchungen. Mühsam war auch die Umstellung beim Essen – es schmeckte ihr so vieles nicht! Zum Glück erwies sie sich als sehr geschickte Zuarbeiterin beim Kochen und lernte gleichzeitig zu schätzen, dass bei uns das Essen nicht stundenlang schmurgeln muss, sondern eine rasche und größtenteils gesündere Sache ist! Aber seit sie ausgezogen ist, gibt es bei uns keine Gemüse-Pizza mehr, und hier und da darf es auch wieder Schweinefleisch sein … Dafür werden wir manchmal mit köstlichen persischen Festessen verwöhnt und kennen schon jede Menge persischer Lokale in Wien.

Die größte Herausforderung für mich persönlich war – das Loslassen. Wir hatten Arezu tatkräftig dabei unterstützt, dass sie ihre Angelegenheiten bei Ämtern und Behörden mit der Zeit selbstbewusst und kompetent erledigen konnte. Das Asylverfahren verlief dank guter Vorbereitung und eines wohlwollenden Referenten rasch und positiv. »Auf so ein Patenkind kann man schon stolz sein!«, bemerkte Letzterer während des Interviews in meine Richtung. Aber unsere Unterstützung zur Erlangung ihrer winzigen Gemeindewohnung hatte für mein Gefühl zu früh Erfolg – nach drei Jahren übersiedelte Arezu in Etappen dorthin und ich trauerte um den Verlust meines letzten »Kindes«, war wohl auch manchmal ungerecht und überempfindlich. Eigentlich hatten wir damit gerechnet, sie bis zum Abschluss ihrer Lehrzeit aus nächster Nähe zu begleiten. Aber sie meistert diesen sehr fordernden Abschnitt ihres Lebens auch weiterhin großartig, obwohl es natürlich immer wieder unserer »Feuerwehrdienste« bedarf. Wir sind weiterhin in enger Verbindung mit ihr und ihrem Freund, der seit dem Beginn der Beziehung zu einem weiteren »Patenkind« geworden ist. Gemeinsame Wanderungen, Reisen, Besuche, Feste, Unterstützung bei Problemen, aber auch Hilfe von den beiden für uns, wenn es möglich und nötig ist, gehören nun zum Leben unserer Familie.

Kein Zweifel, unser Entschluss, nach Antritt meiner Pension eine Patenschaft und anschließende Pflegeelternschaft zu übernehmen, hat meinem Mann und mir eine der prägendsten und hoffnungsvollsten Erfahrungen in unser beider Leben beschert – und sie dauert hoffentlich noch lange an.

Auf der Kippe zwischen
Vergangenheit und Zukunft

Pflegemutter von Zafira

Begonnen hat alles damit, dass ich ein Zimmer vermieten wollte, weil meine älteste Tochter ausgezogen war.

Ein Freund, der im Flüchtlingsbereich arbeitete, erfuhr davon und so kamen einige volljährig gewordene Flüchtlinge, um sich das Zimmer anzuschauen. Ich spürte eine große Freude, auf diese Art in dieser für Flüchtlinge traurigen Zeit Unterstützung zu leisten. Doch irgendwie wurde daraus doch nichts und dann fragte mich dieser Freund, ob ich mir nicht vorstellen könnte, ein Pflegekind aufzunehmen. Meine erste Reaktion war: Nein, das ist mir zu viel. Ich habe schon drei Kinder und bin Alleinerzieherin. Doch dann erfuhr ich, dass es auch ältere Kinder gab, die sich eine Familie wünschten, und so wurde ich nachdenklich. Ich nahm Kontakt mit dem Verein KUI auf und erfuhr von Zafiras Geschichte. Ich war vollkommen beeindruckt von dem Mut, zu sich zu stehen, sich selbst treu zu bleiben, den ich aus den Schilderungen von Zafiras Leben hörte: die eigene Familie zu verlassen, in ein fremdes Land zu flüchten, um ihren eigenen Weg zu gehen, das hat mich berührt. Und da wollte ich gern einen Beitrag leisten. Eine junge Frau auf ihrem Weg in die Freiheit zu unterstützen, ja, dachte ich, das möchte ich sehr gerne.

Als ich Zafira kennenlernte, spürte ich von Anfang an viel Sympathie. Ich sah sie immer als sehr selbstbestimmt und meine Aufgabe darin, ihr ein Vorbild als ältere Frau zu sein, wie man/»frau« selbstbestimmt und frei leben könnte. Sie war fast siebzehn Jahre alt, wie meine Tochter.

Ich konnte einen Schulplatz für sie finden, sie zog um und es lief alles scheinbar gut an.

Der erste kleine Schock folgte ein paar Wochen später, da war

Zafira plötzlich für einige Tage verschwunden. Mein erster Polizeibesuch, um eine Abgängigkeitsanzeige zu machen. Mein Herz klopfte so laut, ich hatte das Gefühl, es müsste in ganz Wien zu hören sein. Zum Glück war da eine sehr einfühlsame Polizistin, die mich beruhigte. Für sie war das ja Alltag. Zafira tauchte wieder auf und meinte, sie wäre beim Stehlen erwischt worden und war voller Scham. Sie traute sich schließlich doch wieder zu mir »nach Hause«.

Irgendwie hat uns dieses Erlebnis einander nähergebracht. Ich dachte, wir könnten auch Krisen meistern, sie könnte uns jetzt vielleicht mehr vertrauen, weil sie gespürt hatte, dass sie angenommen wurde, so wie sie war.

Zafira hatte einen Freund, der sehr viel Zeit bei uns verbrachte. Sie nützte ihre Freiheit bei uns, um ihre große Liebe zu leben, Zeit mit ihrem Freund zu verbringen, da das bei mir erlaubt war, ohne sofort ans Heiraten oder ähnliche Zwänge denken zu müssen. Die beiden haben gemeinsam viel von ihrer afghanischen Kultur eingebracht. Wir haben zusammen gekocht, gespielt, Musik gehört. Ich war durchaus froh, dass Zafira ihren Freund hatte, weil ich spürte, dass er ihr ein noch intensiveres Familiengefühl vermitteln konnte als ich.

Irgendwann wollte Zafira nicht mehr so regelmäßig in die Schule gehen. Sie meinte, sie schaffe die Anforderungen nicht. Ihr extrem engagierter Lehrer und ihre Mitschülerinnen waren wirklich sehr hilfsbereit und nahmen sich ihrer Probleme an. Wir versuchten, gemeinsam Lösungen zu finden, um Zafira von diesem Druck, etwas schaffen zu müssen, zu entlasten.

Es folgte ein seltsamer Krankenhausaufenthalt. Angeblich sei sie im Zug plötzlich ohnmächtig geworden. Die Ärzte meinten, das käme bei jungen Frauen öfters vor. Gute Ernährung und genug trinken sollten ausreichen, auch Eisentabletten wurden verschrieben.

Ich konnte Zafira motivieren, mit einer Therapie zu beginnen, in die sie jedoch nicht sehr begeistert ging. Manchmal spürte ich eine sehr große Antriebslosigkeit in ihr, erklärte mir das aber als eine Reaktion auf die vielen Dinge, die sie erlebt hatte. Es war wie eine Art großer Erschöpfung nach einer traumatischen, anstrengenden Zeit. Ich wollte ihr gern den Raum geben, sich auszuruhen, auch einfach mal nichts zu tun oder zumindest weniger. Sie besuchte daher einen Deutschkurs und ging zwei Tage pro Woche in die Schule.

Bis ich dann plötzlich diesen Brief in ihrem Zimmer fand – Zafira war nicht zuhause, auf ihrem Bett lag ein Brief in ihrer Sprache und Schrift. Ich dachte gleich, dass das etwas zu bedeuten hatte. Ich kontaktierte ihre Schwester und sie erklärte mir sehr beunruhigt, dass es ein Abschiedsbrief sei.

In diesem Moment war ich wirklich froh, dass ich Petra Rothner vom Verein KUI als Ansprechperson hatte. Sie half mir sehr, die weiteren Schritte einzuleiten.

Wir standen alle unter Schock. Meine Tochter war vollkommen fertig. Ich musste mir eingestehen, dass ich das Ausmaß von Zafiras Verzweiflung nicht erkannt und keine Ahnung hatte, wie ich auch nur halbwegs professionell mit dieser Situation umgehen sollte. Natürlich machte ich mir zusätzlich Vorwürfe, dass ich etwas übersehen hätte und dass alles eigentlich nur Schein war. Ich spürte auch Ärger in mir, dass Zafira die Hilfe, die sie von so vielen inklusive mir bekommen hatte, nicht annehmen wollte oder konnte. Viele verschiedene Gefühle tobten da in mir und am allermeisten die große Angst angesichts der Frage, was wirklich geschehen war.

Tagelanges Warten, dann wurde sie endlich gefunden und auf eine Psychiatrie in Niederösterreich gebracht. Ich fuhr sofort hin, sie wollte nicht mit mir sprechen.

Es folgte eine Überstellung nach Wien. Mein erster Besuch auf einer geschlossenen Anstalt – ich war echt schockiert. Da sprach sie auch wieder mit mir, ganz verändert, total traurig. Wir weinten zusammen. Ich war ratlos, fühlte mich ohnmächtig, hatte keine Ahnung, wie es weitergehen könnte. Ich besuchte sie regelmäßig, ihr Zustand besserte sich nur sehr langsam. Die Medikamente halfen kaum, sie schaffte es sogar auf dieser total überwachten Station, noch einen weiteren Suizidversuch zu begehen.

Ich erfuhr schließlich, dass sie auch in ihrem Heimatland Suizidversuche begangen hatte, um eine Zwangsverheiratung abzuwenden. Mir war bis dahin nicht bekannt gewesen, dass die

Suizidrate bei afghanischen Frauen sehr hoch ist. Frauen wählen immer wieder diesen Ausweg aus solchen unlösbaren Situationen.

Einige Wochen später sollte ich mich entscheiden, ob Zafira wieder bei uns wohnen könnte. Zu dieser Zeit war sie immer noch auf der geschlossenen Psychiatrie untergebracht und immer noch suizidgefährdet. Ich sprach mit meiner Familie und mit unserer Familienbegleiterin Petra Rothner und wir kamen gemeinsam zu dem Ergebnis, dass wir das einfach nicht leisten konnten. Ich fühlte mich Zafira gegenüber sehr schlecht und gleichzeitig wollte ich auch meine Familie und mich schützen. Ich musste mir eingestehen, dass mein Versuch, Zafira zu unterstützen, ihr eine Hilfe und vielleicht auch ein Vorbild zu sein, wie »frau« selbstbestimmt und frei leben kann, gescheitert war.

Ich besuchte Zafira noch lange weiter, und auch als sie nach Monaten in eine andere Unterbringung wechselte, hatte ich anfangs Kontakt zu ihr. Sie war sehr stolz, dass sie dort allein in einer kleinen (betreuten) Wohnung für sich wohnen konnte.

Sie bekam schließlich Asyl. Von diesem Zeitpunkt an hat sie den Kontakt zu mir bzw. zu uns und auch zu einigen anderen abgebrochen. Bis heute weiß ich nicht, warum.

Ich habe aus der Begegnung mit Zafira viel gelernt. Ich bin sehr nachdenklich geworden, wie wirkliche Hilfe überhaupt funktionieren kann, ob so intensive Hilfe überhaupt gewünscht wird. Irgendwie ist es, als ob ich mit vollen Händen dagestanden wäre, gerne schenken wollte, aber das, was ich zu geben hatte, von der anderen Person nicht angenommen wurde, weil sie es nicht wollte oder nicht konnte.

Trotzdem fühlte ich mich durch die, wenn auch nur kurze, Begleitung von Zafira bereichert an Erfahrungen und bin dankbar für alle leichten und schwierigen Momente. Ich wünsche ihr von ganzem Herzen, dass sie ein selbstbestimmtes, freies und erfülltes Leben führen kann. Vielleicht hat die Gewissheit, nun einen sicheren Aufenthalt in Österreich zu haben, dazu geführt, dass sie ein komplett neues Leben beginnen konnte.

Anmerkung: Zafira lebt heute in einer eigenen Wohnung, absolviert eine Ausbildung und hat gelernt, ihre familiären und kulturellen Zwänge ein Stück weit hinter sich zu lassen.

Familienzusammenführung – ein weiter Weg

HALIMA

18 Jahre, Schülerin

2015 verließ ich meine Heimat, damals war ich zwölf Jahre alt. Vieles war nicht einfach in Afghanistan, und als sich mein Onkel auf den Weg nach Europa machte, bot er meiner Mutter an, ein Kind mitzunehmen. Die Wahl fiel auf mich, meine Zwillingsschwester hatte eine Hüftverletzung und hätte keine weiten Strecken gehen können. Meine beiden Brüder waren noch viel zu klein.

Nach der Ankunft in Österreich entschied die Familie meines Onkels, dass es besser sei, nicht anzugeben, dass ich ihre Nichte wäre. Alle waren in Sorge, dass ich vielleicht später meine Mutter und die Geschwister nicht nachholen können würde. Während mein Onkel und seine Familie in einem Quartier in Wien untergebracht wurden, kam ich in ein Krisenzentrum, von dort weiter in eine Wohngemeinschaft und schließlich zu meiner Pflegefamilie. In der Wohngemeinschaft fühlte ich mich unwohl, da es dort auch Burschen gab; ich wollte nicht mit ihnen zusammenleben. Es war eine Erleichterung, wieder in einer Familie wohnen zu dürfen.

Der Anfang war nicht ganz einfach und es gab viele Dinge, die mich wunderten. Am meisten faszinierte mich, dass mein Pflegevater beim Putzen half. In Afghanistan machen so etwas nur Frauen! Auf der einen Seite freute ich mich über die neue Freiheit in Österreich, da wir in Afghanistan kaum ohne männliche Begleitung aus dem Haus gehen konnten, andererseits wunderte ich mich, dass meine Pflegefamilie so streng war. Ich musste immer ganz pünktlich zuhause sein. In Afghanistan wird das anders gehandhabt: Man muss ebenfalls fragen, ob man wohin gehen darf, aber dann gibt es keine festen Zeiten. Das Zuspätkommen ist auch kein Problem. Eigentlich rechnet man ca. eine Stunde später mit dem Besuch, wenn man jemanden eingeladen hat. Ich gewöhnte mich aber an die neuen Regeln und kann mittlerweile sehr pünktlich sein.

Auch meiner Pflegefamilie hatte ich am Anfang gesagt, dass ich ganz allein gekommen war und mich auf der Flucht mit einer Familie angefreundet hätte. Irgendwann hielt ich es nicht mehr aus, denn meine Pflegeeltern waren so nett zu mir. Ich konnte nicht mehr lügen, ich weinte und erzählte meiner Pflegemutter von meinem Problem. Kurz darauf bekamen wir Besuch von unseren Familienbetreuerinnen, Katharina Glawischnig und Zakia Salehi. Sie waren zum Glück nicht von einer Behörde. Sie konnten mich beruhigen, dass sich an meiner Situation nichts ändern würde, nur weil ich in Österreich Verwandte hatte. Ich war sehr erleichtert und durfte von da an auch meinen Onkel, seine Frau und meine Cousins besuchen gehen.

Mit meinen Pflegeeltern habe ich mich immer sehr gut verstanden, und auch wenn ich mehr mit »Mama« zu tun hatte, war doch »Papa« auch sehr wichtig für mich. Ich habe sie von Anfang an so genannt und sie fühlen sich für mich auch wie Eltern an. Sie haben so viel für mich getan, so etwas macht man nur für die eigene Familie. Mit meinen Pflegeschwestern, die älter sind als ich, war es oft nicht ganz so einfach. Ich fühlte mich nicht wirklich angenommen. Vielleicht waren sie mir auch böse, dass ich am Anfang nicht die Wahrheit gesagt hatte. Ich hätte mich gefreut, mehr mit ihnen zu unternehmen, aber ich denke, sie wollten das nicht. »Mama« sagte immer: »Frag doch einfach, ob sie dich mit ins Kino nehmen!« Doch ich wollte mich nicht aufdrängen. Es wäre schön gewesen, wenn sie mich gefragt hätten, ob ich mitkommen mag. Was mir in unserer Familie gut gefallen hat, ist, dass wir uns regelmäßig alle zusammengesetzt haben, »Mama«, »Papa«, meine Pflegeschwestern und ich. Jeder konnte sagen, was ihm oder ihr wichtig war. Wir haben auf diesem Weg Probleme besprochen und daher sind sie nicht unlösbar geworden.

Nach einer gefühlten Ewigkeit in Österreich hatte ich meine Einvernahme beim Bundesamt für Fremdenwesen und Asyl. In meiner Erstbefragung war etwas falsch protokolliert worden. Meine

> Halimas Pflegeeltern sind so gute Menschen. Sie haben sich sehr für mein Mädchen eingesetzt und auch uns haben sie nach der Ankunft geholfen.
> (Leibliche Mutter von Halima)

Schwester war zwei Jahre älter gemacht worden, als ich angegeben hatte, dabei sind wir Zwillinge. Zum Glück konnte das korrigiert werden; ich wollte nicht schon wieder bezichtigt werden, etwas Falsches erzählt zu haben. Ich bekam aber nur subsidiären Schutz. Meine Hoffnung, dass meine Mutter und meine Geschwister bald zu mir kommen könnten, war erstmal weggewischt. Man musste drei Jahre warten, bevor man einen Antrag auf Familienzusammenführung stellen konnte. Alle sagten, dass ich zum Glück noch so jung wäre und sich alles ausgehen würde. Es änderte nichts daran, dass ich nicht mehr daran glaubte, dass der Tag irgendwann kommen würde. Es war so viel Zeit vergangen und so viel sollte noch vor mir liegen. Ich wollte keine Beschwerde gegen den Bescheid einlegen, sondern alles vergessen und nichts mehr mit dem Asylverfahren zu tun haben. Es wurde trotzdem eine Beschwerde geschrieben; ich hatte nichts mitzureden, das machte meine Rechtsvertreterin. Beim Bundesverwaltungsgericht erhielt ich schließlich Asyl. Daher konnte meine Familie etwa ein Jahr früher nach Österreich kommen. Ich dachte, alles würde nun gut werden. Und im Grunde ist es das inzwischen auch, aber der Weg war immer noch weit.

Meine Mutter brauchte Dokumente und musste von Kabul nach Teheran reisen, um den Antrag für die Familienzusammenführung zu stellen. Danach wieder monatelanges Warten. Ich war das Warten schon so leid. Ich dachte, es würde wieder ähnlich sein wie im Asylverfahren, und rechnete mit einer Beschwerde, die notwendig wäre, damit es klappen würde. Zumindest hatten wir gute Unterstützung. »Unsere« Mitarbeiterin vom Roten Kreuz kümmerte sich um viele Sachen und ich brauchte nur weiter in die Schule zu gehen und meine Hoffnung nicht zu verlieren. Am meisten sehnte ich mich nach meiner Schwester, sie fragte am Telefon stets, wann sie endlich kommen könne. Ich wusste, dass es für meine Mutter nicht einfach werden würde, in Österreich anzukommen, aber meine Idee, dass einfach nur meine Schwester kommen sollte, war aus rechtlicher Perspektive nicht möglich.

Dann begann die Pandemie – und meine Familie wurde informiert, dass sie nach Österreich kommen durfte. Lockdown, wieder Warten, es gingen keine Flüge. Beinahe wäre das Visum abgelaufen, dann hätte es meine Mutter erneut beantragen müssen. Vor nun eineinhalb Jahren, viereinhalb Jahre nach meiner Ankunft, sind sie endlich in Wien am Flughafen angekommen – ich konnte mein Glück kaum fassen. Es war fast schon egal, dass einer meiner Brüder positiv auf COVID getestet wurde und meine Familie im Lager Traiskirchen in Quarantäne musste. Es hieß zwar wieder Warten – aber es war ein anderes Warten. Sie waren endlich da! Noch in der Quarantäne bekamen sie Asyl. »Mama« half meiner Mutter, eine Wohnung zu finden, und sie konnten nach Wien kommen. Von diesem Zeitpunkt an war ich mehr bei meiner Familie als bei meiner Pflegefamilie. »Mama« hatte noch ein Auge darauf, dass ich in der Schule weiterkam. Als ich 18 wurde, bin ich ganz umgezogen. Seither sehe ich meine Pflegeeltern nur wenig. In der Schule ist es schwierig; da ich zuhause nicht mehr Deutsch spreche, vergesse ich manchmal Wörter.

Es ist gut, dass wir nun in Österreich sind. Hier haben Frauen mehr Rechte. Deutsch zu lernen ist noch immer schwer für mich, aber zurück möchte ich nicht mehr. (Ellaha, Zwillingsschwester von Halima)

Regelmäßig braucht meine Familie Unterstützung. Meine Mutter versteht nicht, warum wir ständig so viele Briefe bekommen, so etwas gibt es in Afghanistan nicht. Meine Schwester wartet auf den nächsten Deutschkurs, mein 15-jähriger Bruder glaubt, dass er machen kann, was er will, und der Kleine, der geht zum Glück brav in die Schule und schaut nur ein bisschen zu viel ins Handy. Ich sollte dieses Jahr meine Matura machen und habe, abgesehen von meiner Familie, recht viel für die Schule zu tun. Corona macht es auch nicht gerade einfach und so melde ich mich bei »Mama« nur selten. Ich werde mir einen Ruck geben und sie anrufen. Ich möchte Weihnachten wieder mit meiner Pflegefamilie verbringen, das war dort am allerschönsten!